運命を知り、宿命を解放し、
行く末を変える、象学の世界

ひとノ間

東野祐三 著

太玄社

はじめに

地球から見て、月と太陽は同じ大きさに見える。これは偶然であろうか。

月はすぐ、そこにある。距離にして約三八万キロメートル、地球の六分の一の大きさである。太陽は結構離れている。光速で約九分の距離、大きさは地球の約一〇九倍である。そんな月と太陽が、地球から見ると同じ大きさに見える。自然とそう見えるから気にもならないかもしれないが、少々考えてみればわかるはずだ。こんな偶然があるわけがない。どう考えてもおかしい。そこには、何かしらの力が働いているとしか思えない。

実は、この世界に偶然は存在しない。すべてが必然である。

我々人類が、この地球上で生活を営み、歓び、悲しみ、それぞれの一生を過ごす。この星は人間のためにあるような気がするが、実はこの世界は、この人間の生きる世界よりもさらに高度な次元、高次元界のために存在している。それは神々であるといえるが、現代文明における神の存在というような考え方ではなく、また宗教的な神の存在とも認識は異なる。神の捉え方として適切なのは、ともあれ日本の神道であろう。

高次元の存在がどこにあるのか、と思われるだろうが、それはこの世界の、同じ空間に同時存在している。次元が重なっているのである。ただし、上から下は見下ろせても、下から上は見えない道理と同様に、我々人間には高次元の存在を認識することができない。認識できたものとして、日本では神社などがその形となって存在している。

神は存在するのか、と言われれば、存在する。それは自然界に存在するものであり、人が神になったり、人間が思想や思考の中で作りあげたりした存在ではない。高次元の存在そのものが、日本では神と呼ばれ、存在としては我々人間と次元を異にしている。

我々人間が何故、存在しているかというと、高次元界の存在のためだが、高次元界の存在は我々人間に対し、その存在の意義を置かれている。人間社会が荒れれば、神々の世界にも影響を及ぼし、また自然環境にも影響を及ぼす。想像以上の被害をもたらす昨今の自然災害は、物理的な環境問題もあるが、それは目に見える状態で判断していることであり、実際は人間の在り方、人間の質、人間の精神、人々の生活そのものが低下しているが故に、その反映として自然界に支障をきたしている姿なのである。要するに、我々人間が自然災害を引き起こしているのである。

では、我々人間が単に高次元の存在のためだけに存在しているのかというと、そこは神様、人間は人としての幸せを持ち合わせている有意義的な存在となっている。それ以外にも、人間は死後の世界、即ち霊界との関係も持ち合わせている。人間は生きて人生を謳歌し、やがて亡くなり、無に帰すのではないのだ。

神の世界があり、霊の世界もある。ここに仏が登場する。どちらも我々が生活する物質世界いる。

とは次元が異なるが、神仏の世界、我々のご先祖様の霊の世界は、その裏側で密接に関係している。

ここまで話すと、日本人にはわかりやすいかもしれないが、文化の異なる方々には少々わかりづらく、納得もしづらい話かもしれない。

日本人は太古の昔から、自然の中に神々を見出し、畏れ、敬い、祀ってきた。土地の神がおり、水の神がおり、山の神がおり、八百万（やおよろず）の神々の存在を認識し、その地域と生活の中心に神があり、お祭りという伝統行事として後世に伝えてきたのである。

そして仏教の伝来と共に、仏が輸入されると、日本人は霊界の認識を確実なものとし、お彼岸やお盆といった仏門の行事は今もなお、各家庭や地域で行われている。

これほど的確に、高次元界を捉えた文化は日本の他に見当たらない。もちろん、仏教は釈尊（仏陀）が開祖であるし、古代中国で発生した陰陽五行をはじめとした学問は、この世界の在り方を正しく証明している。

私は何も日本の良さを伝えたいわけではない。日本人が正しいとか、そういう話でもない。この世界の真相にいちばん近い様式を持ち合わせていたのが、日本の文化であり、東洋であり、その真相をこれから紹介するだけのことである。

この世界の真相を理解することは、現代における天動説から地動説への変換とも言えるであろう。自身から見て、まるで天が回転しているように思えていた空間が、実は大地が回転していたのと同様に、これまで見ていた常識的な世界が、いかに見た目だけの世界であったのかがご理解いただければ、これからの人類社会は好転していくに違いない。そのためには、この世界の真相に対する人類の正しい認識が必要不可欠なのである。

序

誰もが時間の中で生活をしている。出社や約束の時間、次の予定、来週の予定と、時計やカレンダーを見ながら、日々を過ごしている。時は刻々と流れ、あっという間に夏になり、冬になり、気がつけば今年も一年が終わるのかと感傷に耽る。一瞬の積み重ねが時間となり、その連続の中で我々は生きている。時間は目に見ることはできず、感覚的に「在る」ように感じているが、それはまるで空気のようであり、流れる様は風のようであり、確かに在るのはわかるけれども見ることはできないようなものである。ただ漠然と感じている時間ではあるが、時間は空気のような、ただ「時間」というものであるという認識でしかないが、実は時間には性質がある。

空気が窒素と酸素と若干の二酸化炭素で構成されているように、時間にも構成された要素があり、時と共にその性質が変化をしている。それは地磁気と連動し、時間を枢軸として運動を続けている。正確に言うと、地球を覆っている磁場には性質があり、時間と共にその性質が変化をしているのである。この性質は九種類あり、年・月・日とそれぞれに、さらに二時間ごとに変化をして止まない。我々人間は、この磁場の影響を受けながら生活を営んでいる。

性質を持った磁場に影響されるとは、どういうことなのかというと、その時の磁場の性質に人間が誘導されている、ということである。あなたが今、何かをしようと思ったその思考さえ、誘導されている。即ち人々の行動から社会現象におけるまで、我々人間は地球の磁場に方向づけられながら生きていることになる。

また、地磁気における意識の誘導とは別に、人間の意識を誘導する要素が存在している。それは、その人自身の先祖の行動である。実は人間は、それぞれの先祖の生き方、生活様式を引き継ぎながら一生を暮らす。要するに、蛙の子は蛙で、先祖が大酒飲みで不倫に明け暮れておれば、子孫の誰かが同じようなことをする。先祖の悪業が子孫に流れ、遺伝しているのである。もちろん、立派な先祖がおれば、例えば何かの世界チャンピオンの子孫は、また何かのチャンピオンになったりする。これは先祖の善業が子孫に流れ、遺伝しているといえる。端的に言うと映画のリメイクのようなもので、出演者や時代は変化しているものの、その内容の本質は変わらない。子孫は先祖と同じようなことを行い、先祖と子孫で同じようなことが起きているわけである。

人間は、このような磁場や先祖の業に誘導されながら「我が人生」を謳歌するわけであるが、これに気がつけば「我が人生」たるものが存在しないことになる。

では何故、人間は生きるのか、ということを考えると、人は自身に流れる先祖からの悪業を乗り越え、その悪しき習慣を改善し、生活を向上させ、その浄化された善業の流れを子孫に伝えるために存在している。同じストーリーでも、悪い内容の部分は善い内容に変換され、結果を変えていくことができるわけである。

そのためには、まず自身に何が起こっているのかを、人間とはどういった存在なのかを理解しなければならない。そうした本質を理解することで、はじめて自分自身を本当に理解することができるのである。

磁場や先祖の業など、自身の運命を形成する要素は一つではなく、複数の要素が重なり合い、合致した上で、その人の人生を展開させている。そこには微塵も偶然は存在せず、すべてが必然のこととして成り立っている。それを理解することで、人は自身に課せられた宿命を解放し、人生をより善きものとして発展させることができる。あなたの運命は変えられるのであり、子孫の行く末もおのずと変わっていくのである。人類の多くがその事実を理解することができれば、この混沌とした世界も変わるのである。

ひとノ間——目次

第1章 磁場と時空

第2章 引越し等の移動によって発動する現象

第3章 吉方と方位の体用を知る

第4章 先祖の業に誘導される人生

第5章　目に見えないシステムと構造

第6章　人としての礎

第7章 基準点

第1章

磁場と時空

磁力

人間は磁力を帯びている。これは、人間が一つの磁石であることを意味し、血液中には鉄分が含まれていることが、その事実を証明している。しかし、人間の持つ磁力は微弱である。

弱い磁石や金属を、強い磁石にずっとくっつけておくと、その弱い磁石や金属は、強い磁石の影響を受け、特にただの金属であったはずのものは磁力を得てしまい、釘などの金属を引きつけるようになってしまう。これと同じことが、人間にも起きているのである。

弱い磁石が人間であるならば、強い磁石は地球である。地球は、一つの大きな磁石であり、地球の中心にあるコアは、まさに「流動する磁石」なのである。

この強力な磁石の発する磁界に、我々人間は何かしらの影響を受けながら生活を営んでいる。では、その磁界とはいったい何であろうか。

磁力とは、ただ単に強いとか、弱いとか、そのようなものではない。実は、磁力には「性質」がある。即ち、磁界には「特性」がある。そして、その「性質は時間によって変化をする」のである。

地球が太陽を公転する、年。月が地球を公転する、月。地球が自転をする、日。このような、年・月・日という時間にコントロールされながら、磁界はその性質を変化させていく。年間を通しての性質は、一年毎に変化をし、月間を通しての性質は一月毎に、一日を通しての性質は一日毎に変化をする。人間は、このように変化をする磁力の性質の影響を無意識に受けながら日々、生活を営んでいる。

磁界の持っている性質が変われば、その中で活動をしている人間の思考や行動、周囲に起こる現象も変化する。あなたは、あなたの意志で行動していると思っているかもしれないが、実はあなたの意志そのものをコントロールしているのが磁界そのものなのである。

時間と空間

よく「駅から徒歩何分」という表現をする。これは距離を、即ち空間を時間に置き換えているわけであり、よって空間と時間は同位であることを意味する。これを時空と呼ぶ。

空間に性質があるのならば、それは時間にも性質があることになる。

地球上の空間に律動する磁場は、時間によってコントロールされ、刻々と変化をしているが故に、時間も空間と同様の性質を持ち合せていることとなる。

自然本来の時間の流れ

図1　節入り表（月始）
（おおよその節入であり、正確にはその年度毎で異なる）

月	節入日	節気
一月	六日頃	小寒
二月	四日頃	立春
三月	六日頃	啓蟄
四月	五日頃	清明
五月	六日頃	立夏
六月	六日頃	芒種
七月	八日頃	小暑
八月	八日頃	立秋
九月	八日頃	白露
十月	九日頃	寒露
十一月	八日頃	立冬
十二月	七日頃	大雪

カレンダーにおける一年の始まりは元旦であり、日本の社会においては四月一日が新年度であるわけであるが、自然界において、一年の始まりとなるのは、二月四日の立春が起点となる。これが自然界に存在するすべての生物の新年となる。よって、二月三日を節分と称し、年間の節を分けている。

同様に、月における切り替わりもグレゴリオ暦ではなく、旧暦が自然の時の流れに沿った節目となる。一か月の始まりとしても、旧暦に沿って変化しているので、だいたいその月の四日から七日ごろに月が更新される。

日盤は子の刻となる午後十一時をもって翌日となる。

このように、自然本来の時間の進行は旧暦によって表されている。現代社会で使用されているグレゴリオ暦は、キリストの生誕から七日後に世界が誕生したという話にちなんでいるだけで、自然本来の時間の流れとはまったく関係がない。

時間の姿

時間は過去から未来へと流れ、その間に「今」という瞬間があるように考える人は多い。過去はもう戻らず、未来に向けて一直線に過ぎていく。では、今というこの瞬間はいったい何であろうか。在るけど無い、無いけど在る。瞬間に存在する今という時間を、水平線にたとえてみるとわかりやすい。

水平線とは、空と海とが重なり合うところを指す。海から上が空で、空から下が海である。そこに水平線が存在するが、その水平線には幅がない。この幅のない線が「今」なのである。地球は球体であるから、先へどれだけ進んでも水平線に変わりはない。即ち、水平線は始即終であり、無始無終の理を表現している。

また地球は、自転をしながら太陽を公転している。時間は直線的ではなく、円線を描いているわけであるが、太陽は天の川銀河の内を移動している。よって、地球は立体的に螺旋を描いているわけであり、時間もまた螺旋状なのである。

時間の基準点

今という瞬間が、幅のない線であるならば、過去はすでに過ぎ去ったものであり、未来はいまだ訪れないものであるから、即ち時間というものは無い、ということになってしまう。

しかし、確かに時間は存在している。その時間を明確にする基準点が実は存在する。

夜空に星を眺めてみよう。星は常に、いつもそこに在る。星は航海の基準となり、自己がいま空間のどこにいるのかを明確にし、進むべき方角を教えてくれる。それと同じことが、自己の内にある。誕生日である。

誕生日、その人が生まれた瞬間が時間の中での基準点となり、それは太古から続く時間の中でも不変である。よって誕生日が、その時間が、その人にとっての時間の基準となるのであり、それは夜空に輝く星と同様の目印となる。

また、もう一つの基準点として、誕生日より遡ること十月十日（とつきとおか）。本人が着床した瞬間が生の始まりとなる。これを胎年と呼ぶ。生年である誕生日は出生した時間であり、本人の生体活動は母体の中でも行われていることを考えれば、着床した時間もまた基準点となる。

この、着床した瞬間から人間は地球の磁場の影響を受けている。出生するまでの期間、母体の中で胎児はその年、その月日の磁場の性質を、その身に染めながら、その性質がその人物の特性となるのである。よく「花の何年生まれ」とか、小学校の先生が「今年の新入生はこういうタイプの子が多い」というのは、時期として同じ性質の磁力を受けて出生しているが故に、タイプの方向性として近いものがある、ということである。

人間が小さな磁石であるということは、出生までに、すでに地球の磁場の影響を受け、その身に備えているのである。

また、一年において時の性質が変わるのは立春であるが故に、二月三日生まれの者は前年度に数えられ、二月四日以降に生まれた者からがその年に生まれたこととなる。

よって、着床してから出生までに、二月四日をまたいでいる人物は、前年度の磁場の性質と、その年の磁場の性質の両方を受けていることとなる。例えば、四月に生まれた人物は、その体質に前年度の性質をより多く受けているわけであり、十二月末に生まれた人物は、立春後に着床しているために前年度の影響はなく、その年の性質にのみ影響されていることとなる。

磁場の性質

磁場に性質があると言われても、あまりピンとこないのが正直なところであり、空間や時間にある種のエネルギーが存在するなんて、信じられないのが普通の感覚である。

しかし、古代中国において、この磁場による時空性エネルギーは明確に認識され、学問として現代まで継承されている。あまりにも複雑なために秘術とされ、ほとんど表舞台に出ることはなかった学問である。これを『陰陽五行』という。

日本には、仏教と共に朝鮮より伝来し、聖徳太子がこの学問を学ばせるために建立したのが法隆寺である。聖徳太子は陰陽五行の本質を見抜いた上で、「この学問は国家の運営に使用するものであり、下々の学問ではない」として、秘術とすることで一般に広めることはなかった。

後世では、真田家など密かに受け継いだ戦国武将が利用していた場合もあったが、これを治国に利用して成功を収めたのが徳川家康であった。

現代では、陰陽五行は迷信とされ、また占いの一種とされているが、今も日本人の生活にその名残はある。

陰陽五行

陰陽五行とは、この世の存在には、陰性と陽性のものがあり、その性質は水性・木性・火性・土性・金性の五つの特徴に分けられる、というものである。

「そんな考え方は過去の迷信である」と思われるかもしれないが、実はこの基本形体こそが、この宇宙の生成変化の基礎となっている。

陰陽

「陰陽」はいわゆるプラスとマイナスであるが、陰と陽に分かれる前に、陰陽が合い混ざった状態があり、それを太一（たいいつ）という。つまり、棒磁石の両極はプラスとマイナスであるが、棒磁石の中心は虚無（空虚）であるのと同様である。この虚無の状態があって、陰と陽はその両極において同時にエネルギーを放出する。

これは三位一体の状態であり、また原始は陰陽混沌の状態に帰結する。現代文明の人間は、どうしても「善・悪」や「白・黒」など二元論的な考え方が基本であると思われがちであるが、それらはもともと一つであり、明確に差別のできない「虚無」的なものであり、その在るか無いかわからないものが存在していることを認識すべきである。棒磁石の中心にエネルギーは限りなく無いが、確かに中心は存在している、そういうことである。

五行

この世界の性質は、基本的に五つに分類することができる。言いかえれば、この五つしかない。

図2　生の五行図

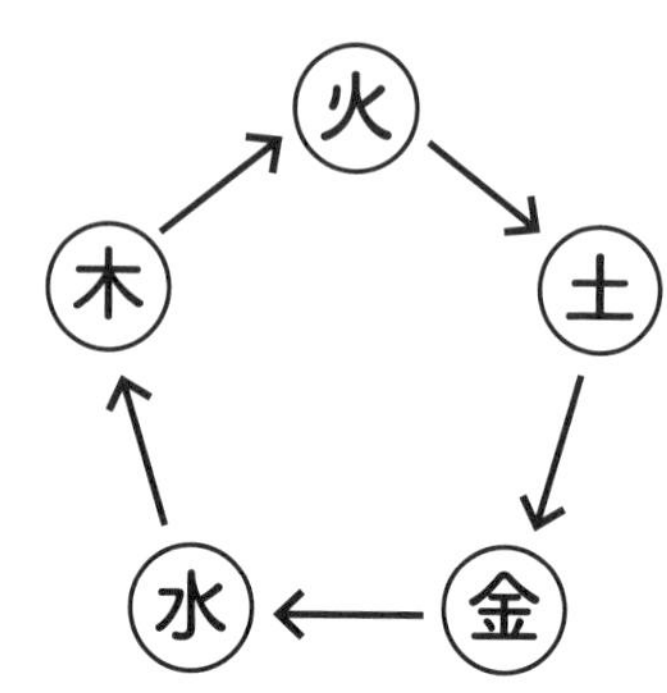

火生土→土生金→金生水→
水生木→木生火

図3　剋の五行図

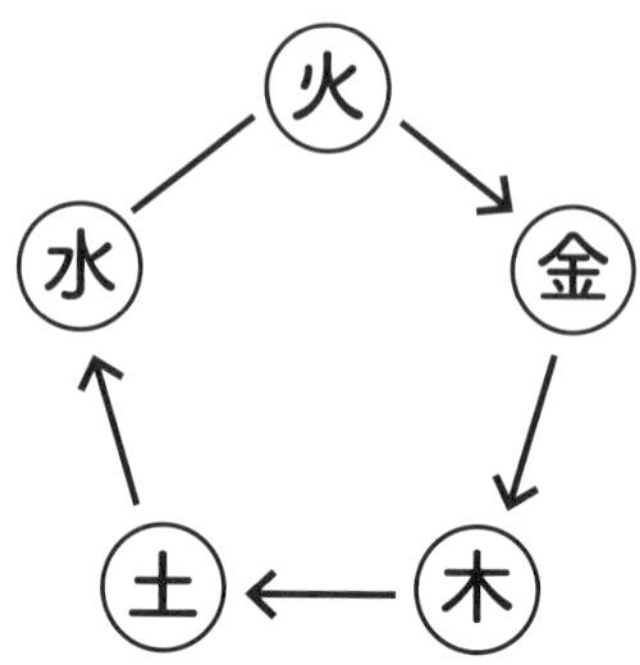

火剋金→金剋木→木剋土→
土剋水→水剋火

水性のもの、木性のもの、火性のもの、土性のもの、金性のもの。すべて地球上に在るものと一致している。これらは相互に育成を促す関係ともなり、また相互に妨げる関係ともなる。

相互に育成を促すとは、水は木を育て、木は火を起こす。火は木を燃やして土を育成し、高温に熱せられた土はやがて金属となる。金属は冷えるとその表面に水滴を宿す。こうしてぐるりと一巡しながら、五つの性質は互いに生じられる関係となっている。

反対に相手の性質を妨げる関係とは、水は火を消し、火は金属を溶かし、金属は木々の成長（根は金属の塊の中を伸びることができない）を妨げ、木（根）は土中に深く侵食し、土は埋め立てることで水を侵食し、その進路を変えてしまう。このように、五つの性質はそれぞれ相生・相剋の関係となっている。

幹枝学（干支学）

幹枝とは、十幹・十二枝（十干・十二支）を略称したもので、円を描き天形を象って「十幹」を示し、方形を描き地形を象って「十二枝」を示したものを、植物の育成にたとえたものである。植物の根が万物の始源であり、また始源への復帰が、植物の根に復ることにたとえられた。「幹」は樹木の根が延びて枝葉を支える、分かれる前の本元である。故に古来、幹を「天幹」と呼び、これに対して幹から生ずる枝を「地枝」と呼ぶ。

天幹には「甲・乙・丙・丁・戊・己・庚・辛・壬・癸」の十種があり、これを以て十幹と称している。地枝には「子・丑・寅・卯・辰・巳・午・未・申・酉・戌・亥」の十二種があり、これを以て十二枝と称している。

古代中国に興った幹枝学は、古来日本においても暦として使用されていた。十二枝においては「私も申年生まれだから、あなたとは丁度ひと回り違うのね」とか、「来年は亥年だから、年賀状にイノシシのイラストを用意しないと」とか、その名残はいまだ生活の中にある。

これら幹枝は単に時を表す記号ではなく、それぞれにおいて五行の性質を、時間の性質として表すものであった。また、これに根性として「九気」が配され、一本の植物として五行の性質をたとえている。

図4　五行系統の図

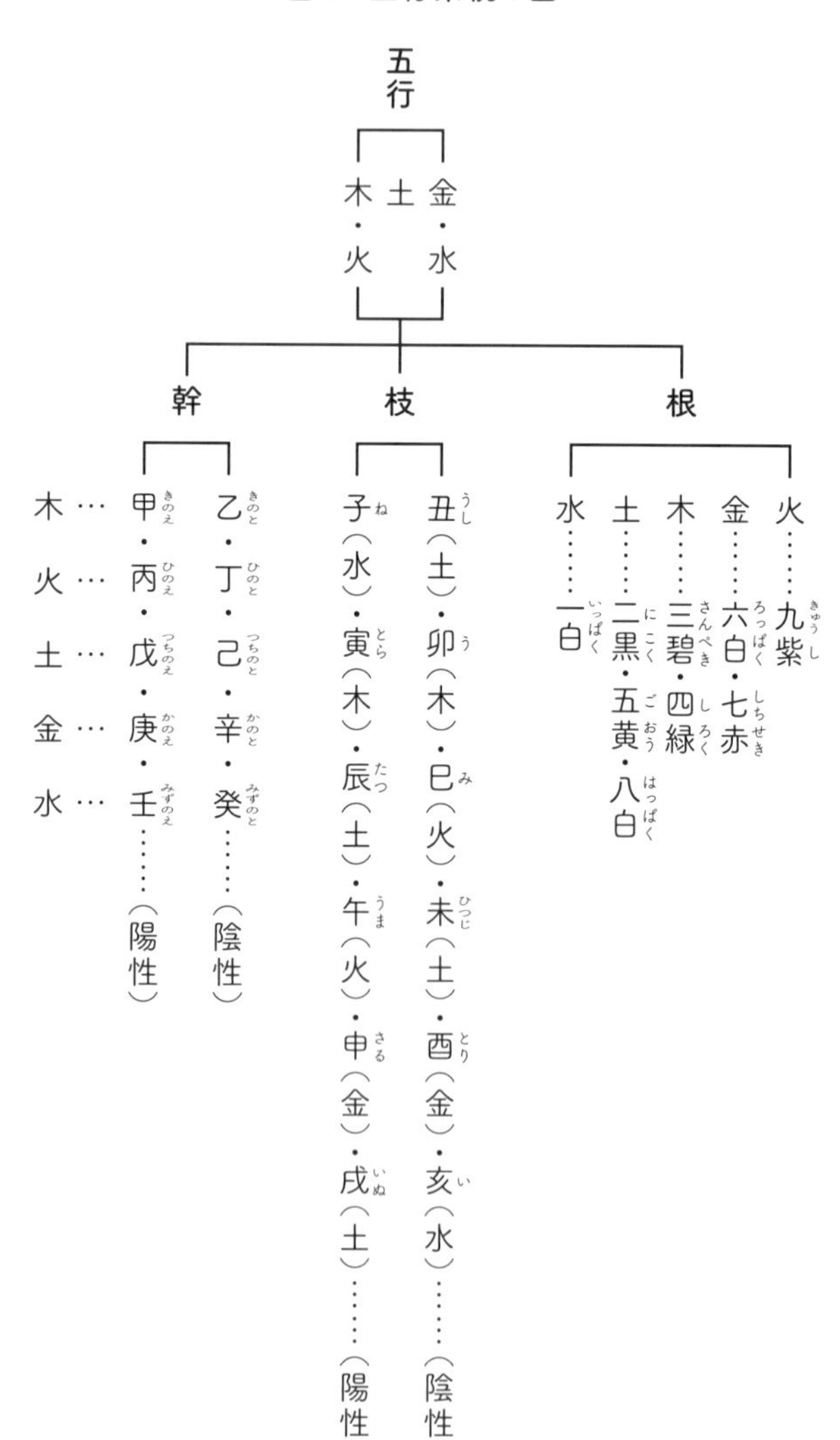
五行
木・火
土
金・水
幹
枝
根
木…甲・乙
火…丙・丁
土…戊・己
金…庚・辛
水…壬・癸
甲・丙・戊・庚・壬……（陽性）
乙・丁・己・辛・癸……（陰性）
子（水）・寅（木）・辰（土）・午（火）・申（金）・戌（土）……（陽性）
丑（土）・卯（木）・巳（火）・未（土）・酉（金）・亥（水）……（陰性）
水……一白
土……二黒・五黄・八白
木……三碧・四緑
金……六白・七赤
火……九紫

九気学

五行の性質を、中心を含めた八方位に配当したものが『九気学』である。これも古代中国に興った学問である。現代の日本では、「九星気学」などと呼ばれ、占いなどに利用されている。因みに、九星気学と「星」がついてしまったのは、占星術との混同に拠る。

九気学は、五行から発生した九つある性質をそれぞれ空間と時間に配当する。ポイントは、この空間と時間はイコールになるところである。例えば、「駅まで徒歩何分」ということは、距離を時間に置き換えているわけで、かかる時間は距離であり、距離は空間であり、駅は方向（方位）である。即ち時間は空間であり、これを合せて時空と呼ぶのは前述のとおりである。

九気学の特徴は、時間の性質（特性）及び空間の性質を知ることにある。この性質は言うなれば「エネルギー」ということである。

九つある性質は、一から九までの数字に、色が配色され、五行の要素が入っている。そして空間性として各方位を形成する。順に述べると、一白水性、二黒土性、三碧木性、四緑木性、五黄土性、六白金性、七赤金性、八白土性、九紫火性、である。

一白から九紫までの各性質はそれぞれ異なり、それを季節や方位、事象、身体や疾患などに配当すると次のようになる。

一白水性

一白水性は、主に水の性質やはたらきに関係した物事となる。また季節としては冬、時刻としては真夜中になるため、暗闇や寒冷、裏側や穴などといった事象を司る。

方位：北方位（三十度）
季節：冬（冬至）。年においては十二月（子月）
時間：二十三時から一時までの二時間にあたり、「子刻」と呼称する
気象：寒冷、雪、霰、雨、霜
現象：流水、坎、孔、暗闇、内部、裏面、交合、胎、慈愛、思念、沈黙、睡眠、貧困、苦悩
事物：安らぎ、冷静、記憶、洞察、理性、取引、永続性、引力、秘密、不運、険難、どん底
身体：身体における穴〜耳・鼻・咽喉、陰部〜子宮・尿道・卵道・肛門、膀胱、白血球
疾患：耳・鼻・咽喉の疾患、膀胱、性病、痔疾、不眠症、ノイローゼ、腫物、湿疹、水虫
場所：海、河川、湿地帯、寒冷地、洞穴、暗い所、裏通り、夜陰に繁栄する花柳界・歓楽街
建物：地下室、裏門、水道施設、浴室、台所、便所、消防署、料亭、バー、飲食店、温泉宿
物品：塗料、インク、細長い物（帯、紐、縄、鉄線や銅線など）

二黒土性

二黒土性は、柔軟性や作為のないありのままの姿を象徴し、土地や古い物、地役や母性、愚鈍といった物事を司る。

方位：西南方位（六十度）

季節：夏の終期から秋の初期。年においては七月（未月）、八月（申月）

時間：十三時から十五時までの二時間を「未刻」と称し、十五時から十七時までの二時間を「申刻」と称す

気象：曇、霧

現象：静、無為、柔軟、素直、寛容、勤勉、地味、堅実、基礎、母性愛、鈍重、遅延、方形

事物：古事、古典、さびたもの、方形の物品、柔らかい物～ゴム・布団・絨毯・畳、陶器、土器、粉末～灰・セメント・粉薬、木炭、黒い物一切、下級品、靴、下着類

身体：胃、腸（下腹部）

疾患：胃腸疾患（胃・盲腸・十二指腸などの潰瘍）、腹膜炎、血圧、痔疾、便秘

場所：農村、田園、平野、平地、盆地、方形の土地、細道、郷土、無形の土地（浄土・楽園）

建物：古い家屋、平家、小住宅、藁葺の家

三碧木性

三碧木性は東、朝日の昇る方位。物事の始まりや振動、音、電気などを司る。

方位：東方位（三十度）
季節：春（春分）。年においては三月（卯月）
時間：五時から七時までの二時間にあたり、「卯刻」と呼称する
気象：晴、雷鳴、竜巻
現象：震、虚、音声、創始、発見、顕現、慈（仁）、祭祀、発育、鋭敏、迅速、果敢、明朗、短気、癇癪、詐欺、驚愕、騒乱、火事、地震、電気、酸素
事物：創始、新体制、新案、新説、新作、演説、討論、爆音、花火、楽器一切、風鈴、口笛、歓声、怒声など音声一切、電気器具一切、露見、暴走、騒動
身体：肝臓、自律神経（不随意筋の収縮及び腺の分泌を司る神経系）、身体の左系統、脛
疾患：精神病、ヒステリー症、不眠症、妄想、恐怖症、肝臓、胆嚢、リュウマチ、声帯障害、吃音、聾唖、発作を伴う病気（小児麻痺・胃痙攣）、発育不全

【註】三碧性の疾患は、概ね霊的遺伝による。

場所：震源地、三角形の土地、林（松、梅、竹林）、生垣、会場（講演会、演奏会）、火事場

建物：新築中の家、配電会社、電話局、放送局、発電所、音楽堂、楽器店、電気器具店

四緑木性

四緑木性は、風、飛翔、縁、斉（整う）、開通、空を飛ぶもの、長いものなどを司る。

方位：東南方位（六十度）

季節：春から初夏。年においては四月（辰月）、五月（巳月）

時間：七時から九時までの二時間を「辰刻」と称し、九時から十一時までの二時間を「巳刻」と称す

気象：曇、風、突風、台風、靄（もや）

現象：開通、通達、往来、呼吸、風、遠方、広告、飛翔、斉（祭礼、済度、調、整）、信仰、信用、援、縁（縁起、縁談、商談、結婚、就職）、悦、楽観、悲観、風評、芳香

事物：景気、旋風、宣布、人気、有終の美、清算、委託、香水、織物一切、家具、木工品、皮革品、長い物一切、扇風機、航空機、グライダー、風船、紙類、書籍、文房具

身体：呼吸器系統（咽喉〜気管支、声帯）、脳幹網様体、神経系統、血管、皮膚、頭髪、肢（肢肱から上部）、腸、臍帯

疾患：流行性感冒など伝染性の疾患、肺炎、気管支炎、胸膜、粘膜腺及び繊維の疾患、神経痛、リウマチ、手足の痙攣、腸疾患（腸捻転、脱腸も含む）、皮膚病、破傷風

場所：原始林、未開地、平野、並木路、港、空港、仕上げ場、廊下、窓

建物：外務省、通信省、郵便局、旅館

五黄土性

五黄土性は、完成、帝王、中心などのほか、乱、暴、腐敗、廃などを司る。

【註】五黄土性の人物を指すものではない。

方位：中央

気象：黄霧、暴風雨、地震、山崩れ、津浪、洪水

現象：完成、充満、盛極、支配、慢心、傲慢、乱、暴、亡（空亡、死亡、亡命）、廃、腐敗、汚穢、破産、自壊、反転齟齬、潰滅、断絶、汚濁、盗難、脅迫感、不安感

事物：暴（凶暴、暴欲）、廃（廃止、廃家、廃業）、乱（波乱、混乱、乱心、酒乱）、虐殺、変死、葬、

狩猟、死骸、墓石、廃朽した物、黄色い物一切、毒薬、凶器、盗品、糞尿

身体：脾臓、心臓、脳、顔の中央部

疾患：精神病、法定伝染病、癌その他腫瘍、潰瘍、化膿性疾患、脾臓及び心臓疾患、血圧、脳溢血、自家中毒、湿疹、歯痛、鼻疾、歯槽膿漏、尿毒症、糖尿病

場所：中央部・廃墟、戦場、屠殺場、火葬場、墓地、焼跡、荒野、暗黒街、ごみ溜め、便所

建物：王宮、旧家、昔繁昌した家、荒家、幽霊屋敷、おかぐら（二階を増築した家）

六白金性

六白金性は、物事の重心、始動、円球、神仏、武力、闘争、守護、超過などを司る。

方位：西北方位（六十度）

季節：晩秋から初冬。年においては十月（戌月）、十一月（亥月）

時間：十九時から二十一時までの二時間を「戌刻」と称し、二十一時から二十三時までの二時間を「亥刻」と称す

気象：晴（晴天なれど崩れやすい天候）、寒天

現象：大始動、循環、空転、累積、凝固、重心、中核、神仏、権力、武力、闘争、競技、剛

穀、指揮、統率、守護、後援、教育、道義、超越、過分、投機、投資、収穫

事物：選挙運動・宗教活動その他あらゆる運動、革命、世界的・国家的・社会的事業、救済、福祉事業、統一、団結、拡張、円滑、陸軍、予算超過、円い物、球状の物、螺旋形、円形を描くもの（太陽、周波、車輪、指輪、巻貝）、王冠、帽子、宝石、鉱石、機械類一切（軍艦から時計に至る）、なた、まさかり、石碑

身体：頭脳、眼球、心臓、左肺、骨（歯や爪を含む）、運動神経など

疾患：左肺（発咳を伴う）、肺炎、結核、肋膜、脳疾（集中力薄弱、頭痛、脳膜炎、脳溢血）、眼球の疾患、中風、狭心症など心臓疾患、動脈硬化、骨膜炎ほか骨に関する疾患、不妊症、子宮発育不全、難産（多くは帝王切開による）、肥満症（脂肪過多）

場所：首都、本部、本社の所在地、検問所、鉱山、高台、会場、集合地、運動場、公園

建物：城、宮殿、神社、寺院、教会、官公庁、議事堂、要塞、学校、取引所、市場、ビル、官邸、官舎、兵舎、工場、劇場、国技館ほか競技場

七赤金性

七赤金性は西方極楽浄土、悦び、安らぎ、引退、金貨財宝、色情などを司る。

方位：西方位（三十度）
季節：秋（秋分）。年においては九月（酉月）
時間：十七時から十九時までの二時間にあたり、「酉刻」と呼称する
気象：雨、晴から雨に向かいたる象、冷気
現象：悦楽、潤、沢、清浄、優美、節度、枯、静寂、安らぎ、隠遁、無用の用、一爻の不足、脱、金貨財宝、金融、贅沢、色情、叙情、能弁、容喙（ようかい）、厭世、怯懦（きょうだ）
事物：邂逅の悦び、有終の美、脱（解脱、脱皮昇華、洒脱）、三昧の境、極楽浄土、浄化、醇化、羞恥心、自己陶酔、欲求不満（一爻の不足）、情趣、郷愁、閲（窮理、検閲）、不首尾、不仕合せ、無作法、読経、祝儀、宴会、飲食中、褒美、財宝、貨幣、美術品
身体：口腔、肺臓（右）、呼吸器系統、腎臓、血液。また七赤は九紫を包有する関係から、脳、心臓、眼を司る
疾患：肺疾患（無咳）、肺炎カタル、脳、心臓、口腔の疾患、腎臓疾患、泌尿器、血液疾患（月経不順なども含む）、血圧の高低、七赤（九紫）の女性は胸にしこりが生じる
場所：湖、沢、池、堀、窪地、庭園、閑静な場所、斎場、講演（講習）会場、結婚式場、舞台、養鶏場、歓楽街（遊郭、色町、娯楽場）
建物：講堂、礼拝堂、音楽堂、演舞場、寄席、数寄屋風の建物（茶室）、銀行、料亭、バー、レストラン、キャバレー、喫茶店、遊興施設

八白土性

八白土性は継目、節、転倒、変化などであり、人体に配すれば腰など諸関節となる。
一家庭、一企業においては相続（後継）者となり、故に家屋の東北（定位八白土性）の方位の凶相は、古来「養子縁組の家」と呼ばれている。東北方位（丑寅）はいわゆる「鬼門」である。

方位：東北方位（六十度）
季節：冬から初春。年においては一月（丑月）、二月（寅月）
時間：一時から三時までの二時間を「丑刻」と称し、三時から五時までの二時間を「寅刻」と称す
気象：曇、雲、霧、気候の変わり目
現象：継目、伝統血統、遺伝、六親（親子・夫妻・兄弟姉妹）、親戚、家（家屋、家庭、家運）、節、境界、連繫、迎、畜（貯）、養、止（留）、強欲、吝嗇、頑固、閉塞、中止、廃嫡、反転、変化、反転齟齬、打開、復活、改革整理
事物：境界を示す物～柵、屛、壁、襖、障子、衝立、屛風、カーテンなど、区画整理、整地、開拓、開墾、埋立て、連繫した事物～列車、雨戸、鎖、数珠、ネックレス、歯など、

人垣、スクラム、組織票、組合、連合、月賦、日掛、掛捨、共倒れ、連鎖反応、積重ねた事物~重箱、積木など、統計、貯金、定期預金、階級、進級、停学、中退、結び目、縫目、折目、畳、寝台、縁台、家出、夜逃げ、留守番、野に埋もれた人材

身体：背、腰、手足（右半身は八白、左半身は先天・三碧の系統）、指、大小一切の諸関節

疾患：盲目、聾唖、その他奇形、背骨に関する諸疾患（脊髄性小児麻痺、背髄カリエス）、中風、リウマチ、関節炎、腰痛、手足の痙攣、眼病（白内障は八白性で緑内障は三碧性、角膜軟化症、夜盲症）、鼻づまり、肋膜、腹膜、脹満、痔疾

場所：墓地、山、丘陵、築山、山林、堤防、土手、水門、石垣、城壁、壁、屏、門、階段、辻、交叉点、踏切、街角、突き当たり、死角、石や材木置場、犬小屋

建物：家屋、ホテル、旅館、停車場、検問所、土蔵、倉庫、物置小屋、突き当たりの家

九紫火性

九紫火性は南方、正午であり、真夏である。故に、光熱、神霊、最高、名誉、先端、離反、などの体用であり、身体では頭脳、額や眉間となる。

方位：南方位（三十度）

季節：夏（夏至）。年においては六月（午月）

時間：十一時から十三時までの二時間を「午刻」と呼称する

気象：晴天、旱天、暑熱

現象：火（光、熱）、神霊、最高、貴、麗、名誉、邂逅、ニノ作用、分別、対立、忤、尖端、競争、戦闘、離反、悲観、中断、映写、名代、心眼、先見、観察、発見、発明、批評、上流、浮上、飛、表面、装飾、観光、公難

事物：叙位、名誉、褒賞、観仏三昧、合格、入選、不名誉、模倣、両立、兼務、罷免、解雇、破門、転落、分裂、別居、離婚、分割、手術、切断、優柔不断、半信半疑、火傷、煽動、沸騰、嫉妬、中傷、憎む、呪う、批判、焦燥、高慢、乱心、孤高、偏見、差別、訴訟、再婚、重複、先端が尖った物（針）、献上品、高級品、装飾品、レンズ、鏡、眼鏡、写真機、船舶、火薬、薬品、麻薬類、照明、花火、コンロ、ストーブ、蠟燭、オーロラ、霊光（オーラ）、株券、公債、手形、証文、印鑑、通帳

身体：頭脳、額、眉間、眼、心臓、毛髪、歯、咽喉、乳房

疾患：脳病（精神錯乱・分裂症、ノイローゼ）、脳溢血、眼疾（結膜、色盲、斜視、義眼）、歯疾、高血圧、心臓病（狭心症、結滞）、咽喉疾患、体温の調節不整、乳房の疾患、毛髪の疾患（多毛、脱毛）、ホルモンの過不足による疾患、中毒症（食中毒、ガス、ニコチン、アルコール、モルヒネ、アヘンなど）

場所：頂上、頂点、高山、高地、霊山（神霊が鎮まる霊妙な山）、霊刹（寺のある霊地）、霊室（神霊、位牌などを安置した室）、噴火口、海、海岸、港、河口、繁華街、花柳界（高級）、宴会場、会議場、炉辺、火事場

建物：紫宸殿、離宮、社殿、教会、塔、裁判所、警察署、税務署、消防署、刑務所、燈台、博物館、図書館、学校（上級）、高層ビル、デパート、劇場、映画館、二戸建、離れ

磁界の影響を受ける人間

これら一白水性から九紫火性までが磁気の性質である。このように、九気にはそれぞれの性質、特徴があり、それは自然界や時間、空間、事象、身体にも当てはまる。

磁界が何故、このような性質を持ち合せているのかについては、人智を超えるところではあるが、磁界が、磁気が何かを記録できることは事実であり、それはビデオテープを思い起こしてみるとわかりやすい。

磁気テープは、磁石体をテープに付着させた記録媒体であり、磁化の変化により情報を記録、再生することができる。

これと同じことが、地球上で行われており、現象しているのである。

そう、現象している。即ち、この世界は『現象界』なのである。ビデオテープに記録された

情報、例えば映画であるとすれば、それを再生すれば、その映画が始まるように、地磁気から放出された情報に沿って、我々人間はあたかも映画の登場人物のように立ち回っているのにすぎない。磁場が地球上に住む人間の思考及び運勢を左右し、かつ身体の生理に大きな影響をもたらす基となっているのである。

例えば、人間が空間を移動（引越しなど）すると、その向かった方位の性質に沿った事象が起こる。それも、周期性をもって、これこれ、しかじかの事象が起こる、現象する、というわけである。

我々人間は、自身の思考や意志で行動し、結果を出しているのではなく、空間を移動することでその性質に影響され、時間によってコントロールされながら、その結果としての現象を目の当たりにし、体験しているにすぎないのである。

では、そのシステムは、いったいどのようになっているのであろうか。

九気盤（後天定位盤と進行）

一白から九紫までの性質を、中央を含めた八方位の空間に割り当てると図5のようになる。

これを後天定位盤といい、この世界の基本となる磁場エネルギーの姿である。そしてこの九気盤は、時間によって移動する。一年に一回、ガチャンと。月に一回、ガチャンと。日毎に一

図5　九気後天定位盤の図

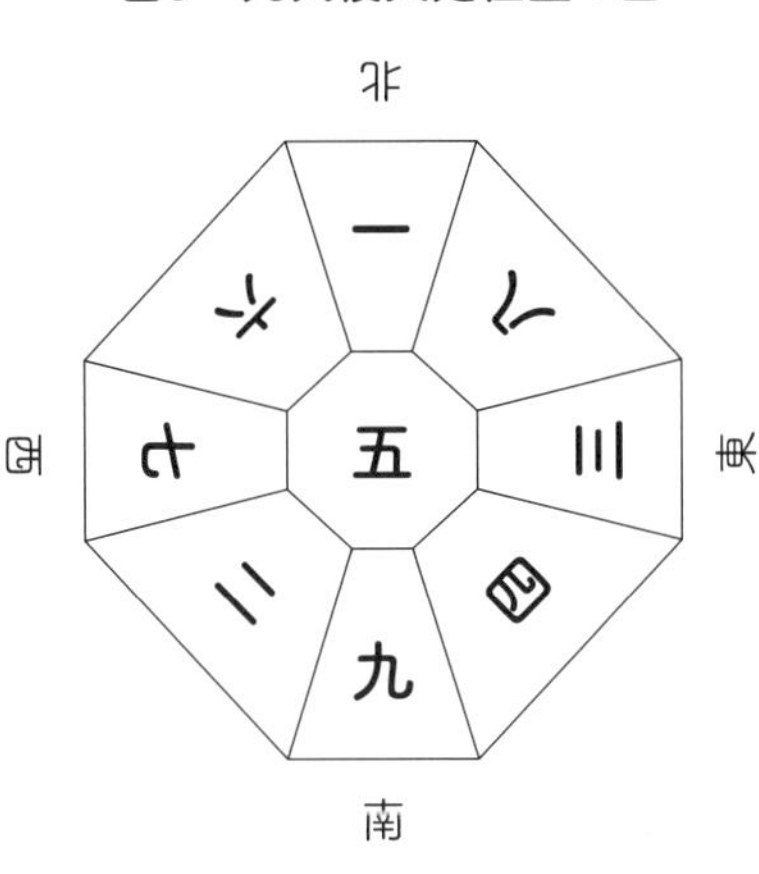

回、ガチャンと。そして二時間おきにガチャンとそれぞれ移動する。よって、九気盤には、一年を通してみる年盤、一月毎にみる月盤、一日おきにみる日盤、二時間毎にみる時盤が存在する。

中央に在る九気が、年月日時、その時に、この世界を覆い、律動している性質となる。

九気盤の運行としては、定位盤の一白から見ていくと、北から西南へ移動し、その後は東→東南→南→中央→西北→西→東北→南となって北方に戻る形となる。

順序としては、定位盤の中央である五黄から見ていくと、五黄の次は四緑が中央に配され、続けて三碧→二黒→一白→九紫→八白→七赤→六白となって一巡する。

年盤と月盤では、この運行は不変であるが、日盤においては半年に一度、逆回転をする。一白→九紫→八白……とカウントダウンされていたものが、一白→二黒→三碧……とカウントアップの逆方向に進み、このカウントダウンの進み方を陰遁（右に廻る）、カウントアップの進み方を陽遁（左に廻る）と呼称する。また、時盤も日盤の陰遁、陽遁に応じて回転方向が変化する。この逆回転は、冬至前後から陽遁が始まり、夏至前後から陰遁が始まる。

図6　九気盤の運行：陰遁

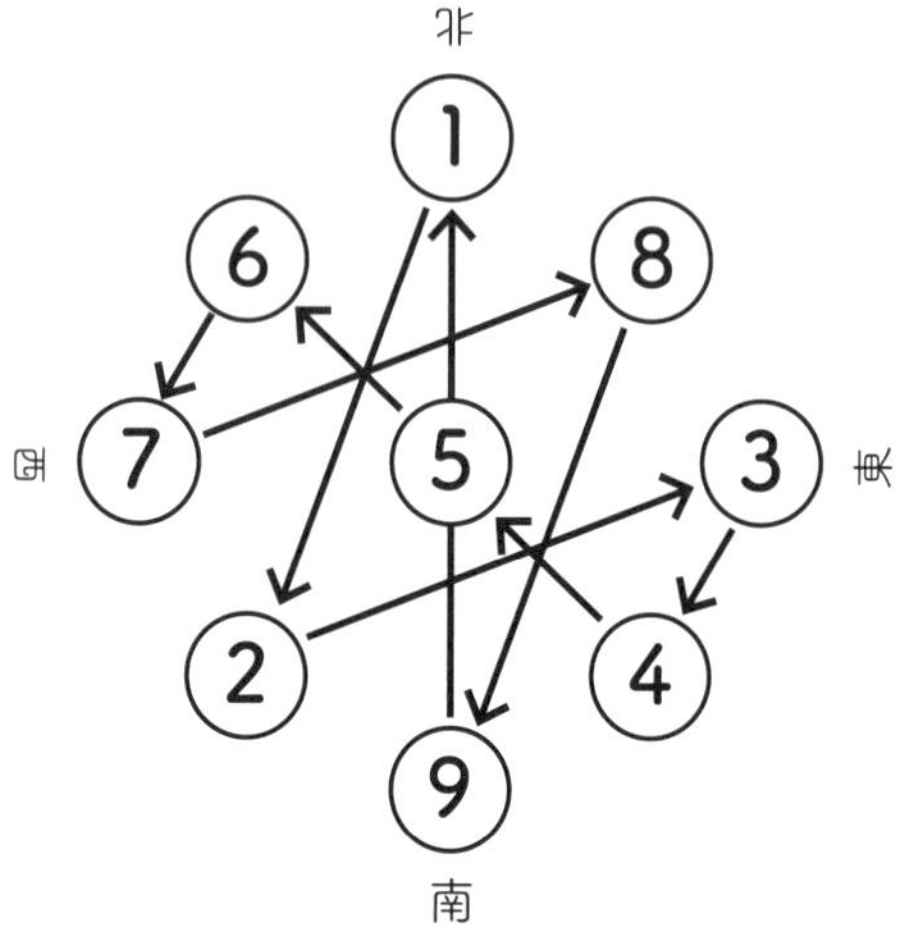

図7　九気盤の運行：陽遁

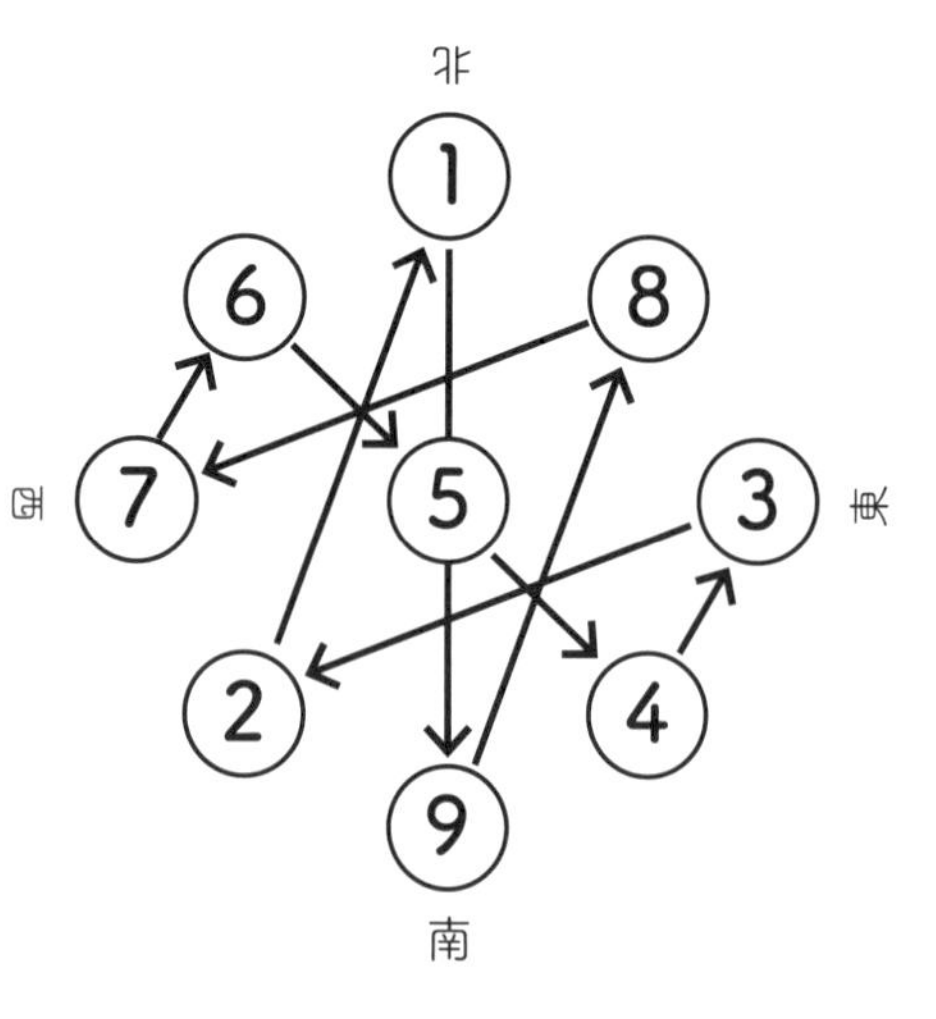

余談ではあるが、日本神道ではこの磁場の運行の変換期を大祓と称し、これまでの半年間に各々が知らずして行ってしまった罪（幽罪）を祓い清める好機とし、神事として行われている。

ちなみに、この陽遁の用（はたらき）を神格化したものが伊邪那岐命（左旋回・男性）であり、陰遁の用を神格化したものが伊邪那美命（右旋回・女性）である。

【註】幽罪とは、社会に法律があり、それに伴う罰則があるように、理法を犯したり、無益な殺生を犯したりするなど、象霊界における罪を指す。

時間に九気を割り当てる

事例　令和元年五月一日

このように、九気盤は規則性を持ち、時間によって移動を続ける。影響力の強いものとして、まず年盤があり、次いで月盤、日盤、時盤となる。平たく言えば、大・中・小・極小、といったところであろうか。

例えば、令和元年五月一日の年盤は、八白が中央に置かれている。この中央の九気の性質が、その年の中心の性質であり、よって、この一年は八白の性質が世界を覆っていることとなる。

次に月盤を見ると、月が変わるのは五月六日であるので、前月の四月の盤となる。すると、九紫が中央に配されているので、この月は九紫の性質が作用し、年盤の八白に重なっていることとなる。

そして日盤としては、二黒が中央に配されているの

図8　令和元年五月一日の九気盤

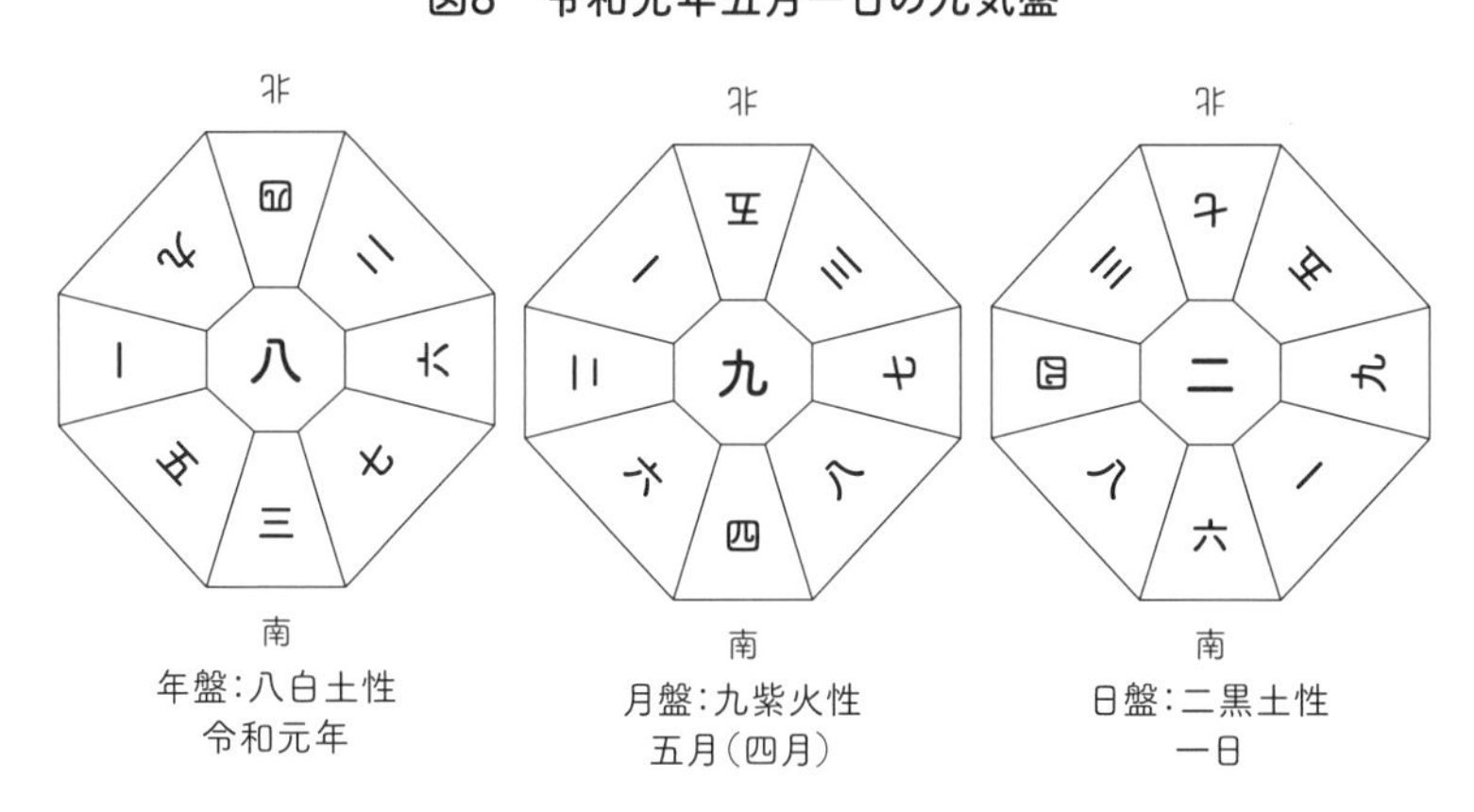

で、この日は二黒の性質が影響力は少ないながらも過重され、律動していることとなる。
空間に律動し、世界を覆っている磁場の性質は、時間を枢軸として変化をし、その時間帯において空間を支配しているのである。

気流電磁波と象学

我々の身体には電気が流れている。その電気は三種類に分かれており、一つは自然科学の領域において追究されている、即ち三次元界（現象界）の物質を構成している電気であり、病院などで検査をする時に計られたりしている。ほかの二つは象・霊二界を構成しているもので、霊的な電気は霊波（オーラ）と呼ばれている。また象界における電気とは、五行における天幹地枝（十幹・十二枝）、九気という、この時空に律動するエネルギーを総称して『気流電磁波』と呼称する電気である。

人間の身体に流れている気流波は、水が流れるように、ただ単に身体に流れているのではなく、自然法則である現・象・霊の三界を貫く生命の理法に基づき、地球の磁場と常に密接に関係しながら一定した運動を行っている。これを『遁甲（とんこう）』と呼ぶ。（後述）

かつてピタゴラスが「万物は振動によって存在している」と説いたのは、現今でいうところの「電子波」であり、物質は素粒子とその振動によって存在しているわけであるが、それは物質の問題であり、そこに人間の生命や運命の問題は一切含まれていない。

人間の性質や才能の根本、即ち『生命の構造』は物理法則の世界とは異なり、心的・生命的エネルギーの誘導を受けており、それが気流電磁波によって推進され、方向づけられている。

この気流電磁波の要素である陰陽五行・幹枝学・九気学を中心に、易、方位学、四柱推命学、玄学などを総合した学問を『象学』と呼称する。

九気盤の運行は運勢の流れ

人間も、母体に着床した瞬間からその年に律動している磁場の影響を受けている。移り変わる時間の中で、自身の基準となる生年月日にどの九気が律動していたかによって、自身の帯びている性質を知ることができる。

そして、その自身の性質である九気が、その年月において九気盤のどこに配置されているかで、人生における運勢の状態を知ることができるのである。

世の中でいう運勢の強弱とは、九気盤の運行状態の流れであり、北方が最弱であり、中央が最盛となって、その後、運勢は下降線を辿る。それは九気盤の進行と同じなのである。即ち、九気盤の運行による流れが、人生における運勢の盛衰の一つを形成しているのである。

自身の主命・副命を知る

自身が誕生した年月日から、その時に律動していた九気を自身に配当する。年間を通して律動している九気を以て、その人の「主命」と呼称する。すると、筆者の場合は生まれた年の年盤は七赤金性の年であるから、これを主命七赤と呼ぶ。また、主命と生月との組み合わせによって、「副命」と呼称されるサブ的な九気を導くことができる。筆者の場合は四緑木性が副命である。故に、筆者は主命である七赤と、副命である四緑の要素で構築されていることとなる。よって筆者は七赤と四緑の性質を併せた複合体といえる。

運勢をみる場合など、主命・副命の割合として、幼少期は副命を中心にみて、少年期を過ぎる頃から主命を中心とみる。老年期では、主命・副命とも半々ぐらいでみる。

図9　幹枝九気表　令和四年（百回忌大正十二年）

大正十三	十四	昭和元	二	三	四	1930 五	六	七	八	九	一〇	一一	一二	一三	一四	40 一五	一六	一七	一八	一九	二〇	二一	二二	二三	二四	50 二五	二六	二七	二八	二九	三〇	三一	三二	三三	三四
甲子	乙丑	丙寅	丁卯	戊辰	己巳	庚午	辛未	壬申	癸酉	甲戌	乙亥	丙子	丁丑	戊寅	己卯	庚辰	辛巳	壬午	癸未	甲申	乙酉	丙戌	丁亥	戊子	己丑	庚寅	辛卯	壬辰	癸巳	甲午	乙未	丙申	丁酉	戊戌	己亥
四緑	三碧	二黒	一白	九紫	八白	七赤	六白	五黄	四緑	三碧	二黒	一白	九紫	八白	七赤	六白	五黄	四緑	三碧	二黒	一白	九紫	八白	七赤	六白	五黄	四緑	三碧	二黒	一白	九紫	八白	七赤	六白	五黄
九九	九八	九七	九六	九五	九四	九三	九二	九一	九〇	八九	八八	八七	八六	八五	八四	八三	八二	八一	八〇	七九	七八	七七	七六	七五	七四	七三	七二	七一	七〇	六九	六八	六七	六六	六五	六四

60 昭和三五	三六	三七	三八	三九	四〇	四一	四二	四三	四四	70 四五	四六	四七	四八	四九	五〇	五一	五二	五三	五四	80 五五	五六	五七	五八	五九	六〇	六一	六二	六三	平成元	90 二	三	四	五	六	七
庚子	辛丑	壬寅	癸卯	甲辰	乙巳	丙午	丁未	戊申	己酉	庚戌	辛亥	壬子	癸丑	甲寅	乙卯	丙辰	丁巳	戊午	己未	庚申	辛酉	壬戌	癸亥	甲子	乙丑	丙寅	丁卯	戊辰	己巳	庚午	辛未	壬申	癸酉	甲戌	乙亥
四緑	三碧	二黒	一白	九紫	八白	七赤	六白	五黄	四緑	三碧	二黒	一白	九紫	八白	七赤	六白	五黄	四緑	三碧	二黒	一白	九紫	八白	七赤	六白	五黄	四緑	三碧	二黒	一白	九紫	八白	七赤	六白	五黄
六三	六二	六一	六〇	五九	五八	五七	五六	五五	五四	五三	五二	五一	五〇	四九	四八	四七	四六	四五	四四	四三	四二	四一	四〇	三九	三八	三七	三六	三五	三四	三三	三二	三一	三〇	二九	二八

八	九	一〇	一一	2000 一二	一三	一四	一五	一六	一七	一八	一九	二〇	二一	10 二二	二三	二四	二五	二六	二七	二八	二九	三〇	令和元	20 二	三	四	五	六	七	八	九	一〇	一一	30 一二	一三
丙子	丁丑	戊寅	己卯	庚辰	辛巳	壬午	癸未	甲申	乙酉	丙戌	丁亥	戊子	己丑	庚寅	辛卯	壬辰	癸巳	甲午	乙未	丙申	丁酉	戊戌	己亥	庚子	辛丑	壬寅	癸卯	甲辰	乙巳	丙午	丁未	戊申	己酉	庚戌	辛亥
四緑	三碧	二黒	一白	九紫	八白	七赤	六白	五黄	四緑	三碧	二黒	一白	九紫	八白	七赤	六白	五黄	四緑	三碧	二黒	一白	九紫	八白	七赤	六白	五黄	四緑	三碧	二黒	一白	九紫	八白	七赤	六白	五黄
二七	二六	二五	二四	二三	二二	二一	二〇	一九	一八	一七	一六	一五	一四	一三	一二	一一	一〇	九	八	七	六	五	四	三	二	一									

主命　三碧木性

生月	副命	生気（吉方）
二月・十一月	五黄	九紫
三月・十二月	四緑	九紫・一白
四月・一月	三碧	四緑・九紫・一白
五月	二黒	九紫
六月	一白	四緑
七月	九紫	四緑
八月	八白	九紫
九月	七赤	一白
十月	六白	一白
十月	三碧	九紫
九月	四緑	九紫
八月	五黄	九紫・八白・七赤・六白
七月	六白	八白・七赤
六月	七赤	六白・八白

主命　六白金性

生月	副命	生気（吉方）
二月・十一月	五黄	二黒・七赤・八白
三月・十二月	四緑	一白
四月・一月	三碧	一白
五月	二黒	七赤・八白
六月	一白	七赤
七月	九紫	八白・二黒
八月	八白	七赤・二黒
九月	七赤	八白・二黒・一白
十月	六白	八白・七赤・二黒・一白
十月	三碧	九紫
九月	四緑	九紫
八月	五黄	九紫・八白・七赤・六白・二黒
七月	六白	八白・七赤・二黒
六月	七赤	八白・六白・二黒

主命　九紫火性

生月	副命	生気（吉方）
二月・十一月	五黄	八白・二黒
三月・十二月	四緑	三碧
四月・一月	三碧	四緑
五月	二黒	八白
六月	一白	四緑・三碧
七月	九紫	八白・二黒・三碧・四緑
八月	八白	二黒
九月	七赤	八白・二黒
十月	六白	八白・二黒
十月	三碧	九紫
九月	四緑	九紫
八月	五黄	九紫・七赤・六白・二黒
七月	六白	七赤・二黒
六月	七赤	六白・二黒

図10　主命・副命、及び生気（吉方）検出表

主命　一白水性

生月	二月・十一月	三月・十二月	四月・一月	五月	六月	七月	八月	九月	十月
副命	八白	七赤	六白	五黄	四緑	三碧	二黒	一白	九紫
生気（吉方）	六白・七赤	六白	七赤	六白・七赤	三碧	四緑	六白・七赤	七赤・六白・四緑・三碧	四緑・三碧

主命　二黒土性

生月	二月・十一月	三月・十二月	四月・一月	五月
副命	二黒	一白	九紫	八白
生気（吉方）	九紫・八白・七赤・六白	六白・七赤	八白	九紫・七赤・六白

主命　四緑木性

生月	二月・十一月	三月・十二月	四月・一月	五月	六月	七月	八月	九月	十月
副命	八白	七赤	六白	五黄	四緑	三碧	二黒	一白	九紫
生気（吉方）	九紫	一白	一白	九紫	九紫・三碧・一白	九紫・一白	九紫	三碧	三碧

主命　五黄土性

生月	二月・十一月	三月・十二月	四月・一月	五月
副命	二黒	一白	九紫	八白
生気（吉方）	九紫・八白・七赤・六白	六白・七赤	八白・二黒	九紫・七赤・六白・二黒

主命　七赤金性

生月	二月・十一月	三月・十二月	四月・一月	五月	六月	七月	八月	九月	十月
副命	八白	七赤	六白	五黄	四緑	三碧	二黒	一白	九紫
生気（吉方）	六白・二黒	八白・六白・二黒・一白	八白・二黒・一白	八白・六白・二黒	一白	一白	八白・六白	六白	八白・二黒

主命　八白土性

生月	二月・十一月	三月・十二月	四月・一月	五月
副命	二黒	一白	九紫	八白
生気（吉方）	六白・七赤・九紫	六白・七赤	二黒	九紫・七赤・六白・二黒

運勢の流れを知る

自身の生年月日から自身の主命・副命を割り出したら、それをその年の九気盤に当てはめてみると、自身の運気がどのような状況なのかがわかるようになる。

運勢には強弱があり、それは一連の流れとなっている。自身の主命が北へ配置された時が最も運勢が弱い。それは一日でいえば真夜中であり、季節でいえば冬である。やがて日が昇り、正午を迎え、午後になれば日は傾き、夕暮れとなり、夜となる。四季の循環も同じである。このように運勢においても、その盛隆の循環が九年毎に行われている。

この循環運動を『遁甲（とんこう）』と呼称し、主命が各方位のどこに配置されて（遁甲して）いるかで、運勢の状態を見究めるわけであり、世間ではそれを「運気（運命）」と呼んでいる。

それでは、各方位に主命（幼少期は副命）が遁甲した場合の状態を見てみよう。

第一盛運期

西南方位に主命が遁甲（配置）している時期

西南方位は土地、坤徳。運勢的には、前年度の衰極期であった北遁甲をようやく抜け出したが、まだまだ運勢的には弱い時期。このような時には、足を地につけ、自身の地役を以て土を耕し、未来へ向けて種を蒔いておくことが大切となる。努力をし、勤勉となり、数年後の未来を見据えて自身の行うべきことを堅実に、この期間にしっかりと行っておくことが肝要である。

第二盛運期

東方位に主命が遁甲している時期

東方位は朝日の昇るところ。いよいよ運勢が開け、勢いをもって昇り出す。三碧は晉、震、新。新たに事業や行動を始めるにはもってこいではあるが、朝日は勢いよく昇るも熱量が少ない。最初は苦労を伴うが、さらに運気が上昇するのに従い経営などの状態は安定していく。自身の才能や手腕が世間に認められるようになるのも、この時期である。

また三碧は顕現の作用を有するため、これまでの隠しごとなどが露見する現象が起こりやすい。

第三盛運期

東南方位に主命が遁甲している時期

西南遁甲の第二運勢期に蒔いた種が、昨年の東遁甲において芽を出し、ここにきて伸び長じる。

東南方位は斉（ととのう）。物事がととのうのがこの時期。悩みや杞憂は解決し、楽観的となり、世間の信用も増大し、追い風に帆の状態で物事はトントン拍子に進む。

対人関係にしても、協力者や後援者などの善いご縁が結ばれやすい好機である。

第四盛運期

中央に主命が遁甲している時期

主命が中央に遁甲した時期は、まさに真昼のごとく太陽が昇りきった状態である。主命と同種類の九気が空間に律動している時期であるから、運勢の勢いは最大値を迎え、外部に向かって拡張を図る意欲が起こるものである。しかし、万物は昇れば降りるのが必定であり、対外的に勢力を伸ばしつつも、翌年からのことを考え、内面を充実させるように心がけることが肝要である。

巷ではよく、主命が中央に遁甲した時期は八方塞がり故、何をやってもうまくいかないと言われるが、それは迷信であり、九気盤を平面としてみているからである。中央は上下を持っているために、中央が山になっていると思えば、八方位から塞がれているわけではない。

しかし、物事がうまくいくと、人は欲を出し、横暴となってしまうのが常である。中央の五黄の性質が「暴」であることを忘れてはならない。

第五盛運期・第一衰運期

西北に主命が遁甲している時期

中央の勢いがそのまま持続しているかのような気がするが、すでに正午は過ぎ、日は斜陽になりつつある。上がったものは下る。人生行路における「盛運」から「衰運」へと、運勢は下降線を辿り始めている「運勢の転換期」がこの時期。人間の磁感が無意識的に衰えると、その兆候は「判断力の衰弱」となって現れるもので、おのずから「性急な裁断」という形をとる。西北方位・六白は超過。何事もすぎることなく、分相応にすることが肝心で、風船も空気を入れすぎれば破裂してしまう。この「初衰」の時期は、処世の上で最も難しい。「株が頂点に達する、一歩手前で手を打つ」という妙味ある格言は、語るに易く、行うに難しであるが、この時期における大切な心構えと言えよう。

前年の中央遁甲時の後半から、この年の中ほどまでは、内部の充実を図り、下降する運勢に対しての準備を怠らないようにするのが肝要である。

第二衰運期

西に主命が遁甲している時期

西方位・七赤を季節に配すれば秋となる。ここにおいて人は人生の収穫を得て、一息入れるところとなる。また、西は夕陽の沈むところ。この時期に多いのが引退などであり、人生の引き際となる。また、七赤は侘び、寂。この運勢の流れの中で、これまでの人生を振り返るポイントとなる時期が組み込まれていることに、自然の流れの奥ゆかしさを感じ得ない。

主命が西方位に遁甲した年は、人間はおおよそ次のような三つの型に分かれる。

下級に属する人は、色情、遊興の気分を発して酒色に耽るものであり、後年、公金に手をつけたり、浮気などで家庭を崩壊させたりすることになるのも、この時期の遊興気分が発端となる。

中級に属する人は、人生をしみじみと味わい、俳句やお茶など、風流に心を動かす。

上級に属する人は、翻然として大自然の妙を感じ、自分本来の使命というものに気づいて、事業及び子孫の将来を図るものである。人生の花を咲かせた一代限りの英雄は、夜空のきら星のように数えきれないが、さらに「実を結ぶ」、言わば徳川家康のような成功者は少ないのである。

第三衰運期

東北方位に主命が遁甲している時期

東北・八白は曲がり角。人生において、どこを曲がるかで将来が決まってしまうのがこの時期。

人間の心機は一転して静から動へと、八白の後継・更新・整理・改革などの気運が漲る。転職をするにしろ、付き合う人々が変わるにしろ、ここが人生の節目となることを考えれば、曲がる場所をよく見極めて行動しなくてはならない。一身上の転換期とも言える「人生の岐路」であるこの時期を境として、波乱の人生（滅気の軌道）と、安定した人生（生気の軌道）へと向かう人の、明暗二面が起こるのである。東北は鬼門と呼ばれるが故に、鬼に出くわさないように角を曲がるにしかず。

第四衰運期

南方位に主命が遁甲している時期

南方位・九紫は離の作用、中断。故に、仕事を辞めて転職しようとか、部活を辞めようとか、好きな人と大した理由もないのに別れてしまうなど、どうしても人間の精神に離の作用が働きかけていることが要因となっている場合が多い。滅気の軌道を辿る人は、この時期において有能な部下や後援者と離反したり、仕事のプロジェクトが中断したり、家族と別居するなど、急速に孤独化していく段階である。生気の軌道を辿る人は、将来性のない事業から撤退したり、あるいは思い切って酒乱の夫や悪妻と別れたりするのも大自然の「離」を促進する潮流に沿うもので、大業を成就するために後顧の憂いを断ち切ることは、賢明なる決断であると言えよう。

九紫は二ノ作用。物事において同じようなことが二度起きるのがこの時期である。この場合、二度目が本番であると心得ておくことが肝要である。

また蠟燭の炎が消える寸前には、瞬間パッと燃え上がるように、人生における最高の瞬間、名誉を受けるようなこともあったりする。それは、これまでのその人の行いが評価されてのことであり、何もしていない人には起こらないのが当然である。

このように、運勢の流れとしては下降線を辿る最後の手前に、これまでの決算が行われ、改めて北遁甲の闇へと駒を進めるわけである。

第五衰運期

北方位に主命が遁甲している時期

北方位は闇、寒冷。よって運勢的には一番弱く、真冬の真夜中に灯り一つない暗闇の中を裸でひとり歩いているような状態である。このような時に、事業を新しく始めたりしてもうまくいくこともなく、美味しい話に乗って、後で大変な負債を抱えたりする（一白は穴）。

我々人間の目には見えないが、時間的エネルギーの状況を考えてみると、海は嵐で荒れているのに、わざわざ出航する必要はないのと同様である。このような時には、余計なことはせず、現状維持を以て静かにやり過ごすことが肝要となる。

また、この頃に生じるご縁は概ね腐れ縁である。


このように、自身の主命がどの方位に遁甲しているかで、運勢の状態を観てとることができるわけであるが、実際のところ九気以外にも幹枝系統の状態や、命式と大運、歳運などの要素もあり、一概に言うことはできない。運勢を司る歯車は、九気一つではないのである。

しかし、九気の運行状態における確中率がおおよそ七〇％であることを考えると、信用に足りる数字ではなかろうか。大相撲において、一場所十五日間で十勝をあげれば好成績であり、プロ野球において打率が七割であったら驚異的である。

出所進退は時の利

人生における浮き沈みは、このような運勢の潮流によって左右されている。この流れに沿った行動をすることが肝要で、嵐の時に出航するとか、追い風の時に何もしないとか、止まるべき時に止まらないなど、出所進退を弁えないことから、人生において取り返しのつかない失敗を起こしてしまう人も少なくない。人生における運勢の状態を理解できることは、何よりも生涯を安泰に過ごすための指針となるものである。

また、巷の占い師などが、独自の運勢判断を行っていることがあるが、九気学（九星気学）や四柱推命学がベースでない以上、大方その方程式は間違えている。方程式が間違えておれば、結果も間違うものであり、よって本来は北遁甲のため、何もしないことが吉であるのに、「あなたは、今年は盛運であるからどんどん行動しなさい」などと言われ、止まるべきところで進んでしまうことによって、数年後の未来が目も当てられない状態になってしまうものである。

この世界は現象界

自身の主命が遁甲した方位においては、各方位の性質が自身の生活に現象を起こす。この意味がおわかりであろうか。現象が起きるのである。あなたが、「何をどうしたからこうなった」ということもある。確かに、あくまでも原因という種を蒔くのは、その人自身に他ならない。その蒔かれた種は、周期に応じて、その時の九気の性質に反応するかのように現象する。それが起こるのである。

主命が北に遁甲した時には、北方・一白の性質の物事がこもごも現象し、主命が東南に遁甲した時には、東南方・四緑の現象が、西に遁甲した時には、西方・七赤の現象が起こる。

愛すべき人との出逢い、窮地から救い出してくれた人との出逢い、師や弟子との出逢い、また懐かしい人や、運命の再会。運が回ってきて、トントン拍子に進む人、何をやってもうまくいかず、下降線を辿る人。病に苛まれる人、健康を回復する人。運勢から身体におけるまで、我々人間は、時間を枢軸として空間に律動する磁場のエネルギーの影響によって現象する物語の中を、まるで映画の主人公のように、そのストーリーを追体験しているにすぎないのである。

同会・被同会

運勢の流れとは先に述べたとおり、九気盤の流れに沿った自身の主命の遁甲状態であるわけだが、年盤の流れもあれば、月盤や日盤の流れもあるわけである。図11の月盤は、「一白・四緑・七赤」の年、「三碧・六白・九紫」の年、「二黒・五黄・八白」の年と、三つのグループに分かれており、循環している。そして各日において、その日の九気が循環している。これら三つの盤は重なっている。つまり、年盤の上には月盤が、月盤の上には日盤が重なっている。

この、年盤に対して月盤が重なることを『同会』と呼称し、月盤が年盤に重なることを『被同会』と呼称する。

図11　三種の月盤（三鏡）

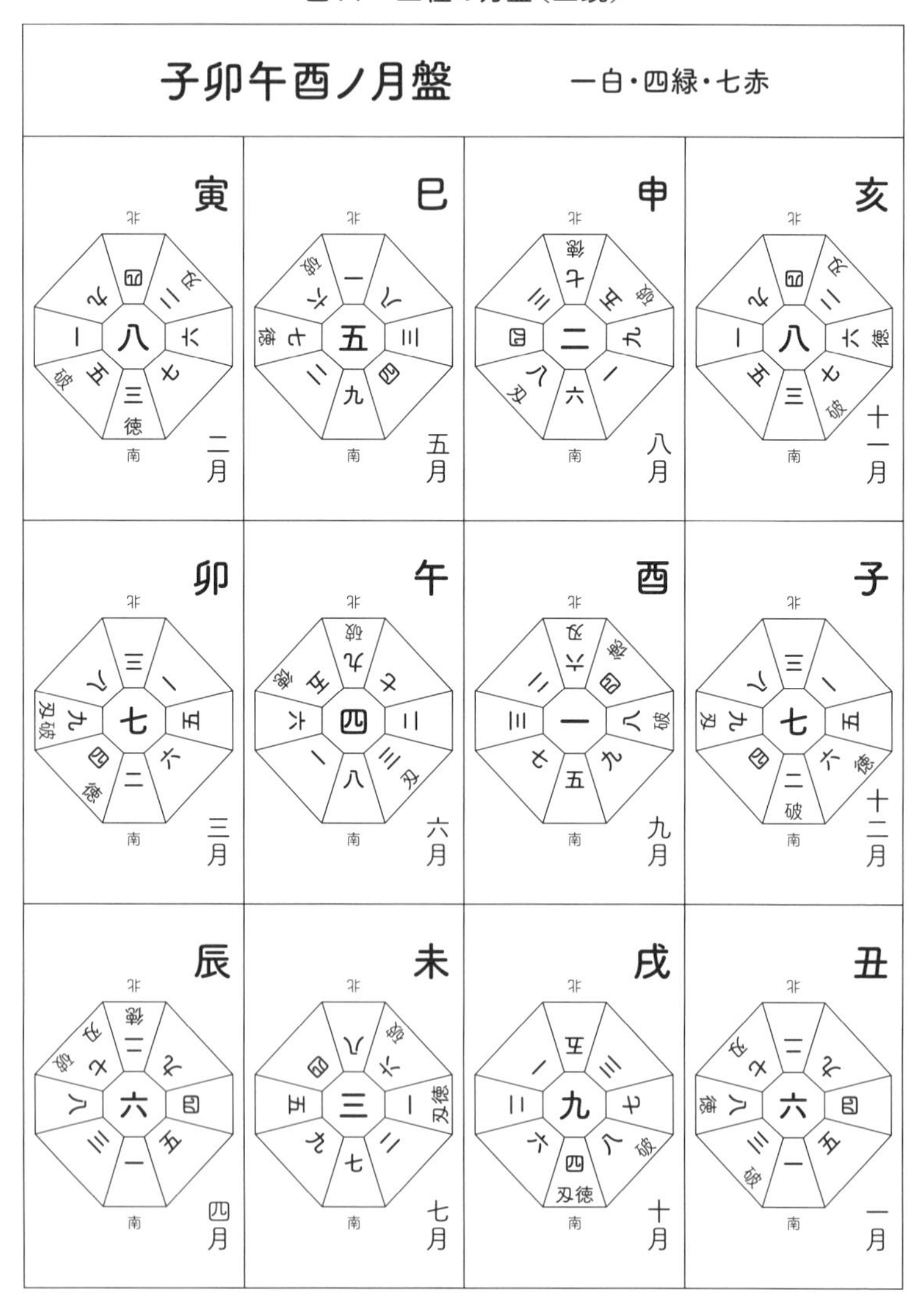

子卯午酉ノ月盤　一白・四緑・七赤
寅　二月
巳　五月
申　八月
亥　十一月
卯　三月
午　六月
酉　九月
子　十二月
辰　四月
未　七月
戌　十月
丑　一月

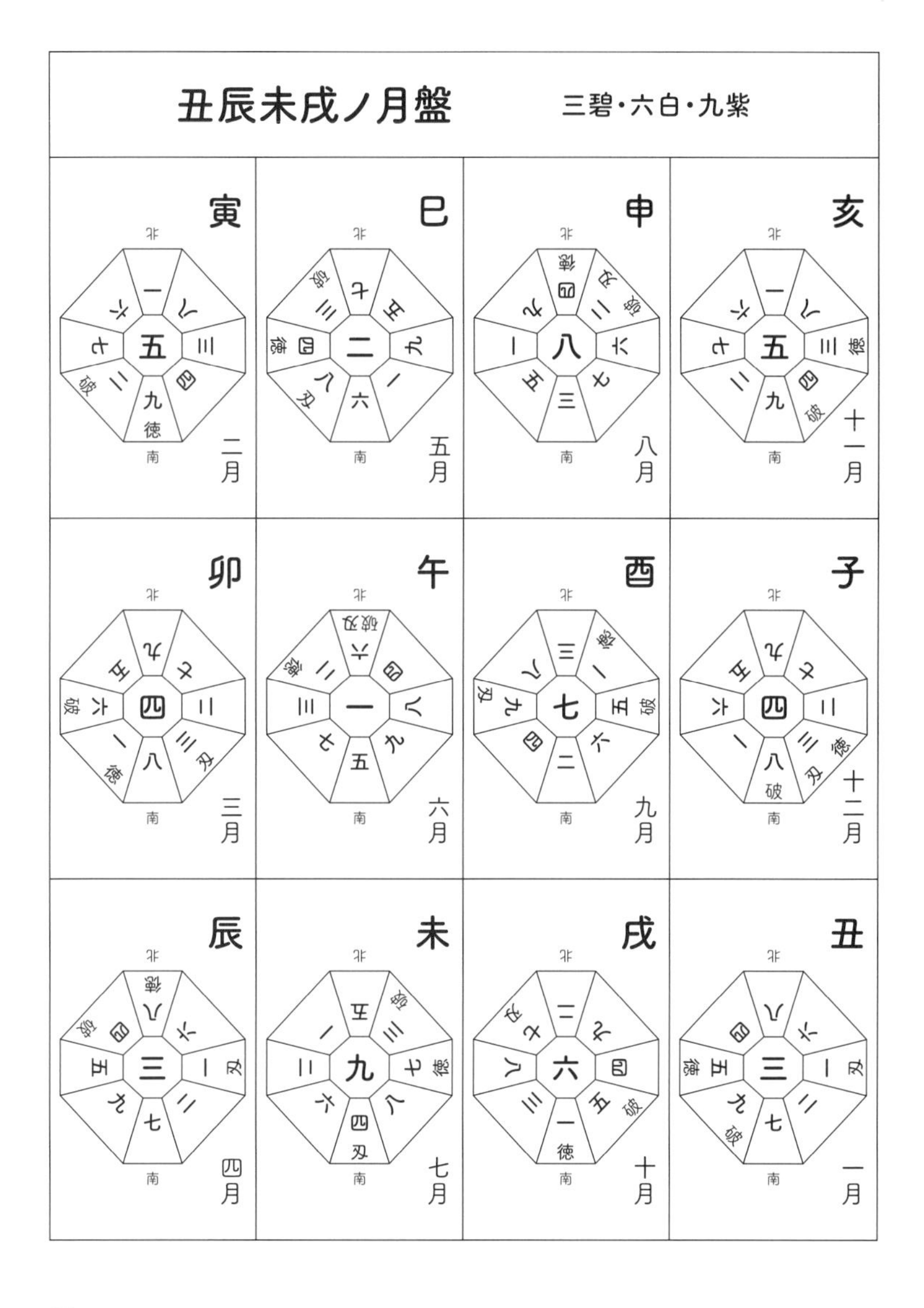
丑辰未戌ノ月盤
三碧・六白・九紫
寅 二月
巳 五月
申 八月
亥 十一月
卯 三月
午 六月
酉 九月
子 十二月
辰 四月
未 七月
戌 十月
丑 一月

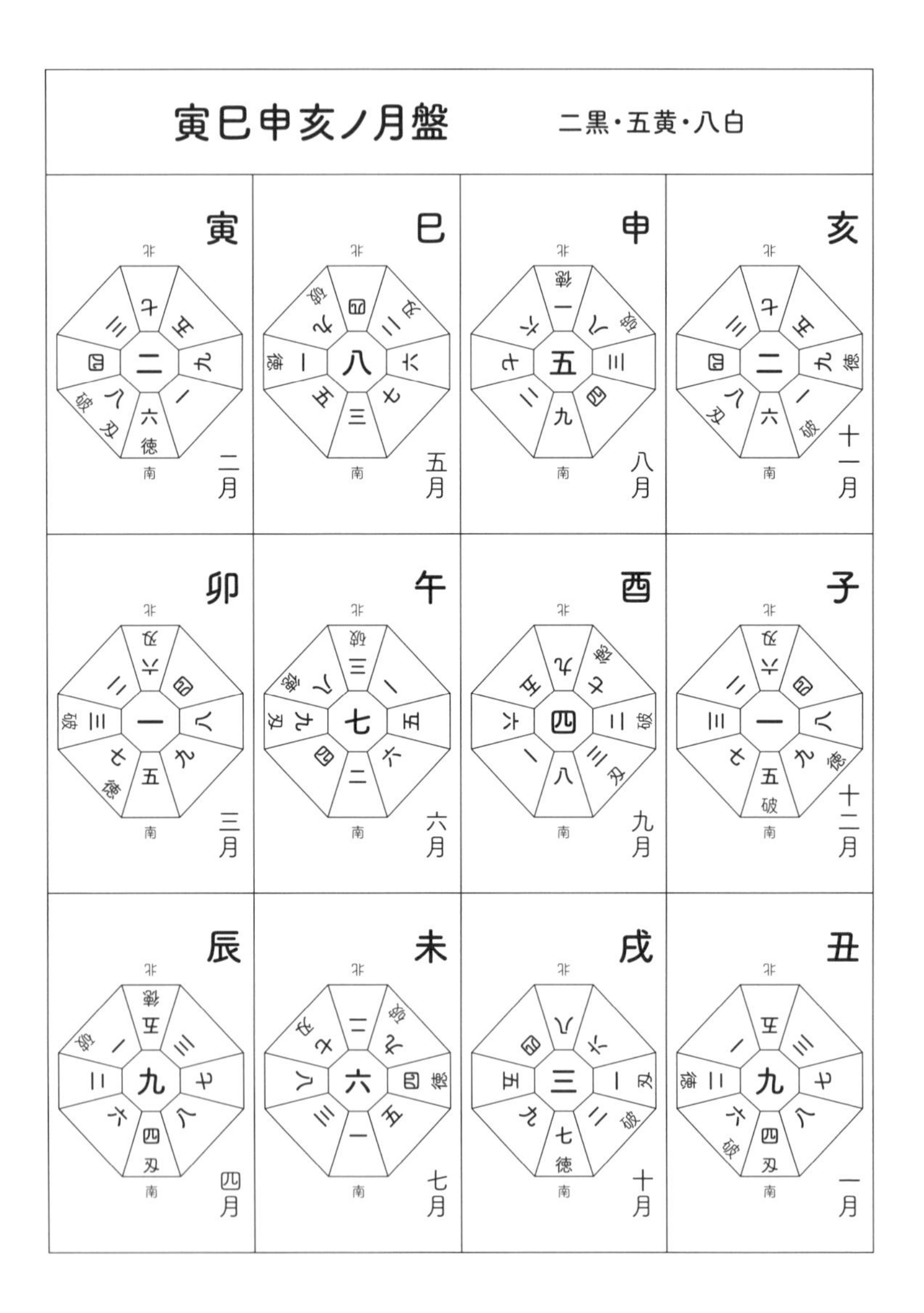
寅巳申亥ノ月盤
二黒・五黄・八白
寅
二月
巳
五月
申
八月
亥
十一月
卯
三月
午
六月
酉
九月
子
十二月
辰
四月
未
七月
戌
十月
丑
一月

自身の主命・副命がどの方位に遁甲しているかも重要であるが、同時に自身の主命・副命にどの九気が重なっているかも、自身の状態をみるにあたって大切な判断基準となる。年盤において自身の主命に重なる月盤の九気、月盤において自身の主命が重なる年盤の九気の影響も存分にある。

九気盤において年月日、そして時間の盤がそれぞれ重なり合い、時間に応じて歯車のように組み合わさっているわけであるが、その時の自身の主命・副命が遁甲した方位において、年盤に重なる月盤の九気も作用しているのである。

図12のように、令和元年五月一日において筆者の場合、年盤は主命である七赤が東南に遁甲し、月盤では八白が東南に遁甲しており、丁度上に乗っかっているような形で八白が同会となっている。月盤においては、主命七赤は東に遁甲し、年盤では東に六白が遁甲しており、六白に被同会となっている。日盤の影響は大き

図12　令和元年五月一日の九気盤

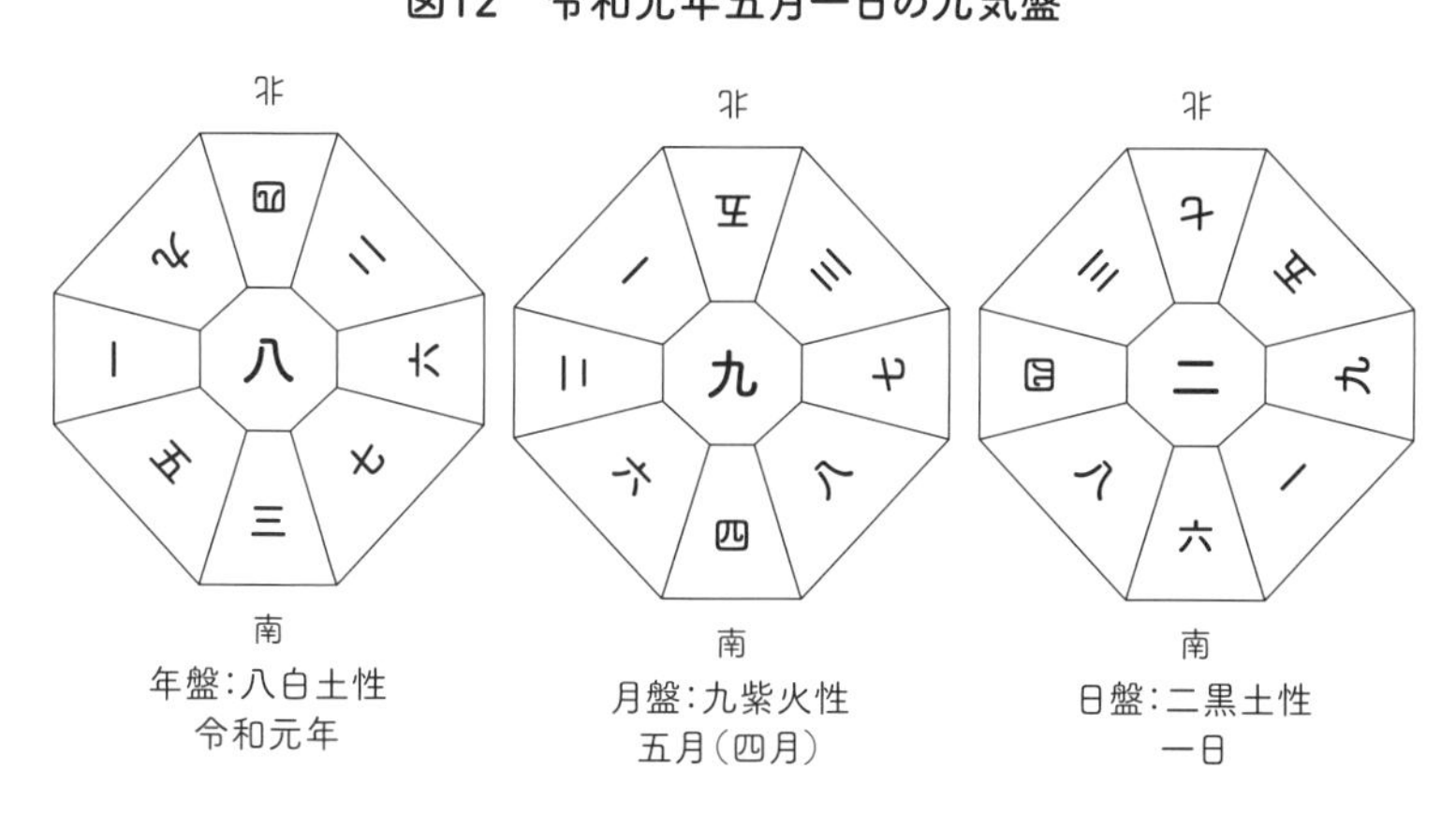

年盤：八白土性
令和元年

月盤：九紫火性
五月（四月）

日盤：二黒土性
一日

くないため割愛するが、年盤と月盤の重なった時の状態とその影響を考えると、

㈠ 年盤において主命七赤は、遁甲した東南方位・定位四緑の影響を受けている。

㈡ 年盤において主命七赤は、月盤で重なる東南遁甲の八白の影響を受けている。

㈢ 月盤において主命七赤は、遁甲した東方位・定位三碧の影響を受けている。

㈣ 月盤において主命七赤は、年盤に重なる東遁甲の六白の影響を受けている。

このように、現象を起こす要素としてはとても複雑になる。さらに日盤の影響も若干入り込むと、まことに複雑となる。影響力の大きさから考えると、年盤において自身の主命がどこに遁甲し、月盤の何が重なっているのかを第一に考え、次いで月盤において自身の主命がどこに遁甲し、年盤の何に重なっているかを副次的要素として考えることとなる。

ちなみに、日盤については、市販のカレンダーに表記されているものや、暦のサイトなどで確認することができる。サイトによっては、任意の年月日を入力すれば、その時の年盤・月盤・日盤を知ることができるようになっている。

第2章

引越し等の移動によって発動する現象

引越し

これまでは、時間を枢軸とした運勢の流れ、そして自身の主命・副命がどの方位に遁甲し、同会や被同会において九気の性質の影響を受けるなど、時間的な主観から観てきた。

しかし、時間と空間は同位であることを考えると、空間的な影響もあるわけである。

人間の持っている磁気が、磁場に対して空間を移動し、そこで生活を続けると、その移動した方位において自身の生体的、精神的、運勢的に変化をもたらす。要するに、引越しをしたり、寝る場所を変えたりすると、向かった先の磁場の性質を受け、自身の持つ磁気に変化を起こすわけである。良い方位に赴けば、自身の磁気は改善されるが、悪い方位に赴けば、自身の磁気はショートを起こす。

常に変化をする九気盤の中で、いつ、どの方位に引越しをするかで、その人の今後の人生が大きく変わるのである。

自身や家族にとって良い方位に赴けば、体内器官の増強や病気が改善されるなどして、心身の健康向上につながることもあれば、精神（意識）や運勢の向上にもつながり、仕事や事業などが順調に発展することになる。そのような現象が大なり小なり、こもごも起こるわけである。

もし、自身や家族にとって悪い方位に赴けば、心身にとって何かしらの発病を起こしたり、子どもでは発育が不全となったり、運勢においては、何をやってもうまくいかないような状態に陥ってしまうこともある。

悪い方位とは、例えば、それが五黄の遁甲する方位であったり、主命や副命の遁甲する方位やそれらの反対側であり、自身の持つ生態的磁力に自壊作用が生じることによって、やがて病気になったり、性格が変わったり、才能や運勢を破壊し、生涯を誤る基となるのである。

人間、悪いことは避けたいのが正直なところであるし、やはり凶事をいかに避けるかが大事となってくる。九気において、磁場の性質や法則を理解することで凶事を免れることが可能となる。その凶事の原因とはいったい、何であろうか。

六大凶殺

六大凶殺とは、五黄殺、刄殺、主命殺、副命殺、破殺、的殺の六つの殺気性のエネルギーを指す。これらの殺気性エネルギーは、精神・身体の二領域における電磁気の回路を破壊したり、妨害したりするもので、いわゆる磁気嵐のようなものである。これらの影響を受けると、身体の機能や運気力にさまざまな障害が起こる。

人間は各々の脳中に、いわゆる「心の磁石（羅針盤）」を備えている。そして、主命というものを端的に表現すると「心の磁石」に基づくアンテナのようなものと言えるだろう。

平常時、この「心の羅針盤」は地球磁場と正確に牽引しているから、人間はこの磁石に基づいて物事を正確に判断することができる。ところが、遁甲や方位、その他の作用で磁気嵐が起こり、その妨害電波に作用されると、たちまち磁針は狂ってしまう。

それは妨害電波によって、テレビの画面にノイズが入るのと同様で、人間の意識において混乱が生じて錯覚や勘違いなどを起こし、大事な場面で判断に迷ったりするわけで、人生の岐路において、右に曲がるべき時に誤って左へ曲がってしまったり、止るべき時に進んでしまったり、一歩進むべき時に退いてしまったりと、次第に波乱の人生へ転落していく。

五黄殺

五黄の性質は前述のとおり、腐敗や暴など、あらゆる物事を破壊する性質を持っている。五黄の遁甲する方位においては、磁場の乱れが生じているが故に、身体や精神、運勢などにおいて破壊性を持った現象が起こる。要するに、五黄の遁甲した方位と、その反対側の磁場においても不協和音が生じているのである。

五黄殺の現象

五黄殺の方位に出かけた場合

五黄の遁甲する方位、例えば令和元年であれば西南であるから、西南方位に人が赴くといったいどのようなことが起こるのであろうか。

年や月、日など、それぞれで悪い分にはあまり影響はないが、これらが年月、年月日と重なり合うと、話は変わってくる。

年と日、月と日などで五黄の遁甲する方位に食事に出かけたとしよう。するとこの場合は、珍しく人が並んでいたりして、ちょっと待つくらいの程度で、あまり普段と変わりはない。

年と月で五黄の遁甲する方位、令和元年であれば、五月が年月そろって八白中央のため、西南に五黄が遁甲している（これを「年月同根」と呼称する）わけであるが、この場合、オーダーを忘れられて待ちぼうけをくったり、オーダーを間違えられたり、食べたい物が売り切れだったりする。

年月日と三つが重なる日に、五黄の遁甲する方位に赴くと、料理を服にこぼされたり、駐車場で車をぶつけたり、何かしらのトラブルに巻き込まれるようなことが起こりやすい。

年月日時間で五黄の遁甲する方位に赴くと、食べた料理にあたり食中毒を起こしたり、交通事故を起こしたりする。

このように、遁甲する五黄のエネルギーが加重することで、現象する内容がどんどん重度化していく。

例えば、筆者の知人においては、交通事故を起こし軽傷で済んだものの、後日調べてみると、当人の住まいから年月日時間で五黄の遁甲した方位において事故を起こしていた。

また、ある人は、コンビニで会計中にそこに車が入口から突っ込んで来た。その話の内容を確認すると、本人の自宅からは五黄殺の方位であり、年月日時間も同根であった。

このように、年月日時間が合致した場合などは、重度化した五黄性の物事がこもごも現象するのである。何故、そのような事態が起きるのか。それは、空間的・時間的エネルギーにおいて、自身にとってマイナス（五黄殺）となる方位に赴いているからであり、五黄が重なることで確率も高くなり、その結果として、このような不幸な現象が起きるのである。

また、一つの目安として、五黄の遁甲した方位において買物をしたとする。これが電化製品である場合、年であると、使っているうちに壊れてしまうことがある。月や日においては、規格の合わないものを買ってしまったり、思っていたものと違っていたりする程度であろう。

年月であると、やがて壊れてしまう。まあ、だいたい壊れると考えておいた方がよい。

年月日であると、壊れて発火してしまうとか、熱をもって火傷をしてしまうとか、倒れて手足を挟んでしまったりする。

これらは必ずしもそのようなことが起こるわけでもなく、起こり得る現象の内容としては、このようなレベルであるという参考として紹介しているにすぎない。

五黄に同会・被同会

自身の主命が五黄に同会したり、被同会した時には、例えば腐りかけの物を食べて食あたりを起こしたり、身体に腫物ができたり、鼻に吹き出物ができたりする（鼻は顔の中央・五黄）。

精神面でいうと、性格が若干、横暴となるなどの影響がある。

五黄殺の方位に引越しをすると

五黄の性質を見ればわかるとおり、暴・廃・乱などの作用がこもごも現象する。

生体的には、癌や腫瘍の原因となったり、中毒症を起こしたりする。

精神的には、何かしらの精神病を起こしたり、性格が横暴になったりする。

運勢的には、すべての物事において破壊作用が生じ、あらゆる障害が自身に降りかかり、人生の坂を転げ落ちていく。自身が被害者である場合もあれば、五黄性の自壊作用により自身が加害者となって犯罪に手を染めることもあり得るわけである。

五黄殺の影響を受けることは、真に救いようのない状態に自身の人生を赴けるのと同様といえよう。

また、五黄は中央。故に、同地点における上下の移動も五黄殺の影響を受けることとなる。例えば、二段ベッドを使っていた兄弟の上下を入れ替えるとか、ベッドが壊れたから同じ場所に布団を引くとか、布団で寝ていたのに、ベッドを購入したので同じ場所に設置するとか、一階と二階の部屋の、真上及び真下に寝所を移動するのも五黄殺と同様である。

刄殺

刄殺（じんさつ）とは、五黄の遁甲した反対側に起こる現象であり、地球は球体であるが故に、五黄の反対側においても、五黄の影響を受けているわけである。この影響を、巷では暗剣殺と呼んでいるが、本書においては刄殺と呼称する。

五黄殺が身体的生命、政治的生命、または物の価値といった、あらゆる物事の生命を殺滅する毒性のものであるとすれば、刄殺は剣を振って斬殺する、まるで傷つけるというような現象とでも言おうか。

例えば、五黄殺がテレビに作用したならば、テレビを盗まれたり、テレビ自体が壊れてしまったりするものだが、刄殺がテレビに作用したならば、妨害電波の作用を受けて画面にノイズが走ったり、雑音が入ったりする。これと同じようなことが人間の意識や身体、運気に刄殺の作用として影響を及ぼしているわけである。

自身の主命が同会や被同会などにおいて刄殺の作用を受けている場合では、商談や縁談などでさまざまな障害が起こり、結果として破談となるのが普通で、強引に話を成立させたとしても、以後はトラブルが頻発して、結果、取引の中止や婚約の解消などに陥ってしまう。

刄殺の方位において買物などをすると、大概「傷」があるのが特徴で、傷がなくとも、使っているうちに破損してしまうものである。

そのほか、例えば出かけようとして靴紐がぷつりと切れてしまうとか、数珠の糸が切れたり、櫛が折れたり、陶器が壊れたりして、後になって思い当たることもあるのだが、それらは「これから刄殺の作用が起こるぞ」という自然の警告なのである。

破殺

破殺とは、年月日において、その時の十二枝の反対側を指す。

例えば、令和元年五月一日においては、令和元年は亥年であるから、反対側の巳・東南方位が歳破となる。五月一日は暦においては前月の四月であるから辰月のため、反対側の戌・西北方位が月破となり、一日は戌の日であるから、反対側の辰・東南方位が日破となる。

歳破や月破の方位が、商談や縁談その他一切の友好関係、事業の運営を阻害することは刄殺と同様であるが、五黄殺や刄殺（主命殺、副命殺）が精神及び身体の二領域に対して多様に障害を及ぼすのに対して、破殺、的殺は主に精神領域に作用し、身体領域に対してはほとんど影響がない。

例として、破殺の影響を受けている時にした約束事などは、概ね実行することができなくなる。何かと破れてしまう現象が起こるわけである。

主命殺・副命殺

主命殺・副命殺とは、言わば電線のプラスとプラスが接触し、ショートを起こして電源を破壊するようなものである。自身の性質と、赴いた先の性質が同じであるために起こる現象である。

自身の主命が遁甲する方位及び副命の遁甲する方位に赴き、そこで生活をしていると、やがて自身の電磁気がショートを起こし、生命構造自体に自壊作用が起こる。それは身体の生命、また才能的生命、運勢を断つかのような、自殺行為と同様なのが主命殺及び副命殺である。

主命殺と副命殺の違いとして、身体を例にとるならば、主命殺が原因として発病した場合は死病と判断し、副命殺が原因として発病した場合は重病と観るのが原則である。

このように、人間が空間を移動（引越しなど、自身の拠点が変わること）することで、赴いた方位の性質や主命殺・副命殺のような条件によって、その生体に良くも悪くも何かしらの影響を受けることとなる。

的殺

的殺には、主命的殺と副命的殺があり、主命的殺は主命の遁甲する方位の反対側、副命的殺は副命の遁甲する反対側の方位に赴いて生活をしていると起こる現象である。

的殺とは、目的を破壊する、という意味で名づけられたのであろうか。

人生にはそれぞれ、その時々に応じて何かしらの目標があるものだが、的殺はその人生の目標を見失うように誘導する。的殺の影響を受けた人間は、やがて夢や情熱を無くし、その日その日を機械的に生きていくようになる。

引越しにおける条件

主に引越しにおいて、知らぬ間にこれら六大凶殺の方位や、滅気・尅気など凶となる方位に赴いてしまったが故に、人生にどれだけの悪影響を及ぼしてしまったことがある人のどれだけ多いことか。筆者の周りを見渡しても、何らかの病気を発症したり、仕事のキャリアから転落したりしている人は少なくない。もともとは健康であったり、優秀であったりするのに、引越しを境に身体や精神、その運命に変革を起こすのである。

引越しに限らず、部屋の模様替えなどにおいてベッドの位置を変えてみたり、部屋を移動したり、長期の出張や入院、別荘でのバカンスなどでも、少ないながら影響を受けている。

身体の磁場に影響を及ぼす条件として、寝所を移動してから、時間的には二週間から三週間ほどで引越しをしたこととなり、身体の磁気に変化をきたす。旅行などにおいて、泊まる場所が移動し続ける場合には影響がない。

空間的には、距離に比例して影響力は増すので、遠くに引越しをすれば、その作用は甚大となり、部屋の隅から隅へと移動した程度では微弱となる。中央における上下移動などでは、五センチほどで五黄殺の影響を受けることとなる。

身体の中央となるのは、へそからこぶし一つ分下の辺りとなる。寝相が悪い分には心配はないが、ベッドの半分ほど位置をずらすなどは定位置がずれるため、行わない方がよい。

また引越しをした後において、例えば夫は仕事のため家で過ごすのは夜、帰ってきてから眠る時間だけであり、妻は専業主婦のため一日のほとんどを家で過ごしたとする。家で過ごす時間の短い夫には運勢的に影響力が強く働き、家に長くいる妻の方には身体的に影響力が強く働くことになる。

引越しを行い、その方位の磁場がしっかりと定着するのには、おおよそ三年から四年を必要とする。目的地まで直に向かえない場合などは、一度他の方位を中継地として挟み、その後目的地を目指す方法もある。理想は、吉方となる中継地から、目的地もまた吉方となるようにするのが良いが、それもまた難しい場合においては、できるだけ当たり障りのない方位を選び、目的地に移動する二回目を本番としてできるだけ吉となるようにする。その場合、一度目の引越しはおよそ七十日間を最短の滞在期間として、二度目の引越しを行う。

第3章

吉方と方位の体用を知る

主命・副命の組合せから観る生気

主命・副命の組合せにおいて、『生気』と呼ばれる、いわゆる吉方となる九気が定められている。要するに、自身の気が生きる、自身の電磁気が良くなる方位ということである。

この生気となる九気の遁甲する方位に赴くことで、自身の生体的、精神的、運勢的向上が現象する。

それは前出の「主命・副命、及び生気（吉方）検出表」（図10）から見てとれる。

自身の主命・副命において割り出される生気の九気が遁甲する方位が、その人にとっての生気（吉方）となる。組合せによって単数の場合もあれば、複数の場合もある。

筆者の場合だと、主命七赤・副命四緑では一白が生気となり、令和元年であれば西方位に一白が遁甲しているため、西方位への引越しが最善となる。

この場合、西方位・七赤の現象と、北方位である一白の現象が出現する。これは、色を混ぜた時の感じを思い起こしていただくとわかりやすく、七赤の赤と、一白の白を混ぜると桃色となるように、現象自体も両方の特性を持った現象となる。

主命・副命から観る生気

また、主命や副命においての吉凶の方位もあり、こちらもそれぞれ九気が定められている。

主命と副命が同じ人は少なく、筆者のように違う性質の組合せの人の方が多いであろう。この場合、大人であれば主命を中心としてみるようにして、幼少期の子どもであれば副命を中心としてみるようにする。

図13　九気生尅表

主命副命＼生尅	生気	勢気	洩気	滅気	尅気
一白水性	六・七	＼	三・四	九	二・八
二黒土性	九	八	六・七	一	三・四
三碧木性	一	四	九	二・八	六・七
四緑木性	一	三	九	二・八	六・七
五黄土性	九	二・八	六・七	一	三・四
六白金性	二・八	七	一	三・四	九
七赤金性	二・八	六	一	三・四	九
八白土性	九	二	六・七	一	三・四
九紫火性	三・四	＼	二・八	六・七	一

自身の主命・副命の性質に対して、五行（水性・木性・火性・土性・金性）の生剋、または同質の作用を及ぼすものを見ると、次のようになる。

生気とは、自分を生じてくれるもの。即ち大吉。
勢気とは、自分と同じ仲間であるもの。即ち吉。
洩気とは、自分が生じる側となるもの。即ち吉。
滅気とは、自分が剋するもの。即ち凶。
剋気とは、自分を剋するもの。即ち大凶。

このように、自身の主命・副命に応じた吉凶があり、引越しを行う場合には、六大凶殺はもちろんのこと、主命殺や副命殺、的殺、主命や副命に対しての状態をみて行うことが肝要となる。

引越し（寝所の移動）をした場合の九気それぞれにおける現象

各方位と九気には、それぞれの体用、特性がある。引越しや寝所を移動する場合、どの方位に、どの九気が遁甲しているかで、現象するその内容は違うものとなる。

北方位の体用

北・(定位) 一白水性は、主として「右脳のはたらき」を育成する。

例えば、娘が北方位へ生気で嫁ぎ、やがて誕生した子女や、生後、北方位へ生気で移住したり、家屋の北方位が吉相の家に生まれ四年以上住んでいた場合、自らの脳裡に浮んだイメージを、線や色によって「絵」として表現したり、またそれを文字によって「文章」として表現することに巧みとなる。

即ち、「創造」の才能は、水性系統の磁気が右脳の発育を促進することによって生ずる。ただし、個人の有する素質において優劣が生じることは当然である。

「北方が凶相の家」とは、家屋の中心から測って、北の方位が欠けていたり、玄関や勝手口などの開口部、台所、浴室、便所などが設置されていたりする家相をいう。

家屋も一つの限られた空間である以上、そこに九気の性質が適応される。これを巷では「風水」と呼び、家相吉凶の判断に使用しているわけである。

西南方位の体用

西南・(定位) 二黒土性は、言わば人間形成の「基礎」を育成する。

人間形成において重要なのは「素直さ」であり、素直な気持ちをもって物事に接することが、その人の成長において十分な肥しとなる。

　この肥しとなるような土用の作用が、二黒の「地役」である。「地役」とは、大地が黙々と万物を生成するような「不断の生動」、「労して功を積む」といった意味である。

西南の生気の方位に住めば、自然必然に「地役」の気性が芽生え、自ら二黒の「柔順、素直、勤勉、堅実、孝」などの徳分が生ずる。

東方位の体用

東・（定位）三碧木性は主として「左脳のはたらき」を生扶するのが特徴である。

左脳は「五感の働く領域」であり、言葉を操り、文字を読み、物を計算、分析し、分類し、それを秩序立て、統合する能力であり、これを強化、推進する。

また、東・三碧木性の特徴は「発見」にある。故に、東の生気の方位に住めば、天分として自身に備わっている才能を自ら発見し、それを生業とし、そこに「人生の目的を見出す」発端となるのが三碧の特徴と言えよう。

あるいは、世間の人々が無関心に通り過ぎてしまうところで立ち止まり、そこを丹念に掘り下げて、何かを発見し、「先覚者」としての険しい道をあえて進んでいくのも特徴である。

東南方位の体用

東南・（定位）四緑木性の本領は陰陽のバランスを司るところにある。

東・三碧（左脳）の用は理性、西・七赤（右脳）の用は感情である。優れた感情が、理性の原動力となるのは、東南・四緑の「媒介の作用」による。

故に、東南の生気の方位に住めば、自ら感覚と知性、感情と理性のバランスを得る。

また、四緑は斉（ととのう）。「天の配剤」として、男は佳き女性と、女は良き男性と結ばれる。これは師弟、主従などの関係においても同様であり、あるいは無相の先祖の霊と、有相の子孫とが、無為自然に冥合交通するのも、この四緑の媒介・調整の作用によるものである。

中央方位の体用

中央・（定位）五黄の移動とは、先に述べた上下の移動であり、これを「直上直下の作用」と呼ぶ。垂直な上下への寝所の移動が五黄殺の作用を引き起こすのである。

また、九気盤の中央に五黄が遁甲している時に、家屋の中央を改造したり、南方に五黄が遁甲している時に、屋根や天井（九紫）を、北方に五黄が遁甲している時に、床下や地下室、掘りごたつなど（一白）を修理改造したりすれば、必然的に五黄殺の作用が生ずる。

五黄殺特有の作用は「腐敗」「中毒」などにある。

身体の面では、例えば乳児が母乳に中毒を起こすなどの障害、悪性の腫物、湿疹などの皮膚病、喘息、中風などが発生するのが特徴である。

精神面においては、「心が腐る」「良心の麻痺」などがあたり、酒乱のほか、残虐な犯罪の根因をなすものと言えよう。

運命の面では、自ら五黄殺・刃殺の作用を受けている者と相互に牽引し合い、いわゆる「波乱の人生行路」に転落していくこととなる。

西北方位の体用

西北・（定位）六白金性の方位は、古来「聖地」と見なされ、先祖の霊の鎮まる方位と言われている。それは、西北方位が言わば人生の始め（幼年期）と晩年（老年期）とを司るためである。

時の流れは螺旋形であるが故に、幼年期と老年期は両極端にあるわけではなく、始即終、即ち同一点にある。したがって墓地と子孫の住む家とが遠く離れていても、先祖の霊は、無相の螺旋家屋の西北（戌亥）の方位に鎮まっているのである。

六白の体用は神仏、いわゆる「天祐（てんゆう）」となる。

西北の生気の方位に住めば、殊に生後四歳までの幼児や、六十一歳の還暦後の老人は、概ね無病息災で、六白の「満足な生活」を営むことができるであろう。

また、女子が西北の方位に嫁げば「懐妊（男子分娩）」と言い伝えられている。

西方位の体用

西・(定位)七赤金性の方位の用(はたらき)は陰性であり、東方(陽性)の「芽生え、進出」と対照して、「円熟、引退」を促進する。功成り名遂げて、余生をいかに過ごすか、という人に対しては、西方の「悦楽、枯れ」の人生行路は、蓋し理想的と言える。

しかし、年少の子女が、たとえ「生気」であったとしても、西方・七赤の方位に住めば、青春の時代に最も必要な闘志、積極性、進取の気概などは、おのずから消え失せる。そして贅沢に耽り、困難な道を回避して安易な道に赴き、小成に安んじようとするもので、中には色情に走る者も少なくない。

また、青壮年の人物においても、おのずから陰性の「引潮」に押し流されて、すべての物事に消極的となることは避けられない。

しかし、自ら世俗の栄華を斥け、形而上的分野を目指す「天命に生涯を捧げる」人にとっては、まさに吉方と言えよう。

女子が、月盤の生気・七赤の方位に嫁げば、まず女児を産むと言われている。

東北方位の体用

東北・(定位)八白土性の体用は「節、継目、転倒、変化」などである。人体に配すれば、背柱、腰など諸関節にあたり、一家庭、一企業にとれば、相続（後継）者に該当する。故に、家屋の東北（定位八白土性）の方位における凶相は、古来「養子相続の家」と呼ばれている。

実際に、東北の方位が欠けているなどの凶相の家は女系家族が多く、眼の網膜や乱杭歯をはじめ、背中や腰、膝などの諸関節の疾患が少なくない。あるいは東北方位に「滅気」で移住すれば、長男が夭折するなど、「継」運に恵まれることはない。

しかし、東北（丑寅）の八白の用は「変化・打開」であり、「生気」として用いれば、陰を止めて陽に進む、窮地を打開して脱出する。いわゆる起死回生の妙手であると古来言われているが、良いことも悪いこともすべてがひっくり返るが故に、その使用においては慎重を要し、本当に背に腹は代えられぬような時にこそ、使用すべきである。

南方位の体用

南・（定位）九紫火性の用は「先見の明」。一白水性は右脳へ、三碧木性は左脳へはたらきかけているのに対して、九紫火性は眉間から頭頂へとはたらきかける。脳の中央である脳幹は五黄土性の体で、左右の脳の交流を司る。即ち、三碧の世界は有相、一白の世界は無相。一白の「洞察」に対して、九紫の用は「先見の明」である。

南（定位九紫火性）の方位の玄関や、離れなどの吉相の家に住み、あるいは南の方位へ生気で移住すれば、おのずから現象面の部分的なもの、目先のものから離脱して、無相の未来の

「象」（自然の意味象徴）を観る、いわゆる「心眼」が養われる。古来、これを「先見の明」と呼び、また閃きとなって創意が発生する。しかし、天稟として、どのような素質を身に備えて誕生したかは、およそ宿命的なものであり、誰もが鋭敏な感覚を持つものでもない。

南方位へ移住をすると、九紫の体用である「離」の作用を受け、どうしても孤独を感じるようになる。家族や学校、職場でも何をどうしたのか、何かにつけて孤独感がついてまわる。また、九紫の頂上の作用から「有頂天」となってしまい、性格に及ぼす影響も考えると、南・九紫への移住は小人には向いていないため、慎重を要する方位である。

このように、定位盤となる方位自体が持っている性質・体用があり、これら各方位に住居や寝所を移動することにより、方位の性能の内容や強弱に差はあるが、『線路の法則』（後述）に沿って現象を起こす。

それでは、九気の性質から観た方位の現象について観てみると、次のようになる。

生気・一白水性の主な効用

生気において北方や一白が遁甲している方位に一家で引越しをすると、その家族関係は良好になると言われている。一白は安らぎ、親密、永続性の意である。しかし、家族全員が生気において引越しができるとは限らない。滅気においては険難、災禍、裏切りなどの現象が起きてしまうので、注意が必要である。

北方、または一白が遁甲している方位（吉方）に住居（または寝所）を移動すれば、「精神・身体」の二領域、及び人生行路には（個人差があり、一概には言えないが）、おのずから次のような生気・一白の効用が現象する。

身体

体内における水分や塩分の調整（按分）、及び新陳代謝が盛んになり、例えば血行（月経を含む）が順調になるとか、利尿を促進する。殊に、季節の変わり目などで風邪を引きやすい体質が改善されるに伴って、夜間、トイレに行く回数が次第に減るなど、自然に安眠するようになる。夢遊病や夜尿症などが治るのも、その特徴と言えよう。

そのほか、視力の強化、涙腺などの調節、夜盲症などの眼疾をはじめ、耳や鼻、口腔、あるいは湿疹などの皮膚病など、一白性の諸疾患の根源が解消される基となる。

性格・才能

熱しやすく、冷めやすい性格、あるいはぎすぎすした、とげとげしい性格は、おのずから潤いのある、柔らかな性格に変容し、同時に思慮が徐々に深くなるに伴い、軽率な言動が少なくなり、趣味その他、物事が「長続き」するようになるのが、特徴の一つと言えよう。

殊に、一白特有の「臨機応変」、「駆け引き」の才を、無為自然に体得するのが主要な特徴であり、また文才や書画の才が芽生え、あるいは物事を丹念にメモする習慣を会得する。

運命・運勢

一白の主な体用である「胎」とは、陰と陽とが合し、交わることをいう。即ち、「交流、和合、孕む、取引」などは「胎」の現象に他ならない。

彼我の間の流れが疎通して、交際（取引）の範囲が次々に広がる。殊に肉親よりも、他人から親しまれ、導かれ、援助され、かつ忠実な部下との縁が起こり、結ばれて相互に協力し、発展するのが特徴と言えよう。

生気・二黒土性の主な効用

本来、二黒土性は「北方位（定位・一白水性）」の先天（後述）である。例えば一白の濁水は、二黒の土砂に濾過されることによって、次第に透明な清水となる。また二黒土性の用は、西南の先天・四緑木性の「調整」（按分）の用を含んでおり、それが二黒の「未の土用」となるのである。

西南方、または二黒が遁甲している方位（吉方）に住居（または寝所）を移動すれば、「精神・身体」の二領域、及び人生行路には（個人差があり、一概には言えないが）、おのずから次のような生気・二黒の効用が現象する。

身体

二黒の体用は「柔軟」であるから、大は動脈、静脈から、小は毛細血管に至る諸々の血管を柔軟にし、かつ腎臓（七赤金性）の体用を保護する（土は金を生ず）とともに、尿道をはじめ、体内における一切の水路を濾過することによって、胆石や腎臓結石などを未然に防止する、と古来伝えられている。

また、二黒は「古」――古い血や古便など、二黒の土用は生体の新陳代謝を推進するとともに、二黒の「遅鈍」――例えば狭心症などの心悸高進や、血圧をほどよく調整（按分）する。あるいは、二黒は「壁」――胃壁や腸壁を保護するとともに、栄養分を吸収する「壁」の能力を旺盛にするのは、二黒の土用の特徴と言えよう。

性格・才能

物事に根気がなく、ねばりのない性格は、感覚できない二黒の「土用」に誘導されると、「地味に、弛みなく、コツコツ励む気分」が起こるものであり、殊に「西南の方位」に移住すれば、いわゆる『坤徳』がおのずから身に備わるのも、重要な特徴の一つと言えよう。

坤徳

易門でいう「坤方」とは「西南」（未申・二黒）を意味し、「徳」とは、「身についた品性」をいう。即ち「坤徳」とは、妻として、母として、女としての「三つの徳」を意味する（ここで誤解してならないことは、「坤徳」とは儒教道徳の「仁義」「忠孝」のような作為的なものではない）。品性とは、個人に備わっている（倫理的・道徳的価値として見た）性格をいう。例えば、どことなく感じられる「気品」といったものは、知識や技芸のように学習して得られるものではない。「道のはたらき」としての「坤徳」などは、日常生活のなかに、血筋とともに自然に身に備わるものであり、それがおのずから「品位・品格」となるのである。

近代の人々の中に、学問や知識を積み重ねることによって、逆に自然本来の人間性の素直さ、素朴な美しさを失っていく人が少なくないのは、徳（品性）が身についていないが故に、学問や知識が量的に増大しても、質的に洗練され、集約され、深化され、根源化されることがないからであろう。

西南（または二黒）の方位へ移住し、無為自然に「坤徳」を身に備えることは、単に女性だけではなく、およそ人間形成の始原・根源ではなかろうか。

巷では、東北の方位を「鬼門」と呼び、西南の方位を「裏鬼門」と称しているが、古来、方学では「国内の情勢は盤の坤方（の状態）によって判断する」のが定石とされている。

例えば、卒塔婆は仏舎利（釈尊の遺骨）を安置し、供養・報恩のために建てる塔であるが、奈良の法隆寺における「五重の塔」は、他の諸仏閣とはその所在を異にして、本堂（講堂）から西南の方位に建立されている。それは、天下の太平、朝廷の安泰と繁栄とが、護持されることを象徴するものと言えよう。

そもそも、西南・二黒の用は「業を営む」ことにある。ただし、二黒の「営業」とは、単に〈商売上の営利を目的として事業を営むこと〉だけではない。人は生来、それぞれ天分として素質（才能）を稟けている。そして自己の素質に適する「業」に麗（就）くことによって、各々「生活を営む」（事業を営む）わけである。

およそ天下を統治する帝王の大業から、小は一個人の自営に至るまで、西南・二黒の土用に誘導されて、はじめて「土台」が固まり、西南の先天・四緑の「繁栄」を招き、維持することができるのである。即ち二黒の「土の営み」は、人間が「業を営む」心的・生命的エネルギーの根源であるから、もし仮に、滅気・西南（または二黒遁甲）の方位へ移住したり、店を設置して開業したりすれば、自然必然に二黒の推進力（運勢）は消滅し、失業するとか、働く気力が喪失するとか、あるいは営業不振といった象となって現象する。

生気・三碧木性の主な効用

周易では、三碧木性の体用を「震」（震為雷）の卦と解している。震とは、長い間、積もり重なった陰闇（いんあん）を打ち破って昇り進まんとする象、それを「晋（しん）」と呼ぶ。「晋」とは、単に真っ直ぐにすうっと上昇するものではない。左右へ震え動きつつ、昇り進むのである。それが、三碧木性の「震」であり、黒雲を呼び、嵐が起こり、雷鳴凄まじいなかに天に昇る〈青龍〉の姿である。そして降る陰気と、昇る陽気との激しい摩擦によって発生する電気現象を、古来、〈雷〉と呼ぶ。

三碧の「晋」には、〈非常な苦労〉を伴うもので、また三碧の「顕現」とは、ただ単に〈表面に現れる〉のではなく、陰闇を破ることによって、陽光が現れる。それが三碧の「創始」となり、あるいは真相を「発見」することになるのである。

東方、または三碧が遁甲している方位（吉方）に住居（または寝所）を移動すれば、「精神・身体」の二領域、及び人生行路には（個人差があり、一概には言えないが）、おのずから次のような生気・三碧の効用が現象する。

身体

東・〈定位〉三碧木性の体は、身体に配すれば〈肝臓や神経系統〉などに当たり、用は〈左旋回〉である。かつ東の先天・九紫火性の体は〈脳〉に当たり、三碧は〈神経系統〉を支配している。

したがって滅気・東の方位に移住すれば、おのずから肝臓の自律神経が衰弱したり、または激しい頭痛や肩こりのほか、さまざまな神経痛が起こったという事例は少なくない。このような場合、薬物や鍼・灸などの療法によって、症状が一時的に治ることはあっても、およそ根本的に解決することはできない。

何しろ三碧木性の主要な効用は、「精神・身体」両域における〈発育〉をバランスよく推進することにある。身体の骨格などは順調に成長しても、頭脳及び神経系統の発育に障害が起これば、人間形成はどうなるであろうか。頭痛その他、ただ単に「痛みが止まればよい」といった安易な考え方ではなく、「東の方位」の性格を十分に認識すべきではあるまいか。

性格・才能

易でいう「震」の卦は（☳）と表記される。それは、二つの陰爻の下に在る一本の陽爻が、単的に主命・三碧木性の人物を象徴しているように、三碧性の人物は概ね次の二通りに分かれる。

一つに、積もり重なる陰気の制圧下に在る一本の陽爻は、それを覆そうとする気概がなく、小心で保身的、大樹の陰に身を寄せて、平穏に暮そうとする。

他の一つは、長い間、陰気の下積みとなり、黙々と一陽来復を待っている象。やがてこの陽爻は、ついに好機をつかみ、雷のごとく陰闇を突き破って改革を断行し、昇り進もうとする。例えば、織田信長が雷雨を衝いて桶狭間を急襲し、今川義元の首を討ち取り、天下の大勢を一変させたのは、その好例と言えよう。

長子

世の中では、最初に生まれた男子を長男とし、次いで次男、三男としている。家督を継ぐものはおよそ長男であるわけだが、それは単なる出生の順序であり、数字を数えるのと変わりはなく、人格的な個としての存在ではない。

「震」の卦（序卦伝）に「器を主どる者は長子に若くは莫し、故に之を受くるに震を以てす。震とは動くなり」と説かれている。

器を受け継ぐには、まず長子としての「創・継の器量」を身に備えねばならない。たとえ長男であっても、「震を以てす」――その志も、器量もなければ、いわゆる「ボンクラ息子」であり、たとえ家督を受け継いでも、あるいは企業や芸能などの分野で「二代目」を襲名しても、古今を問わず、さまざまな問題が起こっている。天智天皇の偏愛が、若き大友皇子を自殺に導いたのも、その適例の一つであろう。古来、方学では「三碧性の人を以て長子と為す」（女性は長女相）と説かれているのは、世襲において最も肝要な「震を以てす」と軌を一にするものと言えよう。

「三碧性の人（男女を問わず）は、たとえ末子に生まれた人でも、概ね兄や姉を凌ぎ、その勘は鋭く、正義感が強く、慈心に富み、また研究心が根強く、いかなる困難にも屈しない。また権力などにも迎合しないといった、堅固な気骨がある」と、伝えられている、このような人格それ自体が「震」なのである。

太安万侶が『古事記』（序）に「天武の帝はつとに太子にして帝王の徳そなはり、竜のまさに昇り、雷のまさに震はうとする如きものがあった」と述べているのは、大海人皇子を以て「創・継の器量」を兼ね備えた三碧性の人物、と見なしていたことがうなずけよう。

主命が三碧や八白（東北の先天・後天、八白は「継」）の人物は、家督や事業（家業）の跡取りとなる人物であり、出生の順序は関係がない。

運命・運勢

積もり重なった陰闇を突き破って昇り進むには、非常な困難を伴う。主命・三碧木性の人は、概ね父親との縁が薄く、四歳、七歳、十歳、十二歳の頃に、生別・死別していることが多いのは、幼少にしてすでに「自立自営」「不撓不屈」の精神を体得するように、天に導かれているのであろうか。

また父祖伝来の家業を継がずに、おのずから三碧系統（の職業）の分野に赴いて適業を選ぶとか、自分自身で創案した職業に専念する人が多いようである。

生気・東の方位に移住すれば、線路法則に沿って、知覚できない（先天）九紫、及び三碧の心的・生命的エネルギーに誘導される。例えば、生来の「勘の鋭さ」はおのずから「洞察力」に転じ、さらに「先見の明」に変容する。

あるいは、三碧特有の「短気・軽はずみ」、または「言葉が正直すぎて疎んじられる」とか、「情に脆い」「偏愛」といった、性格上の諸々の欠点は次第に改まるであろう。

生気・四緑木性の主な効用

四緑木性の体用は「風」。我々の周囲に「何か」が動いていることはわかる。古人は、この何かを「風」と呼んだ。風は目に見えないし、つかむこともできない。しかし、草木のそよぐのを見れば、風が通り過ぎていくのがわかるであろう。

風は木や石などとは違い、明らかに「物」とは言いきれない。即ち空気の「空（くう）」という字は〈何もない、実体がない〉という意味のほかに「空（そら）」＝「天」という意味を併せ含んでいる。

例えば、物が何もない空間――ガラス管の中を真空にしても、光（電磁気の波）は真空管の中を通過する。何も物質がないと思われていた真空を、質量のない光が真空そのものを媒介として通過していたのであった。

四緑木性の「風」の効用とは、実は「真空そのものが媒体としての用」に他ならない。四緑はあらゆる事物の媒介となるわけである。

東南、または四緑が遁甲している方位（吉方）に住居（または寝所）を移動すれば、「精神・身体」の二領域、及び人生行路には（個人差があり、一概には言えないが）、おのずから次のような生気・四緑の効用が現象する。

身体

四緑の用は、本来「一白・四緑・七赤」のグループである「一・四・七」の流れに沿って、大小さまざまな「気の流れ」を推進することにある。

即ち磁気生体における呼吸や血行、月経、便通、排尿などは、四緑の「流通」の作用によって新陳代謝が促進されている。例えば世間では、高血圧や動脈硬化などを恐れて、塩分や糖分を嫌う傾向が強いようであるが、一白水性は塩分、二黒土性は糖分であり、便通には若干の糖分、排尿には若干の塩分が必要である。したがって過度な塩分や糖分の排斥は、四緑の「均衡、按分、流通」などの営みを妨害することとなる。

磁気生体における四緑の主要な効用は、身体の「磁場の乱れ」を調整して、諸々の自律神経の性能を維持することにある。例えば、膵臓管における糖の按分機能を充実するために、

「一・四・七」の流れにおける七赤金性の用である「右旋回」から、その指令所とされる「右脳」との密接な連絡を護持する。あるいは、脳下垂体や副腎、睾丸、卵巣などのホルモンのバランスや血圧、脈拍などを調整する。

殊に四緑は、先祖の霊と右脳との「冥合交通」を司るが故に、諸々の先祖霊との冥合が途絶すれば、しばしば四緑の用は空転し、滅気・四緑の方位に移動したのと同様に、脳卒中や中風、神経痛をはじめ、呼吸困難、腸閉塞、糖尿病、腎炎など、概ね四緑系統の疾患の象となって現れる場合が多い。

性格・才能

木性系統の三碧が〈原木〉であれば、四緑は〈製材〉であり、四緑は洗練された都会人とでも言おうか。聡明で物腰は柔らかく、社交性があり、貴公子然とした人物が多いが、いわゆる「補佐役」に適しているのは、何故だろうか。

長女

古来、方学では「四緑性の人を以て長女と為す」と説かれている。

風が、いかなる小さな隙間にも入り込むように、また広く、遍く、いかなるところにも吹きこみ、何か抵抗するものがあると、それを乗り越えて通り過ぎていく。四緑の風は二黒と同様に柔軟、地役、無私の徳を有する（先天・四緑は西南）。そのことが、四緑の輔佐となるのである。

長女は主命のいかんを問わず、すべて四緑木性の軌道に沿って人生を営むもので、生家に在って、または他家に嫁いで御先祖の霊を祀り、意識的・無意識的に天意に従って行動をする。また、長女相を持つ女性は、先天・四緑の気風を受け、二黒の無為・無欲・無智・損・坤徳などの美徳を発揮するもので、親・兄弟姉妹を扶養し、他人の面倒をみるなど、さまざまな苦労をするものであるが、自分に課せられた天命を自覚せずして、ひたすら滅気・四緑の軌道に沿い、放蕩して歩くような長女は、即ち滅気・二黒軌道特有の蛸壺の人生に陥るもので、波乱・孤独・薄幸の人生を辿るのは、いわゆる自業自得というべきであろう。

運命・運勢

概ね父親との縁が薄く、幼少の頃に死別しているものも多い。中には父は健在で一緒に生活していても、父の影響はあまり受けないようである。

また運勢が早発であることも三碧と同様であり、生月・生日の関係もあって一概には言えないが、数え年三十四歳の生月から満四か年間が、主命四緑の人に与えられた最大の盛運期である。

東南・四緑の生気をとれば、斉の意識が起こり、職場であれ、家庭であれ、世間との交際であれ、物事はすべて几帳面となり、世間に信用されるようになり、また縁談や商談などが、斉の作用によって結びつき、斉うのである。

さらに、その先の一歩を進む人物は、斉の道に従って神霊を祀り、業を解消しようと努めるようになる。

五黄土性の主な用気現象

五黄土性に生気の効用はない。

五黄が遁甲している方位に行ったり、住居を移住したりすれば、自然必然に五黄殺気の現象が起こり、精神、身体、運勢すべてに凶の作用を起こす。

霊的な作用から述べると、不浄霊波もこの五黄殺気と同様である。霊に憑かれた時（個人差があり、一概には言えないが）、ほとんどが顔や手に若干浮腫みを生じる。

読経をすると、身体の内部に潜伏している憑霊の作用が漸次に表面化する。即ち炭素から発生する一酸化炭素に酔ったように、頭がもうろうとなり、睡魔に引きこまれるような眠気を催すとか、生あくびを連発する。またある者は吐気を催したり、のどが煙に刺激されたように咳こんだり、痰が咽喉にからんだりするのが特徴である。

読経により、神霊から照射される霊光によって、潜伏している憑霊が照射されると、たちまち黄色の不浄霊気を発散する。これを五行において説明すれば、『木は火を生じ、火は土を生ず』。即ち、音声である三碧木性の読経は、光である九紫火性の霊光を生じ、体内に潜伏してさまざまな疾患の原因となっている五黄土性の憑霊を照射して、表面に顕出するわけである。

中央（直上直下）、または五黄が遁甲している方位に住居（または寝所）を移動すれば、「精神・身体」の二領域、及び人生行路には（個人差があり、一概には言えないが）、おのずから次のような五黄における滅気・殺気などの効用が現象する。

身体

中央・（定位）五黄土性の体は、身体に配すれば心臓・脳・脾臓・顔の中央部であり、五黄土性の遁甲する方位（または直上直下）に移住すれば、心臓疾患、精神病、高熱を発する疾患、癌、脳溢血などの発病を起こすものである。

五黄性の疾患には、概ね霊的原因が重合しているもので、例えば虫歯や歯根炎などは明らかに物的原因と考えられ、鼻づまりは風邪を引いたからであろうと思われる。ところが、根底に憑霊や五黄殺気が作用していると、どのように治療しても、また手術をしても治らないのが常態で、それらの根因を解消することが先決である。

性格・才能

五黄殺気の作用を受けている人は、生気・一白水性の作用を破壊し（土剋水）、かつ殺気・九紫火性に誘導・推進されて、坤艮（二黒土性・八白土性）の両軌道を破壊するのが特徴である。すべての才能や人格を破壊する作用が、この五黄土性の殺気である。

しかし、「主命が五黄である人」と、方位学でいう「五黄殺気の作用を受けている人」とでは、まるで意味も性質も違っている。ところが巷では、この両者が往々にして混同されていることがあり、真に遺憾である。

運命・運勢

「五黄土性の人」の共通する天分及び運勢について述べれば、幼少時代は生家が衰微して苦労の多い環境に育っている場合が多い。性格は温容かつ豪気にして大器たる素質と、鋭く繊細な感覚とを併せ持つもので、頭脳の働きは概ね上部に位すると言えよう。五黄土性の運気が旺盛であることは九気中随一であり、生活力、実行力、運営、支配能力などは極めて強大である。

本来、「五黄性の人」は、堅忍不抜（けんにんふばつ）の志を持ち、一貫して辛苦に堪え、遂に大成するものであり、立志伝中の人となる天分と運勢を受けているが、その土台となる一白及び二黒、八白の生気軌道に沿う心構えが大切である。

これと変わり、「五黄殺気の作用を受けている人」とは、主命に関わらず五黄殺気の軌道を辿る人を指す。「五黄殺気を受けるすべての者」にとっては波乱の人生となり、事故、病気、暴欲、自壊、反転齟齬、不安感、乱、没落などを送る結果となるのである。

生気・六白金性の主な効用

西北・六白は始動、運動。また教育や為政者を司るが故に、公共事業やボランティアなどに奔走し、世の為、人の為になるような功労者としての人物が形成されていく。

西北、または六白が遁甲している方位（吉方）に住居（または寝所）を移動すれば、「精神・身体」の二領域、及び人生行路には（個人差があり、一概には言えないが）、おのずから次のような生気・六白の効用が現象する。

身体

脳は精神作用を営む根本であるが、六白金性の生気の電磁波を受けると、精神作用・脳の活動が活発になるものである。

脳髄は九紫性の類脂肪体であり、九紫は光、即ち電波である。空間に実在する霊魂（六白）には脳という物質的な形体はない。しかし、霊魂が現に精神作用（智・情・意）を営むことは、世界各国における霊媒実験などによって証明されている。従来の「精神とは、脳及び神経系統の働く現象に他ならない」という、唯物論的思考を背景とし、生物学を土台とする心理学の定説は、かつての天動説と同様に根底から覆るのである。

生物学者の人間研究は、消化、歩行というような直接的に観察できる、つまり下等動物と同じようなことに目を奪われているにすぎない。人間には、他の動物にはない、高級な機能が存在していることが見落されているのである。

「脳は千万年の謎」と言われているが、例えばテレビを見ればわかるように、放送は外部からの送信によるものである。それと同様で、霊波及び気粒電磁波が原動力となって、脳及び精神系がコントロールされ、行動しているのが人間なのである。

先天の南は六白、後天の定位・南は九紫。故に六白は九紫を含み、九紫は六白を内包している。即ち「頭脳は二種類の九紫からできている」と説くゆえんである。

六白はその他、心臓、左肺、眼球、骨などの諸疾患の根源が解消される基となろう。

性格・才能

六白は「核心」。故に、六白の気を常に受けていると、自然のかたちで枝葉末節にこだわらずして、おのずから物事の核心に着目する。

例えば、家庭が貧しければ、貧しいこと自体にこだわらず（六白の無色及び超越）、貧しい境遇の中から何かを学び取ろうとする。それがその人の人生哲学となるのである。

また、太平にあっても乱を忘れない。他人に接する場合は、おのずから将たる器の人物と牽引するものであり、交際しつつ、その人柄、思想その他を自然に学び取り、身に備える。

運命・運勢

主命・六白の人は概ね晩成型である。つまり大輪期（四十一～六十一歳）に入ってから、漸次に充実し、安定した人生となるもので、以後は年を経る毎に幸運は増大すると言えよう。

六白の人生は、あたかも光線の少ない冬に成長する一粒の麦、寒さの中に凛と咲く一輪の梅を象徴するかのように、陰気に閉ざされ、寒気にうたれながら育つ麦と同様に、社会の厳しい寒風や荒浪に揉まれながら成長するものである。元来、六白は自立自営の運勢であり、大輪期に臨むまでは苦労が多く、概ね波乱重畳の生活を送るものである。殊に、生年辰の六白は、西北・戌（破殺）と冲する関係から、父親との縁が薄い。

六白の気を受けると、自然必然に将たる器が形成され、意識的・無意識的に衆人を救済・育成する教育や医療、宗教などの分野に向かっていくことが多い。やがて、老子の『見ずして、見る』の象観（観行）に移行し、無為自然に六白の無色、即ち天道に従い、道（神仏）と一体となるのである。

生気・七赤金性の主な効用

朝陽が勢いよく昇る東に対して、西は夕陽の沈むところ。故に若者（三碧・東）や子どもが西に引越しをすれば、陰気臭い年寄りのような性格となってしまうことがある。また、七赤は「色情」。故に、色に溺れやすくなり、若者や子どもには向いていない方位である。年配の者には、侘びや枯れが叙情となって安らぎを得る方位となる。

西方、または七赤が遁甲している方位（吉方）に住居（または寝所）を移動すれば、「精神・身体」の二領域、及び人生行路には（個人差があり、一概には言えないが）、おのずから次のような生気・七赤の効用が現象する。

身体

七赤は邂逅の悦び。効用の大きな特徴の一つは、名医（天医）にめぐり逢って九死に一生を得るなど、名医との邂逅の悦びは最高の幸福と言えよう。

また、肺疾患（無咳）、脳、心臓、口腔の疾患、腎臓の疾患、泌尿器、血疫の疾患、血圧の高低など、七赤性の諸疾患の根源が解消される基となろう。

主命・七赤の人には、脳、心臓、肺臓、血液の疾患が多く、ほとんどが霊的原因によるものであり、薬用療法はあまり効果がなく、かえって副作用により他の疾患を併発している場合が多い。殊に霊的原因によって生じた肺結核の場合は、結核菌がないのが特徴で、あるいは急性骨髄性白血病などの血刄の疾患に対して、現代医学は原因不明と告げている。

性格・才能

『金は水を生ず』の理によって、思慮が徐々に深くなり、何事にも永続を持つことで、有終の美を飾ることができるようになる。また、七赤特有の節制・節操観念が強くなり、自らを制する能力を無為自然に身に備え、止るべきところで止まることができるようになる。また、相手を冷静に観察する余裕ができ、相手の行動を抑制する気魄が生じるのである。

運命・運勢

良き師、良妻にめぐり逢って真実の世界を知り、良き配偶者にめぐり逢って人生に灯・暖・潤を得るなど、良縁による邂逅の悦びを得るものであるが、人間の最高の行為は『天道（神）の用を輔ける媒介となる行為』であり、而して天の道は為して争わず——功を競ったり、他に誇ろうとしない。『金（七赤）は水（先天・一白）を生ず』。即ち、一白の暗祿、七赤の愉悦は天道に従う者のみが知るのである。

旧家や富豪の家に生まれ、長男相を受けた七赤の人は、親と長く同居せずに他郷に出ることが大切で、もし同じ住家に永居すれば、七赤が内包する九紫の作用である対立や離反の気をおのずから受けて、親子は不和となり、さらに三十三歳に達した時、生家は断絶するような不幸な結果を招くに至る、と伝えられている。

また、親に愛撫されて成長した七赤の人は、必然的に「兌を開く」もので、二十歳前後において誘惑詐謀に陥り、生涯を誤るという。

主命・七赤の人は、六白の人と同様に大器晩成型であり、幼少の頃から辛苦し、寂しく育つことはかえって後天運気を開発するものであり、親の財産を当てにせず、独立自営の志を立て、高い見識と勇気とを持って時流に迎合せず、自らの独自性、特徴を生かし、将来の大成を期すべきであろう。

生気・八白土性の主な効用

東北、または八白が遁甲している方位（吉方）に住居（または寝所）を移動すれば、「精神・身体」の二領域、及び人生行路には（個人差があり、一概には言えないが）、おのずから次のような生気・八白の効用が現象する。ただし、東北・鬼門の適用は、起死回生の妙手となるが、軽々しく用いるべきではない。生気であっても、自然必然に反転の作用が起こるのである。完成しつつあるものが、急変して一時停止したり、四散したりする。やがて線路に沿って漸次に回復し、大畜の道を辿るのが定則である。

身体

腰、背、脊髄カリエス、リウマチ、関節炎、白内障、鼻づまりなどの八白性の諸疾患の根源が解消される基となろう。

また、八白性の疾患は五黄性の疾患と同様に、概ね霊的原因によって発生している場合が多い。故に病原不明とか、医学的に治療しても、よくならないのが常態である。

殊に動物霊が憑霊している場合は、針や刃物を用いる注射や手術は禁物であり、かえって症状が悪化したり、また憑霊の移動により新たに他の部位に疾患を起こしていたりすることが多い。

性格・才能

自ら学びとる力が強くなり、相手の気持ちを敏感に察知するようになる。また、それは周囲の人を引きつける力、養う力、蓄える力、支配する力に進化し、おのずから親分肌が養われる。思いやりができ、気づかれないところ（背）に配慮が届くようになるものである。

強情、偏屈、短気、軽率、このような性格が生気の効用により、変容していくのも特徴の一つと言えよう。

運命・運勢

八白の用は「継目、伝統血統」。八白の人は誕生の順位に関係なく、すべて相続縁を受けている。故に先祖・親が蓄積したものが善業であれば、自然必然にそれを受け継ぎ、悪業であっても、それを受け継ぐもので、それが人生の土台となるのである。

運勢は概ね中年期（四十歳前後）に移った頃から、漸次に隆盛となる晩年運である。

八白の人は再婚型が多く、または孤高の人生を辿る傾向が強い。八白の女性は、結婚が遅い方が有利であり、相手は相続縁を受けた長男、または長男相を備えた人物に限られている。八白の男性が妻縁の良好でない一つの原因に、墓地などの問題が多い。例えば、先祖の墓地が、宗旨変更その他の理由から、二か所以上になっている場合が多い。それを改めて一つに合祀することが、即ち天命に応えるものであり、神霊に守護されるゆえんである。

事業が危機に直面したり、あるいは選挙戦などで苦戦に陥っていたりする時、また交渉が長引いて平行線を辿り、解決の方策が尽きた時などは、敗北・交渉決裂を覚悟の上で、住居または事務所を生気・東北方（鬼門）に転居すると、反転の作用から突破口が現象することもある。

重態に陥った患者に対しても、治療対策が行き詰まり、医師は自然に衰弱死するのを待っているような場合、患者が「助かるものなら、早く助けてほしい。しかし、助かる見込みがないのならば、早く死なせてほしい」と訴え、苦悶している時は、患者は八白の生死の境界において停止しているわけで、死期に臨んでいても、仏の迎えがなければ死ねない。この場合、生気・東北方に転院、または寝所を移動すれば容態に変化が起こり、概ね四日目に生死いずれかが決まる。

鬼門

古来、東北・定位八白を鬼門と呼び、その対角である西南・定位二黒は裏鬼門と呼ばれている。家屋において東北や西南に開口部があることは、家相として「凶」であると、その昔から知られたことではあるが、現代においては、それはすでに迷信であり、街中の住宅を見渡しても、東北に玄関のある家のなんと多いことであろうか。

東北方位の先天は三碧木性、後天は八白土性である。先天の三碧は晋（昇・進）、創始、顕現の作用を司り、後天の八白は停止、転換を司る。易では、東北（丑・寅）方位を「艮位（ごんい）」と呼称し、「艮は万物の終りを為すところにして、また始めを為すところなり」と告げているのは、東北方位における三碧の創始（始）、八白の停止（終）の先天、後天の作用を説いたものといえよう。

地球の自転、一回転が一日である。地球に光熱を放射する太陽を観測すれば、太陽が下降する最終（陰の極）は丑ノ刻（午前一時～三時）で、地上では陰気が最も旺じた刻限であり、名づけて「丑満時（うしみつどき）」と呼んでいる。上昇する最始（発陽）は寅ノ刻（午前三時～五時）、即ち夜明けで、一日の始まりであり、名づけて黎明という。太陽が地平線に姿を現し、中天に昇り進む作用を指して、先天三碧の運行常道と称されている。

天地の循環作用は一環して終わりを告げ、その瞬間から次の循環が始まる。この終陰（丑）、発陽（寅）の二作用を一か年に配当すれば、年の終わり（墓）は丑月（一月）で、新年は寅月（二月）の立春から始まる。旧年の終わりと、新年が始まる、その境界を節分と呼ぶ。

辰（四月）は四季における春の終わり（墓）と、夏の始めとの境界を司り、未（七月）は夏の終わりと、秋の始めとの境界を司り、戌（十月）は秋の終わりと、冬の始めとの境界を司る。右の辰・未・戌の三枝と対照して、丑は冬の終わりと、春の始めとの境界を司り、かつ旧年の終わりと、年始との境界を司る。そこに、東北（丑寅）方位の特質があると言ってよいだろう。即ち八白は「始即終・終即始」であり、すべての物事の境界線である。寅ノ刻は夜明け（発陽）。一日の始まりであるが、地球の一年も、寅月（二月）の立春から始まる。立春において、太陽は黄道上の黄径315度の点を通過する。この日が立春であり、地球上に生存する万物の元旦である。

鬼門という言葉は、元来、十二枝獣から生じたもので、その起こりは中国の戦国時代であると言われている。中国の文化を周辺の未開諸国に伝えるのに、端的にわかりやすく十二枝の性質を獣の性質にたとえたものが十二枝獣である。寅は虎で、丑は牛である。虎の性質は獰猛であり、丑もまた、スペインの闘牛で知られるように獰猛である。その虎に、牛の角をつけると、

図14　鬼門・裏鬼門の原因

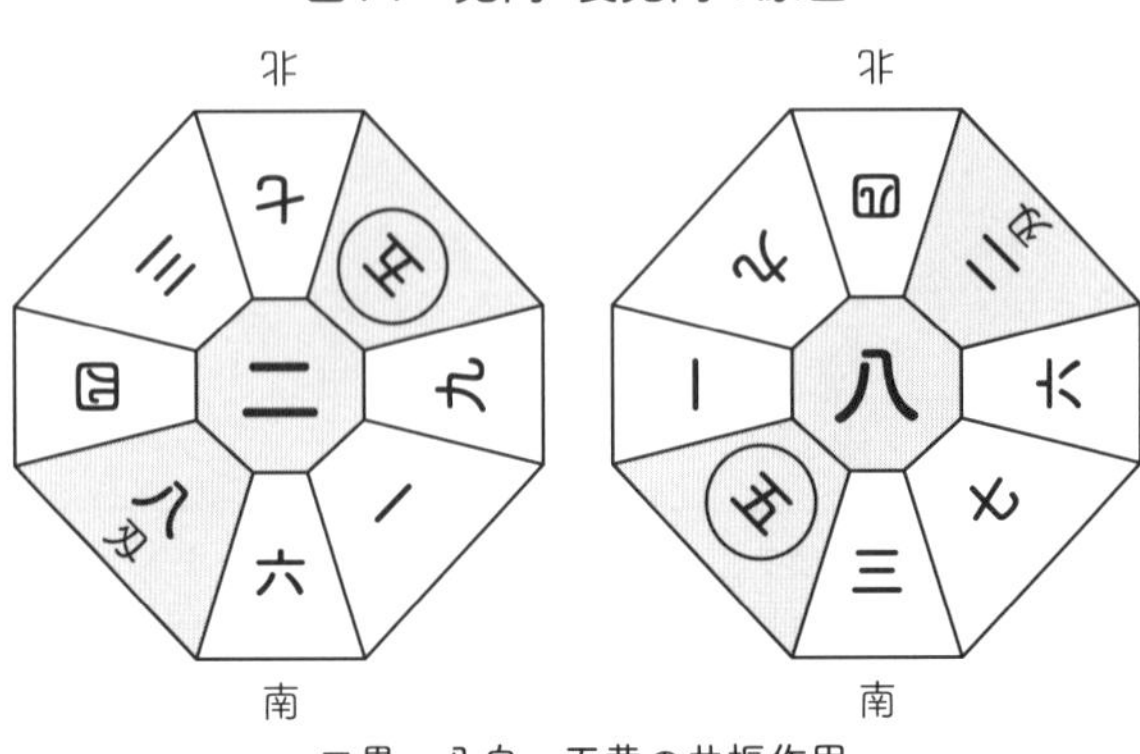

二黒・八白・五黄の共振作用

一段と獰猛な性質を持つ「鬼」が出現する。

二黒が東北（鬼門）に遁甲すれば、二黒双殺となり、八白が西南（裏鬼門）に遁甲すれば、八白双殺となる。即ち鬼門・裏鬼門において双殺を帯びるのは二黒と八白であるが、青鬼（陽）は八白の鬼門を象徴（寅は青色の三碧、丑の角は褐色の八白）し、赤鬼（陰）は二黒の裏鬼門を象徴（未は午・火性と合し、申は巳・火性と合す。火性は赤色）するもので、鬼門に入れば、青鬼や赤鬼に化し、または鬼に喰われるのが必定である。

九気の盤において、八白中央の場合、二黒は東北に遁甲し、西南の五黄と対冲し、双殺を帯びる。二黒中央の場合、八白は西南に遁甲し、東北の五黄と対冲し、双殺を帯びるわけであるが、九気の運行における各性質の組合せにおいて、八白と二黒は常に影のようにつきまとい、すべて足並みが揃っている上、対冲する五黄の作用を受けながら「共振作用」を起こすのである。これが鬼門・裏鬼門の原因であり、摩訶不思議な異常作用を起こす基因となっている。また、九気の盤が旋回する陽遁（左旋回）、陰遁（右旋回）とも、東北の方位から始まって東北の方位にて終わる。東北・定位八白はやはり「始即終・終即始」であり、たとえるならば、電圧のコンバーターや入出力の端子、変圧器やスイッチのような役割を果しており、過度の共振作用によって異常現象を起こすのである。このように、東北方位と西南方位においては、相対的に五黄の作用がついてまわることによって、古来それを「鬼」と表現し、そこには鬼が棲んでいる、いわゆる「鬼門」となるのである。

生気・九紫火性の主な効用

南方・九紫火性の体用は「離」。故に、どうしても孤立しがちになってしまう。職場であれ、学校であれ、家庭においても、どこか周囲の人たちから孤立しているように感じるものである。それは方位現象であったり、また本人のせいでもあったりするが、九紫は頂上感を引き起こすが故に、本人が天狗になってしまうような有頂天な状態となり、昔から「小人には九紫を取らすな」とも言われている、難しい方位でもある。

南方、または九紫が遁甲している方位（吉方）に住居（または寝所）を移動すれば、「精神・身体」の二領域、及び人生行路には（個人差があり、一概には言えないが）、おのずから次のような生気・九紫の効用が現象する。

身体

脳病、眼疾、心臓病、高血圧、咽喉の疾患、体温の調節不整、乳房の疾患、脱毛、ホルモンの過不足による疾患、中毒症などの九紫性の疾患の根源が解消される基となろう。

九紫性の疾患は、概ね霊的原因を伴っており、二黒性、五黄性、八白性の疾患の根源となっている（火は土を生じ、土に化す）。故に、五黄の化膿性、潰瘍性、癌性などの形となって出現し、かつ再発、または次代の長男や長女など、相続縁を受けた者に遺伝するのが常態である。

また九紫は切開――即ち手術を要する疾患（外傷を含む）は、すべて九紫の『火生土』の作用が土台となっていることに留意すべきであろう。

九紫の中断の作用は、断種の形となって現象するもので、例えば一白の精子、卵巣、子宮などに対して、さまざまな疾患を起こす（一白の水と九紫の火の冲の作用による）。

性格・才能

人の意識は目立つものに引かれやすく、また目立つものは追求しやすい。しかし、真の芸術家は目立たないものを追究し、むしろ目立たぬ部分（心眼で見る部分）に力を注ぐものであるが、このように隠れた真理を発見する心眼を持つようになる。

九紫は相対・比較――新記録を出すことは九紫（午）の最高、三碧（寅）の昇・進・創始であり（東・先天九紫）、その記録に挑戦して、さらに乗り越えようとする気魄が無為自然に生まれてくるものである。また、人生における最も重要な生き甲斐というのは、九紫の情熱の中にあるもので、情熱を持つということは、即ち生き甲斐を持ち、生きていく希望を持つことになる。

九紫の性格は、果敢に突進して局面の推移転換を計ることに適しているが、行動がしばしば果敢すぎて独走し、根を張らぬきらいがある。先天的に滅気・九紫軌道に沿っている人は、九紫の土台たる四緑の柔軟性、柔らか味が乏しい。性質が刺々しく、鼻っ柱が強いのが特徴であるが、南の先天・六白の剛毅果断に乏しい場合は、内面では臆し迷う気など脆弱性を内蔵していると観てよいであろう。

感情に走る傾向が強く、軽率な判断、小児的潔癖性、闘争心によって進退を誤り、自ら孤寡の人生を辿っており、そうした気質は長男や長女に遺伝しているのが普通である。

先天的に三碧や四緑の気運に支えられて、生気・九紫の軌道に沿っている人は、一技一芸に達するもので、単なる専門家ではなく、幅の広い、底の深い知識や教養、及び度量、包容力、剛気を身に備えていると観てよいであろう。

運命・運勢

南方に限らず、九紫の遁甲している方位に赴けば、たとえ主命・副命に対して生気であっても、必然的に「忤の作用」を受ける。忤とは「さからう」。例えば列車が並んで走っている時、こちらの列車がスピードを出せば、向こうの列車は逆に後方に走っているように見える。それが忤の作用であり、良縁、悪縁の別なく、周囲の人たちは何となしに離れ去り、また自らも周囲の人たちから離れようとする。それが九紫の離の作用でもあり、南方・九紫には孤独がつきまとうゆえんである。

また、九紫は二ノ作用——春がめぐり来て、若葉が芽生えるように、一時的に離れ去っても、自然に友好が復活すれば、概ね良縁による益友と観てよいであろう。精神的には親友であっても、志す方向が異なり、人生の行路が左右に分かれていたり、悪縁によるものであれば、去ったまま復らない。しかし、それでよいのである。煩わしい雑用が、人生の土台を築く上に、どれほどマイナスとなっているか計り知れない。本当に枯れた木の葉は、むしり取るようにしなければ剝がれない。しかし、秋から冬へ、眠りにつく木の葉はちょっと風が吹いても、いや風がなくとも「水と火の冲気」に誘われて潔く散る、散るべきして散るもので、人と人との縁もまた、同様と言えよう。

主命・九紫の人の共通する気質には、指導者たる天性と徳分を受けているもので、頭脳は概ね上位（学業だけの問題ではない）、感覚は鋭敏であり、直感または霊感が鋭く、おのずから気位が高いのが特徴である。

九紫の用を「養子（女）運」と呼ぶ。個人の命式にもよるが、主命・九紫の人は概ね養子に行くとか、養子を迎えるといった養子運を先天的に受けている。

生気・滅気を問わず、殊に女性の場合、初婚に失敗しやすいのは、九紫の二ノ作用にコントロールされているからであろう。または離の気を受け、早くから両親、または片親と離れて生活する場合が多く、あるいは自分の子どもをそのような境遇に置く場合が多い。

女性は概ね父親と縁が薄く（火〈九紫〉尅金〈六白の父〉の理）、母親と縁が深い（午〈九紫〉・未〈二黒の母〉の合）のが普通であり、母娘の縁はほとんどが「肉親相尅」の関係によって結ばれているため、結果的に互いのためにならない存在であると言えよう。

「之を未有に為し、之を未乱に治む」

このように、これら九気の方鑑に照らして、自己の性格や才能、身体の短所を補い、かつ財運や婚運などの運勢を強化するために、その時期における自己の主命や副命と、各方位の性能、及び九気の遁甲との「生尅」関係を吟味して、生気の方位へ住居を移住したり、あるいは「衰運・禍運」の人生行路から、速やかに脱出したりするなど、方鑑を拠り所として出所進退を決定することは、「之を未有に為し、之を未乱に治む」基となるのである。

逆に、滅気の方位へ移住をすれば、いかに富貴の家に生まれ、幸福な環境にあっても「波乱の人生」に転落するのは必定であろう。

引越しをすることによって、その後の人生が大きく変わる。現代では、いとも簡単に引越しをするようになってしまった。毎年、数多くの人々が移動に移動を重ねている。これが、本人にとって、また家族にとって、一族や子孫にとって、はたまた人類の未来にとってどのような作用を生じるのかを考えれば、これまで盲目的に移動をしてきたことを改め、その人にとって生気となる方位への移動を勧めるように心掛けなくてはならない。

仕事で転勤を要するならば、これまではキャリアアップの必要材料として転勤がついて回っていたが、本当に会社のためになる人材育成であるのならば、その人物にとって生気の方位に配属させ、その人の生気のエネルギーを以てして仕事に勤しんでもらった方が本人の成長になり、会社のためになり、対外的にもスムーズに事が運ぶようになるであろう。

進学をして独り暮らしをするにしても、行きたいと希望する学校や街もあるだろうが、その時のタイミングに合わせて、本人にとって吉方となる方位に引越しができる学校に進学させたり、家を出るタイミングを見合せたりすることで、その後の人生の成り行きが大きく変わるものである。

家を購入するにしても、あそこの地区は駅に近いとか、交通の便が良いとか、希望する学区であるとか、そのようなことよりも、家族にとって何より大切なのは皆の健康ではなかろうか。

筆者は幼少の頃に、父親の胃疾患を治すために西南方位（二黒は胃）への引越しをしたが、家族の引越しはそれぞれ時期が異なり、筆者においては完成前の建設中に引越しを完了させていた。また、祖母と兄においては西南の生気が取れず、一度別の方位へアパートを借りて二人暮らしをした後に、新築の家に入居していた。まだ子どもだった兄は、親兄弟と離れて暮らす意味がわからず、「親に捨てられたと思った」と回想している。いずれにせよ、病気を治すために家を新築したり、アパートを借りたりとすることはなかなかできることではないが、何かしらの解決方法はあるものなので、熟考の上、家族の健康と未来のためにできることを行ってほしい。

一つ例を挙げると、自宅内における寝所の移動がある。引越しにおいては、約七〇〇メートル以上の移動が引越すという目安になり、方位現象は移動した距離に比例するのであるが、それでも自宅内において、例えばベッド（寝所）の位置を隣の部屋へ移動するとか、部屋の隅から隅へと移動するだけでも、わずかながらに方位現象は起きる。もちろん、生気の方位へしかるべき時に行うべきであることは言うまでもない。危篤を迎えた人が、屋内における生気への寝所の移動によって持ち直した例もある。また、転勤などにおける転居などで、殺・滅気の方位へ移動しなければならない場合は、引越し後に改めて生気の方位へアパートを借り直すとか、社宅などで移動が困難な場合は、部屋の隅から隅（生気）へ移動することを前提に最初のベッド（基準）の位置を考えておくとよい。屋内における生気への寝所の移動を行うだけでも、殺・滅気軌道に現象する災難を、大難から小難へと変えることができるのである。

このように、わずかながらの寝所の移動においても方位現象は起こるため、気分転換で部屋の模様替えを行い、寝所をいとも簡単に移動するような軽はずみなことはせず、寝所を移動するのであれば、自身の状態と時（吉方を取れるタイミング）とをよく見合せて行うことが肝要であろう。

磁気偏角・西偏差

引越しを行った際、時たま向かった先の方位と異なる現象が生じる場合がある。例えば、北方に向かったのに、東北八白の作用が生じる、といった具合である。この場合、北方と東北方の境界線ぎりぎりの北寄りに引越し先の物件があったとする。引越す前の住居から見て、地図に線を引いてみると確かに北方位に何とか入ってはいたのだが、その後こもごも現象する事象はどう考えても八白性のものばかりである。実は、地図上の北というのは、北極点を指しており、それが真北で間違いないのであるが、しかし磁場が放出されている地点は北極点からわずかながらにずれており、これを磁気偏角と言う。日本から見ると、磁場の放出点は西にずれており、この西偏差は東京において六～七度ほどである。国内においても地域によって異なり、北

図15　西偏差

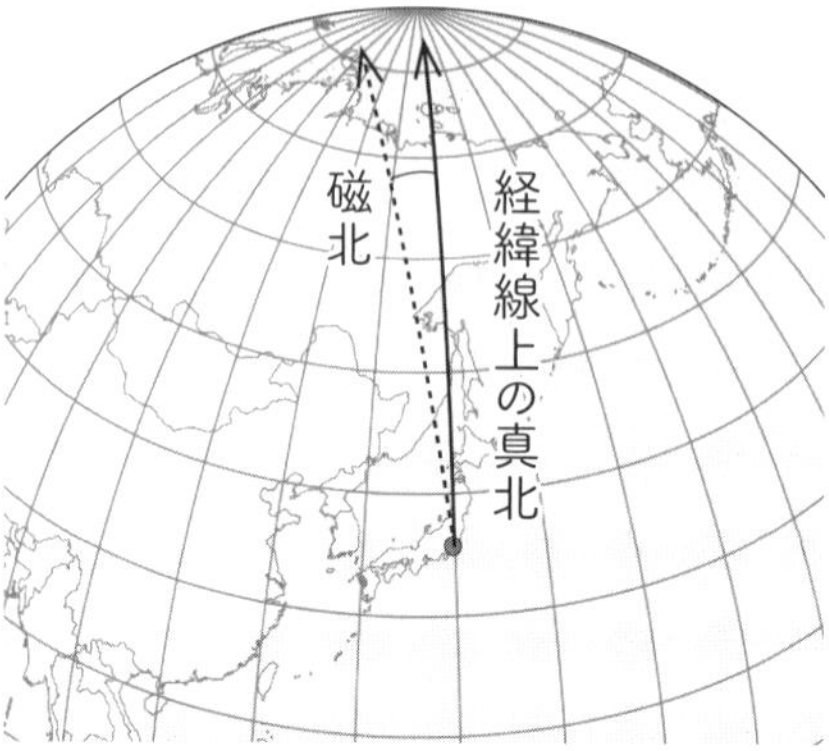

磁北
経緯線上の真北

磁場を計るため、地図上の北ではなく、
磁北を中心と捉える

海道においては九度前後、沖縄では五度前後と異なる。よって、磁場の流れに沿って南北を示す方位磁石は、地図上の北である北極点を指しているわけではないのである。

この数度の違いである西偏差の分を入れないと、北方ぎりぎりに向かったはずが、実は東北方であった、というようなことが起きてしまうのである。

また、境界線に近く、引越し先の物件がどちらなのかわからないような場合は、その近所の様子を観察し、判断できることもある。例えば、クリーニング屋や消防署、銭湯や料亭、バーなどがあれば、一白性であるが故に北方であり、丘や土手、墓地や石材、突き当たりの通りなどがあれば、八白性であるが故に東北方なのである。これを天象観という。

可能であれば、各方位の境界線近くを避け、向かう方位のわずかでも内側へ入るようにすることである。向かう方位の中央付近であれば理想的である。

空間と家相

街中を車で移動していて目につくのは、いつの間にか潰れてしまった飲食店や商店などで、その多くが鬼門や裏鬼門に出入り口があったり、西側に開口部の多い建物であったりする。鬼門、裏鬼門については先述のとおりであるが、西方は七赤金性、故に金貨財宝であり、西側に出入り口があったり、窓が多く開いていたりするのは、財が出て行くと言われている。とはいえ、我が家においては西側に開口部を設けていないものの、いまだ生活をするのがやっとというくらいの貧乏生活である。つまり原因は一つではなく、複数存在するものではあるが、その一つに、家相というものがある。

地球という大きな球体である空間に東西南北があるならば、当然小さな家屋一つにとっても空間が存在し、そこには東西南北の方位が形成され、空間の性質が適応されることとなる。故に、家屋の鬼門に当たる東北方位や裏鬼門となる西南方位に、不浄な便所であったり、または台所、ふろ場などを設けたり、またはそこを無暗に修理改造したりすると、それは鬼門を潜るのと同然であり、必ず大なり小なり災害が生ずると恐れられているわけである。

世間でいう「風水」とは、空間における九気の性質を家屋に用いることで、気の流通を善くする、つまり無形の風通しを善くするという意味での水生木（風）である。家屋という一つの空間において、九気の性質が作用し、それが部屋という各空間においても作用するという考え方から「部屋のどこどこには何を置きましょう、そうすれば運気がアップします。いざ開運です！」などということになってしまうのである。そうした転倒した理論から開運は期待できないが、しかし家屋という一つの空間に対して、九気の性質が適応されるのは事実である。

どんな家屋にも必ず中央（中心）が存在し、四方八方が振り分けられ、空間として九気の各性質が適応される。各空間はそれぞれの性質において律動しており、その性質にそぐわない使い方、つまり空間の性質を剋す使い方がされると、その空間において不和が生じることとなる。

家相の良いものとして、例えば鬼門である東北・八白であれば、物置や納戸（畜）を設置するとか、東南・四緑であれば玄関や仏壇（斉）、西北であれば神棚（神仏）であったり、主人（重心）の書斎や寝室を設けたりすることが、律動する性質に沿った使い方となる。この律動した空間に人間が住んでいるわけであり、そこに住んでいる以上、人間はその空間の影響を受けてしまうこととなる。これが家相と人間の関係であり、大なり小なり、人間の形成や運気などにも、その影響が作用するわけである。

特に甚大な影響を及ぼすものとして、家屋の改築がある。例えば、平家を二階建てにしたり（おかぐら）、二階建てを平家にしたりするなど、上下（五黄）における改築は危険である。また隣り合う家をつなげたり、横へ増築したりするのも避けた方がよい。一つの空間である家屋には、固有の周波数があり、増改築によって家屋の本体が変われば、自然必然に象界における三合、支合、冲、三刑、六害などの諸法則に沿って周波数も変わり、それに伴ってさまざまな諸現象が発生する。

引越し自体を動とするならば、家屋は静であり、引越しをすることによって現象する生気・滅気の作用もあれば、家屋自体から発生する生気・滅気の作用もある。住んでいる家が借家であれば、そこを出てしまえばいいだけの話で、吉方に吉相の家を見つけたり、建てたりすればよいのである。しかし、持ち家の場合では、リフォームをするのにも金銭の問題やタイミングもあり、うかつに改装をすることは難しい。凶相の家に住み続けなければならないのであれば、せめて家の内と外とを奇麗に、清浄にすると共に、できるタイミングにおいて、家屋の内にて寝所の移動を行い、わずかでも生気性の生活を営むことが最善であろう。

線路

引越しや寝所の移動を行うと、その移動に伴う方位現象が生じるわけであるが、それが生気や吉祥であれ、滅気や殺気であれ、方位現象が生じる時期がある。これを線路の法則と称し、四・七・十・十二・十九の線路を以て現象する。つまり、四日・七日・十日、四か月・七か月・十か月や、四年目・七年目・十年目といった周期で現象するのを『線路の法則』という。

この線路の法則を植物の生長にたとえて説明してみよう。

四日目、四か月目、四年目といった周期で起こる方位現象を『四線幾』と称し、これは引越しや寝所の移動自体が、方位現象の原因であるとすると、「種」を蒔いたことであるとすると、「発芽」した状態であり、次第に伸びて地面に達するまでの期間を「幾」と称する。芽は出たが、いまだ地中にあるそれを認識することは難しく、知覚することはできない。

七日目、七か月目、七年目といった周期で起こる方位現象を『七線象』と称し、四線幾を過ぎて成長した芽が、ちょっぴりと姿を現したが、いったい何という植物なのかはわからない。その期間を「象」という。

十日、十か月、十年目といった周期で起こる方位現象を『十線形』と称し、さらに成長した植物が花を開けば、もはや誰の目にも、それが何という植物であるかがはっきりと認められる。即ち「形」というわけである。引越しや寝所の移動という原因に対する結果が現れる時期がこの頃である。

十二日目、十二か月目、十二年目といった周期で起こる方位現象を『十二線帰』と称し、花を咲かせた植物が実を結んで、再び地中に埋没する。この頃を「帰」と称する。

十九日目、十九か月、十九年目といった周期で起こる方位現象を『十九線帰』と称するが、帰のコースを円周とすれば、十九線帰のコースは楕円を描いて現象するといってよいだろう。「災害は忘れた頃にやって来る」というのがそれに当たる。四線帰、七線象、十線形、十二線原因となる移動が殺・滅の方位である場合、この時期において災いや疾患となって現象することが多い。

方位現象は、これら幾、象、形、帰、の線路に沿って起こるもので、それを感情周期からいうと、例えば結婚した当時である「幾」の時期では、前途はバラ色の花園のような人生を夢見ているわけであるから、ある意味幸せの絶頂であるが、本当に「幸せになれる（生気）」のか、それとも結婚をしたことで、運命が変わり、自身の人生が「泥沼にはまってしまう（滅・殺気）」のではないかという方向性は、まったく見当もつかない。

もしも、滅気の行路に沿って生活を営んでいるのならば、やがて夢見るバラ色の生活は破れるもので、新生活に入ってから七日目か十日目に、何となく、ふっと前途に暗いもの、不吉なものを感じた時、その時期が「象」なのである。

何故、そのような不安が起こったのか、その理由はさっぱりわからない。マリッジブルーであったり、毎度の取り越し苦労であったりとか、思い違いであると考えたりするものである。しかし、七か月目に至ると、その不安はさらに濃厚に再現する。

やがて隠された性癖が現れたり、知らされていない借金や、陰の女が出現したりするなど、何かしらの事象が起こり、不安はついに形となって現れる。この時期が「形」である。

四年目、七年目という比較的長い周期で現象する場合もあるが、短い周期で現象するか、長い周期で現象するかは、当時の主命の遁甲状態や方位関係、及び双方の命式を対照して生尅関係を調べればはっきりとする。

これら周期による線路の法則を、社員を採用した時や、取引を始めた時、または創業した時、研究に着手した時など、人事・事業関係に適用しても同様のことがいえるのである。

また生気・吉祥、滅気・殺気などの方位現象は、概ね『線路の法則』と併せ、『三合の法則』にも沿って現象している。三合の法則については後述とする。

三大吉祥

この世はまた不思議なもので、ある条件において現象する吉祥が存在する。これら吉祥の効果を得るために、無理やりその方位を取るようなことをするのはいかがなものかと思われる。自然に引越しのタイミングと合うとか、その方位も選択肢として取れるとか、無理のない範囲であればそれは構わないであろうが、欲が先に立って行うようであれば、それは作為であり、不自然であり、行為としてすでに転倒しているわけである。理法は決して無理を強いないものであり、自然の流れから逸脱し、無理強いをして我を通すのは常に人間の側なのである。

⑴ 大歳

大歳は、気流波の働きを一段と強大にする。その年における十二枝の方位が大歳に当たり、未年であれば未（南南西）の方角、申年であれば申（西西南）の方角が大歳となり、酉年であれば酉（西）である。

月の場合、例えば寅月（二月）は寅（東東北）の方角が月建（げっけん）となり、卯月（三月）は卯（東）の方角が月建となる。月建とは、大歳の作用をそのまま縮小した、という意味に解釈してよいだろう。

図16　三合の法則

酉（とり）（金）の軌道（巳（み）・酉（とり）・丑（うし））
午（うま）（火）の軌道（寅（とら）・午（うま）・戌（いぬ））
卯（う）（木）の軌道（亥（い）・卯（う）・未（ひつじ））
子（ね）（水）の軌道（申（さる）・子（ね）・辰（たつ））

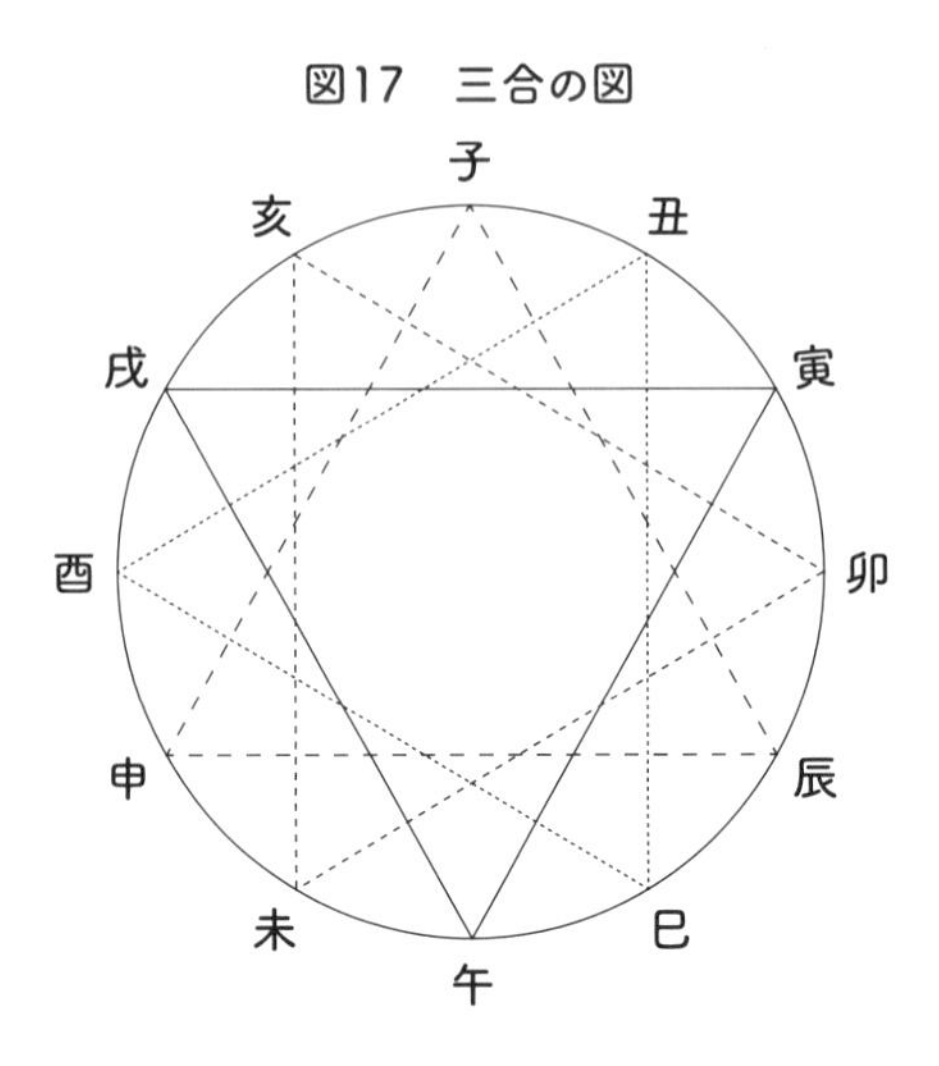

図17　三合の図

引越しをするに当たり、生気においてその年の大歳の方位に向かうと、生気の作用（吉運）は大歳の影響により数倍も強力となる。

災禍に遭って奇蹟的に助かったというような事象に対して、狂信的な教徒は「神霊の守護によるものだ」と信じこんでいるが、必ずしもそうではない。このような大歳の作用によっても、奇蹟はしばしば現象するのである。

(2) 天徳（天道）

天徳は三合法則に基づくもので、四正（子・卯・午・酉）の年、月には墓（丑・辰・未・戌）の方位に現れる。

例えば、子年、子月には、天徳は辰（東東南）の方位に現れ、卯年、卯月には、天徳は未（南南西）の方位に現れるのである。

また、四隅（しぐう）（丑寅・辰巳・未申・戌亥）の年、月には、天徳は四正の方に現れるもので、例えば丑年、丑月には、天徳は酉（西）の方位に現れ、寅年、寅月には、天徳は午（南）の方位に現れるのである。

天徳とは、智、仁、禮、義という四つの徳分を総称したもので、先天的、後天的に天徳を稟けると、人生の行路において心眼の開けた明智の人、仁（慈愛）の深い人、礼節の正しい人、大義、義理を重んじる人たちと、おのずから結縁するもので、また自分自身も、自然のかたちでこのような美徳を身に備えるのである。

(3) 天禄

天禄は蔵干法則に基づくものであるが、蔵干法則については複雑なため著述はしない。天禄の内容としては、甲年、甲月は寅（東東北）の方、乙年、乙月は卯（東）の方、丙年、丙月は巳（南南東）の方、丁年、丁月は午（南）の方、戊年、戊月は巳（南南東）の方、己年、己月は午（南）の方、庚年、庚月は申（西西南）の方、辛年、辛月は酉（西）の方、壬年、壬月は亥（北北西）の方、癸年、癸月は子（北）の方に現れる。天禄は金運、財運などの、いわゆる衣食住を司る。先天的、後天的に天禄を稟けると、宇宙の宝庫から己の分に相応して金運や財運が与えられる――または先祖が蓄積した無形の遺産を受け継ぐもので、したがって事業その他、何かに行き詰まっても、自然に道が開けるのである。

祐気

祐気とは『九・六』の天祐を稟けることを意味し、また大歳とは、方位を形成する気粒波（十二枝の定位）が、同種の気粒波の気勢を得て旺盛になるのをいう。九は九紫、六は六白という意味。

故に、大歳が南（定位九紫）または西北（定位六白）の方位に臨むか、あるいは大歳の方位に九紫か六白が遁甲すれば、方位の作用は強大旺盛となり、その方位に移住（又は寝所）をすれば、いわゆる天祐を稟けるわけである。しかし、その前に、しばしば天の大試練があるという。

例えば、西方（酉ノ方）が大歳に当たり、而して六白が遁甲している場合、祐気に該当する。また、大歳は三合法（生・旺・墓）に沿って作用するもので、即ち東南（巳ノ方）は生、西は旺となり、東北（丑ノ方）は墓となる。

大歳に当たらない生気の方位に移動した場合（年）、生気性エネルギーを100とすれば、

大歳の旺の祐気	1000
〃　生の祐気	300
〃　墓の祐気	200

の比率となる。また西北（戌）が大歳の旺に当たり、南（午）は生、東北（寅）は墓となる。続いて亥年は西北（亥）が大歳の旺となり、西南（未）は生、東（卯）は墓に当たる。いずれにしても、南と西北が大歳であるとか、大歳の方位に九紫と六白が遁甲した場合、これら祐気（旺）の方位に移転すれば、天の試練を稟けるわけである。

獅子は、わが児を崖下に突き落して、生き残ったものを育てるというが、幾度か生死の境、あるいは成敗の危機に臨み、それに勝ち残ったものは、先天的、または後天的に『九・六』の天祐、及び神霊の加護を稟けたものであろう。

故に、西北や南、あるいは六白や九紫が遁甲している方位が大歳に当たっておれば、天の大試練に応ずる覚悟が必要である。大歳の祐気は十倍の力があるからといって、人格の卑劣または自分本位の小人が祐気の方位に移動すれば、俗にいう「位負け」して、かえって災禍に遭ったり、発病したりすることがあると伝えられている。

また従来、滅気の方位において生活していた者が、祐気の方位に移動すれば、概ね滅気現象を招来するもので、それは重病人が、退気を用いず、いきなり生気の方位に移動すれば、十人に一人の割合で四日目に死亡するのと同然と言えよう。

それ故に、大歳の祐気を用うるには、まず「人となり」が肝心であり、また二、三回生気の方位に移住し、通算四年以上を経過してから後、祐気の方位に赴くのが安全である。生気・滅気のいかんを問わず、大歳の方位に移動すれば、吉凶共に甚大で、また子孫に遺伝するものであり、その影響は計り知れない。

祐気に沿えば、自然に祐気旺相の人物と縁が起こり（同種の気は相互に牽引する）、それを契機として人生が大きく開けるとか、あるいは、命式（人格）のいかんによっては、自分自身が祐気旺相となり、六白の将たる器、支配、統一の能力が自然のかたちで涵養されて、漸次に大有の人物が形成されるのである。

第4章

先祖の業に誘導される人生

自己への疑問

時間と空間に性質があり、それらに誘導されて人間は生きているということが理解できると、いったい「自分自身」という存在は何であろうか、という疑問が湧き上がってくるに違いない。人間は自身で「ああしよう」「こうしよう」と思い、考える。この精神のはたらきを我々人間は「自我」と捉えている。あなたは自分の脳や感情で思考し、自身の意志で行動を起こしている。そう考えているし、そう認識しているはずである。

しかし、自我というものは、端的に言うと人間が「被っている帽子」のようなもので、本体とはまったく関係のない、実に表層的なものでしかない。

磁場から発生する気流電磁波や心霊から発せられる霊波は、人間の深層意識に影響を及ぼすが故に、人間はその信号を認識することはできない。要するに、気がつかないのである。

その深層意識が受信した内容が、意識下から浮上し、脳内に泉のように湧き出る思考として溢れ出した時に、はじめて人間はそれを「自分の考え」であったり、「自分の感情」として認識したりすることになる。いわゆる「自我」として認識しているわけであるが、そもそも意識自体が誘導され、方向づけられているならば、自我というものは本人の意志とはまったく関係がないことになってしまう。それ故に、自我とは人が頭の上に被っている帽子のようなものでしかないのである。

人は皆、気づかないうちに誘導され、方向づけられ、それを言動として振る舞っているにすぎない。これを以て、釈尊は『人は皆、無我である』と看破している。

これでは、人間は単なる操り人形でしかないように感じてしまう。確かに、まるで傀儡（くぐつ）のように生きている人は多い。しかし人間には、輝く智慧があり、温かな情があり、強い意思をその身に備えている。人生には悦びがあり、悲しみもあり、それぞれがそれぞれの人生を営んでいる。家族のために生きる人もあれば、仕事のため、地位や名声、お金が生き甲斐である人もあるだろう。辛いことも多いが、生きることは無常の悦びであるはずである。

しかし、人間の真の姿が「無我」であるなら、人は本来、いったい何のために生きているのであろうか。

ここからは、磁場とは異なる、人間に影響を及ぼすもう一つの存在である「先祖」について考察してみよう。

輪廻

生き物には習性というものがある。鮭は生まれた川から大洋をぐるりと周って再び生まれた川を遡上し、子孫を残す。鮭は代々、それを繰り返す。渡り鳥は毎年、同じ時期になると、同じ水辺の、同じ森などに戻って来ては子育てに勤しむ。その繰り返しである。この他にも、さまざまな生き物が、それぞれの習性に従って種を連鎖させているわけであるが、実は人間も同様である。

人間は、先祖が辿った人生行路と同じ人生行路を辿る傾向にある。要するに、先祖の取った行動や、先祖に起きたことなどと同じようなことを子孫も行っているのである。

先に述べたように、先祖に音楽家がおれば、子孫の誰かが音楽の道を歩み、遊び人の先祖がおれば、子孫の誰かが同じような遊び人になっているわけである。だいたい、同じような性格で、同じような行路を辿っている。台本は同じでありながら、出演者と時代背景が違うだけで、内容の本質は同じである。

これを現代では「遺伝」と呼び、仏語では「輪廻」と呼称している。

「遺伝」とは、才能や体質、面影や体形のことを指し、その人生の内容までは含んでいないように思われる。誰もが「あの子は死んだおじいちゃんにそっくり」とか言ったり、言われたりするものだが、まさか起きている出来事までそっくりだとは気がつかない。何故なら、先祖と子孫の間でリメイクが行われているとは思わないし、出演者も違う、見える背景も違う、脚色も若干違うので、まるで別のことが起きているように見えるし、両人とも別々の人生であるという思いから、まさかその内容において同じことが繰り返されていることがわからないのである。実は人生、生き方、性格、行動、すべてにおいて先祖の誰かの要素が「遺伝」しているのである。

「輪廻」とは、世俗では「繰り返し生まれ変わること」、即ち「輪廻転生」＝「生まれ変わり」のように捉えられているが、輪廻とは「物事が繰り返し行われていること」を指している。即ち、同じような出来事が、何度も繰り返されることであり、それは血統を通じて起きることでもあれば、個人の人生においても起きるものである。

生きている間に、二度、三度と同じようなシチュエーションで、同じような失敗をしてしまったり、相手は違えど、その内容においては同じであったりしたことはないだろうか。

時間は螺旋を描いているが故に、また同じ地点へ戻ってくるものである。人生において、その時に再び同じような選択と行動を繰り返してしまうことで、物事が輪廻してしまうのである。これが「人生における輪廻」である。

そもそもは、人生自体が誰かご先祖様の「輪廻」であるわけであるから、結局のところ、その御先祖様の行動と結果がそもそもの原因であり、そのご先祖様も誰かご先祖様の被害者なのである。こうなってくると誰を責めても同じになってしまう。まったく困った話ではあるが、亡くなった人は責められない。これはもう仕方がないことではあるが、唯一、それを変えられる存在があり、それが「生きている私」なのである。

転生

先祖の行動、人生そのままが、実はコピーされており、人はそれを「我が人生！」と、思い込んで生きているにすぎない。いま生きているすべての人は、必ず誰かの子孫なのである。誰にでも必ず先祖が存在している。その先祖の遺した「業」が、血統となって自身に流れついている。人間は、先祖の遺した業に誘導されて、生きているにすぎないのである。

もし、その先祖の遺した業（行動とその結果）が悪業であった場合、その業を改善し、善業へと変換することを「転生」と呼称する。

転生とは、生まれ変わりを指すのではない。悪路から善の道へと転ずることを指す。つまり、輪廻転生とは、先祖から伝わる悪業を浄化し、滅の軌道から生の軌道へ自身が転ずることをいうのである。

自己とは何か

常に自己を誘導する気流電磁波や、先祖の業を知り、輪廻する悪業から転生し、自身の生活をより善いものへと変革し、また子孫へその善業（徳）を伝える。それが、子孫として生きている我が身の行うことではなかろうか。

同時に、先祖の供養を行えるのも、現存している子孫のみである。もし、血統が断絶すれば、自己の霊を含め、先祖代々の霊を供養する者が途絶えることとなる。ここに、自己の存在意義があるわけである。

ここで、釈尊が説いた言葉を紹介したい。

釈尊曰く、『個人の自覚と反省とを主眼として正理の道に沿い、各自の立場において浄土を築き、以て生活を向上させる』

自覚をするにも、正確に真理を会得しなければ、その自覚は誤ったものとなり、反省もまた然りである。正理の道とは、理法に沿うことであり、例えば生気の方位をとり、そこで生活を営むこともまた、理法に沿うことなのである。浄土とはあの世のことではなく、悪業から解放された現世における生気の状態のことを指す。立場はそれぞれ違うものであるが、あくまでもあなたの場合であり、あなたが現世において宿業を解放し浄土に転生することで、あなたの生活が善い方へと変換されるわけである。そして、その善業が子や孫へと流れ伝わるのである。

自己を棄てる

自己に存在意義があるにしても、自己そのものが自身の意識（意志）さえも誘導され、行動している人生であるということは、釈尊の説く『人は皆、無我』に通ずるところであるが、現実的に我々には自我があり、自身の思考として認識（意識）しながら行動している。

その思考の源泉であると感じている自我が、実は気粒電磁波や先祖の業によって誘導されていることを理解できたならば、まずこんな疑問が生じるはずである。

「自分が何をどう考えようが、まったく関係ない」

そのとおりである。ある意味では、まったく関係がないのである。あなたが、あなた自身の考えや思想、価値観によって判断していたことが否定されるかのごとく、あなたの考えていることとは関係がないのならば、どうすればよいのか。それは、あなた自身を棄ててしまうことである。そもそも「自己なんて存在しない」という認識を持つことが大切で、しかし意識として自己が存在していることは、生きている以上、絶えず意識されている。在るけど無い、無いけど在るという状況の連続である。そうであれば、まずは「無私」となり、「自己そのものを棄てる」ことから始めるのがよろしく、それが人生をどう生きていくかという前提となっていくのである。

判断の基準を定める

実は、「自分がどう思おうが、まったく関係がない」ことに気がつくと、今度は自身が何をどう判断をすればよいのか、という疑問が出てくる。

先に述べたように、多くの人は自己の判断基準に基づいて行動をしている場合が多い。自身が「ああしたい、こうしたい」と思うところ、自身が「正しい」と思うところなどを基準としている。

ここに相手が存在すると、自己の判断基準に照らし合わせて「あの人は立派だ」とか、「あの人は間違っている」などと言う。

また、自己の判断基準というものも、社会的常識であったり、法律に則って判断されていたりする場合もある。「あの人は非常識だ」とか、「あんな運転をして、なんて奴だ」などと思うわけである。

社会の常識というものも、何か明確に決まっているわけでもなく、国家として法律も制定されているが、それも今日は正しくとも、十年後も正しいとは限らない。江戸時代の人間の価値観や生き方と、現代のそれとは違う。もう誰も切腹などしない。

そうなると、人はいったい何を基準として正邪善悪を判断すればよいのだろうか。

自己を棄てても、滅気性の悪業から誘導されずに生きていけるわけではない。生気性の神仏の誘導や善業に誘導されている場合もある。しかし、自身が何に誘導されているのかを確認する術はわからない。

そこで、判断の基準となるのは「白然存在の『理法』」である。

人が自然存在の理法を学ぶことで、自然の流れに逆行しない、無為自然の生活を営めるようになる。ひいては文明や社会そのものが、より高度な発展を遂げることも間違いないであろう。

理法

理法とは何かを説明しようにも、実は理法は「こういうことである」と説明がつくようなものではない。まず、固定されていない、限定もされていない。よって、説くことができない。しかし、陰陽五行、幹枝学や九気学を学ぶことで、やがて自然存在の理法を理解し、おのずから理法の道へ入ることができるようになる。

陰陽五行の性質そのままが、自然存在の理法の運行の性質であることは間違いのないことであり、それを理解できれば、幹枝学、九気学の理解も進む。

そして釈尊の説いた仏法を学び、老子の説いた道を学ぶと、やがて神仏とはどういった存在なのかがおのずから明確となり、自然存在の理法と融合し、自身が道と一体になることを理解できるであろう。

筆者には、理法を説くことはできない。理法を説くことができないため、理法を説いた歴史上の人物の紹介に留めたいと思う。あなた自身が仏典や老子に触れることで、理法の何たるかを理解していただけるように。

釈尊（仏陀）

釈尊曰く、「私は出家してから五十余年、理法の道を歩んで来た。これ以外に、道の人なるものは存在しない」

理法を説いたのが釈尊であり、その多くは理法を方便として説いている。理法は説き難く、限定的なものではないため、その解釈も難しい。

後世の仏教徒が、それぞれに解釈し、その全体ではなく、その一部を取り上げ、それを釈尊の教えとして発展していったのが仏教であり、偏向に偏向を重ね、宗派が乱立することとなる。現代仏教のそもそもが、鎌倉時代に興った当時の新興宗教の名残であり、釈尊の説いた本質である理法からはすでにかけ離れている。

教える者が「これはこれこれ、こうである」と伝えた瞬間に、それはすでに限定されてしまっている。この限定された教えが脈々と連なっているのが宗教であり、そもそも「これはこれこれ、こうである」と規定できない理法を学ぶにあたって、釈尊の求めた「道」を自身も求め、仏道を歩むために仏門を潜る。故に筆者は自身を仏教徒と呼ばず、仏門の人間と呼称する。

よく、偉いお坊さんが歩んだ足跡を求めて巡礼をするが、釈尊曰く、『師を求めるのではなく、師の求めたるところを求めよ』との言葉を残している。これは釈尊に帰依し、釈尊を敬い求めることではなく、釈尊に帰依し、釈尊の求めた『道の人』となることを求め、日々の生活を営むことが本質なのではないだろうか。

老子

老子の書かれた文章には主語がない。主語がないが故に、その内容は限定的ではない。老子は自然存在の「道」を説いた、世界に類を見ない画期的な書物であるが、そもそも道そのものが無限定であり、「これこれこうである」と説くことができない。よって、老子の文章そのものが主語を使わずに理法を説いている。

道

この世界には「道」なるものが存在している。しかし、その存在は見ることも触れることもできない。在るけど無い、無いけど在る。道なるものは、無限定であるが故に、その存在も無限定である。限定されていないものを説くことは難しい。自然存在の理法そのものが道であり、道そのものが理法に則っている。道を歩めば、理法に沿い、理法に沿えば、それは道を歩むのと同じといえるのである。

理法の世界と霊の世界（三世三界）

我々が生きている物質の世界を見渡せども、この目に映らない世界が二つある。それが神仏の坐す象界（金剛界）であり、また霊の世界である霊界（胎蔵界）である。金剛界は東方を指し、後天三碧及び先天九紫の世界である。胎蔵界は西方を指し、後天七赤及び先天一白の世界である（先天盤については後述する）。この神仏の世界と、霊の世界は東西及び南北と別々の世界に感じられるかもしれないが、地球は球体であるが故に、東へ進めば西に出て、南に進めば北に到達する。両者の世界は、実はその裏面において密接に関係しているものであり、それを二分することはできない。神道が南北の世界であり、仏道が東西の世界であっても、仏門においては南無（南北）を説いている。霊の世界もまた、理法と共に存在する、もう一つの見えない世界なのである。

霊の世界

死後の世界は実在する。それを霊界と呼ぶ。

死後の世界に、霊界に時間はない。故に、永劫にその状態が続くとも言われている。

その霊界に存在する先祖の霊において、もしその人（霊）に何かしらの苦悶があれば、その霊は子孫の体に憑依し、その苦痛を訴えることがある。

その人が亡くなった時、例えば母親が「幼い我が子を残して死ぬのは辛い」と思いながら亡くなってゆくと、母親の霊はその思いのまま、我が子に憑依してしまう。そして憑依された子どもは、その憑依された身体の部位に何かしらの病気を発症する。執着を持った故人霊の不浄霊波が、子孫の身体に流れる磁場を阻害するのである。

また、病気などで苦痛を伴ったまま亡くなっても、その状態が死後も続くため、その苦痛を取り除いてほしいと、子孫の身体に憑依しながら訴える。その状態が、子孫の身体に病気を誘発させる。このようなこともあり、子孫は先祖の霊を供養するのである。

人は死に際によく咽喉が渇くという。その咽喉の渇きを和らげるために、仏壇に水を供える。餓鬼霊となってしまった者のため、食物を供える。お盆の施餓鬼供養はそのものである。また、お経を唱えるのも、亡き先祖の霊を慰め、法音によって供養する。祥月命日やお彼岸には、お墓参りを行う。こうして先祖の霊を供養し、成仏してもらうことが、その先祖霊のためであり、我々子孫の健康や生活を向上させることにつながるわけである。

神仏の世界

世の人々の中には、宇宙人の存在を信じている人もいるだろう。すでに我々が宇宙人なのであるから、同じような存在が宇宙のどこかにいてもおかしくはない、そう考える。それもロマンチックで好奇心をそそられるが、残念ながら我々人類はいまだ宇宙の果てを見ることができない。広大な宇宙のどこかに未知の世界があるのではなく、実は、目の前のすぐそこに未知の世界は存在している。この世界は多次元構造になっている。霊界や神仏の世界は、同じ空間に同時存在している。

降り注ぐ光の中、人間は可視光線以外の、紫外線（神仏の世界）や、赤外線（霊の世界）を

図18　光（電磁波）における可視光線の範囲

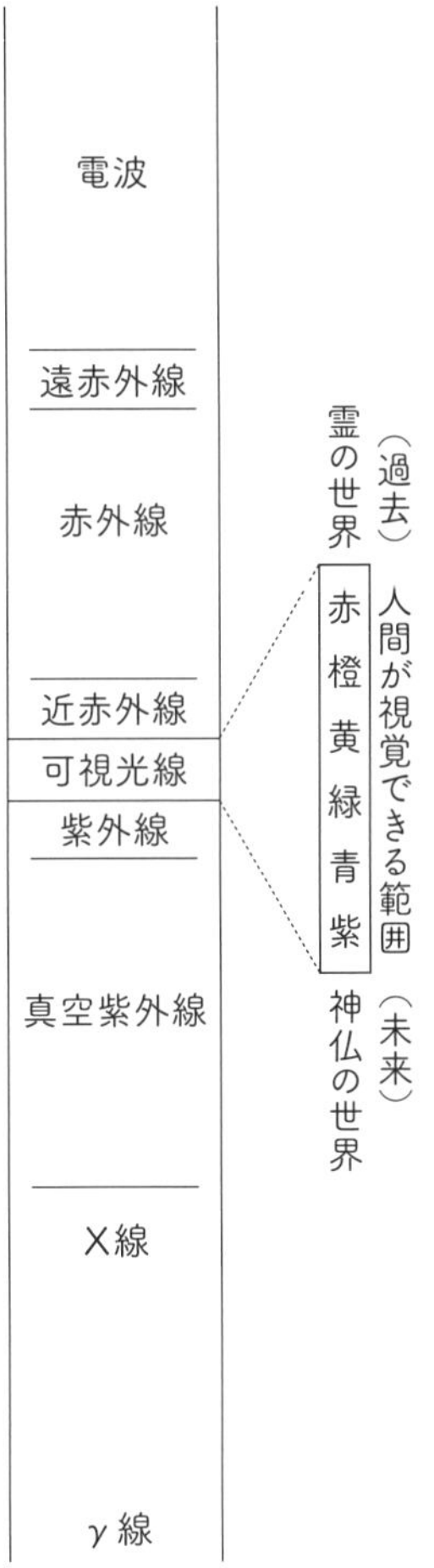

（『理科年表』平成18年度版　国立天文台編　丸善出版より作成）

見ることができない、認識することができないのと同じように、高次元界と密接につながっている目の前の空間を認識することはできない。その高次元界や高次元の存在が、この物質界である現象界に現れたのが、日本でいう神社であり、霊場であったりする。日本人は、太古の昔からその存在を認め、畏れ、敬い、祀ってきた。年配の方が、神社の前を通る時にお社に向かってお辞儀をするのも、自身よりも高次元の存在がそこに坐すならば、一礼するのが当り前だからである。

筆者の家では、井戸の神様、いわゆる水神をお祀りさせていただいている。いま住む土地に引越してきたとき、敷地に井戸があったため、念のために調べていただいたところ、水神の存在が明らかになったため、お祀りさせていただくこととなった。

お祀りさせていただいてから毎日、御塩や御米、井戸の御水を御供えさせていただき、祝詞をあげるようになった。我が家は普通の家ではあるが小さな神社でもある、そのように感じている。大きな神社もあれば、有名な神様も坐すが、我が家に坐すのは小さな井戸の神様である。神様に大小があるのかどうかは知らないが、神様である以上、人間とは次元を異にする偉大な存在に変わりはない。

お祀りをさせていただいて四十年ほどが経ったが、ことに思うのは、我が家の人間は随分と水神様に護られているということである。誰も大きな事故もなく、無病とはいかないが、それでも健康的ではある。どこの家庭でも同じように、決して何事もないわけではないが、それでも災禍は免れていると感じるのである。何事もないのが理想なのだが、この「何事もない」が故に、人は皆、護られていることに気づきづらいのである。

何か事があって、ギリギリで回避した時などは、人は神仏やご先祖に「護られた」と思うかも知れないが、何かが起こる前に回避されていると、護られていることを実感する前に事は解決しているので、人は護られていることがわからないのである。

そう思うと筆者は、何もないが故に、随分と水神様に御護りいただいていることを実感するのである。

水神様をお祀りさせていただいてから数年後、その井戸は区画整理のために道路になってしまうため、埋めることとなってしまった。もしも水神様の存在に気がつかずに、お祀りすることなく、そのまま埋めてしまっていたら、我が家の人間は大変なことになっていたであろう。それが神の祟りである。

日本には昔から多くの井戸が生活の中にあったが、明治の文明開化以降、水道が施設されるに伴い、埋められた井戸も多いことであろう。すべての井戸に神が宿っているわけではないが、神の宿っていた井戸も少なからずあったはずである。何かの理由で知らずして埋めてしまった井戸によって、代々随分と悲惨な目に遭っている人々もまた、多いことだと思われる。

有相の世界には、人為による法律や道徳があるが、無相の世界には、自然存在の理法に根ざす倫理がある。それを無視することは、一種の自然環境破壊であり、いわゆる「咎、祟り」といった霊障が起こるゆえんとなるのである。

人間から見た神仏

一つの井戸に神霊が坐すことを考えると、日本中には数えきれないほどの、いわゆる八百万の神々が存在していることとなる。多くの神社には、それぞれの特性というか、水にまつわる神様であれば水に関する御利益があり、身体にまつわる神様であれば健康に関する御利益があるとされている。これを流行り神という。人々は皆、神社に参拝し、それぞれの苦悩や心配事、願いを神仏に対して祈り、その効果を期待しているわけである。しかし本来、神仏はお願いをする対象ではない。祈ることはあっても、願いが叶うわけではない。

例を一つ挙げると、ある地方の過疎化した村でのことであった。村には高齢者ばかりとなり、若い者がかろうじて二十人ほど残って村を支えていたが、女子はおらず、皆男ばかりであった。いずれも未婚であり、すでに結婚適齢期を迎えてはいたが、不便な村に嫁に来てくれるような女子はいなかった。

ある日、村の奥にある滝場の真ん中に安置されていたお地蔵様が滝の下へ落ちてしまったということで、これはいかんと若者たちは力を合せてお地蔵様を元の位置へと引っ張り上げて元に戻し、改めて供養をした。

すると、村の若者たちの間にあれよあれよと縁談話が持ち上がり、気がつけばほぼ全員が嫁をもらい、新しい家族も増えて、村には子どもたちの元気な声が聞こえるようになったという。この話を聞いた村の外の独身者たちが、その御利益にあやかろうと参拝者が多くやって来るようになった。

ここで、ちょっと考えてみよう。村の若者達たちの話はわかる。それはお地蔵様の御利益であったと言えるかもしれないが、御利益という言葉よりも御印といった方が適当だと感じる。村の若者たちは御利益が目的ではなく、村のお地蔵様が大変だと無心で起こした行動であり、そこに他意はなかったであろう。それを考えると、村の外の人間が、同じような御利益を求めてお参りをしたところで、そもそも彼らは何もしていないのである。

このように、縁もゆかりもない神仏に自身の何かを願ったところで、何かが起こるわけでもなし、そもそも神仏は信仰の対象ではあれ、宗教的なものではなく、願えば叶うような都合のよい対象ではないのである。

神仏と人間とは、あくまでも存在する次元が違う。人間の感覚や常識を超えた、高次元の存在を目の当たりにした時、我々人間が感じることはただ畏れ、そして敬う感情以外にはないであろう。

霊能者

筆者の名前をつけてくださったのは、霊能を備えた、とある初老の方であった。幼い頃から、まるで祖父の家に行くかのように通っていた。ここでは単に「先生」と呼ぶことにする。

先生のところへ通っていた理由は先祖供養のためである。この供養が特殊であった。

先生は神仏と会話ができ、また霊とも会話が可能であった。例えば、筆者の先祖である故人の祥月命日になると、その故人の霊が浮上してくるためコンタクトが取りやすくなる。そしてその霊と筆者や家族の身体を検証し、その霊が子孫の誰かの身体に憑依していないかを確認する。もし、その霊が何かしらの苦痛を伴っていたならば、それを慰め、説得をして子孫の身体から離れるように言い聞かせる。そして九字を切り、法力を以て安寧に成仏させるというものであった。子孫の我々からすると、随分昔のご先祖様で、法要も幾度か行っているはずであるが、いまだ苦痛の内に在り、子孫に助けを求めている人がいるのであった。先生は先祖霊の話をよく聴き、状態を理解した上で法力を以て故人霊を霊界へと帰納されていた。これが供養である。

また、ある時は、筆者に見知らぬ霊などが憑いていると、それを除霊してくださったりもした。例えば動物霊の場合などは、恨みなどを持ち合わせていた場合、その動物霊と話をしても許してはくれない。そこで、その動物霊がどの眷属であるかを割り出し、その親分である高級霊を捜し出して話をつけ、憑依している霊に渡りをつけてもらうのである。

先生の話では以前、蛇の霊を除霊しようとして、その眷属の長を捜したところ、韓国の蛇の霊に辿り着いたという。霊として上位のものは、言葉のやりとりができ、意思の疎通が可能ということであった。

また神仏の場合では、ある男性の方を検証していると、その方から光が発せられているので尋ねたところ、それはとある神社の神様であった。その男性のご先祖が神社の氏子であり、生前は神社のためにいろいろと尽してくれたそうで、そのお礼として、子孫である男性を助けに来たとのことであった。その頃、男性は人生において何かしらの危機に陥っており、神社の神様の誘導もあって先生を訪ねたことが判明した。ちなみにその男性は神仏に対して特に信仰心もなく、その先祖の話は何となく聞いた覚えがある程度であった。その後、男性は危機を脱することができたが、それは本人とは関係がなく、先祖による徳が子孫に伝わっていたのである。

霊能者というと、未来を予見したり、特定の人物や失せ物を霊視によって特定したりすることのできる人というイメージがある。もちろん、霊能を備えている人は少なからず存在し、誰かを助けていたりする。ことに多いのは霊感を持ち合わせている人で、要は勘のいい人、ちょっと先のことがわかる人である。この霊感と霊能の差は大きく、神仏と真に交流している人はまた話が違い、失せ物を当てるぐらいでは霊能とは言えない。

よく、神霊の言葉を聴くことができるという話を聞くが、その場合、本当に神霊であるのかが問題であったりする。その人に不浄霊や動物霊が憑いていた場合、その不浄霊や動物霊のささやきであることもあり得る。この場合、正しい言葉ではなく、何かと不利になるようなことをささやかれ、それをあたかも神霊からの助言として受け取ってしまう。その判断ができない人もおり、一概に霊能者、霊感の強い人とはいっても本当に正しいわけではないこともある。巷で生業にしている霊能者や霊感の強い人は、せいぜい失せ物を見つけたりする霊視程度のもので、本来、強い霊能を備えている人物は世俗に姿を見せない。彼らは世を憚り、隠れているため、その存在に辿り着くことは難しい。

我が先生のように象学を修め、神霊と交通し、法力を備え、霊を供養できるような高度な霊能者は稀であり、もうほとんど存在しないであろう。

自身の生活や先祖についてのことなどで、霊能者と呼ばれる人物に相談する人もあるだろうが、霊能者にも能力の差異があることを肝に銘じて、間違いのないようにすることが肝要であろう。

病気の原因

人は何故、病気になるのか。治らぬ病気は宿命なのか。科学が発達し、医学がどれだけ進歩をしても病気自体はなくならないであろう。

何故ならば、そもそも病気の原因自体が、医学や科学では解決できないことだからである。風邪を引いたら医者へ行くのは当然であるし、医者の処方した薬で治ることもある。それはただの風邪であるからだ。

しかし、どれだけ通院を続けても、どれだけ治療を試みても治らない病気もある。それはいったい何故であろうか。

方位現象による疾患

一つは、気流電磁波における身体の磁場への悪影響によるものである。本人にとって五黄殺などの殺気性の気流波の影響を受ける方位などへの引越しによって、生体としての磁場が破壊され、病気を引き起こすケースや、親が殺気性の気流波の影響を受ける方位などへの引越し、その影響が遺伝している場合もある。

生体そのものが持つ磁場が何らかの障害を抱えているため、いくら投薬をしようが、手術を行おうが、原因そのものを解決しているわけではないので、結果的に再発するようなことになってしまう場合が多い。

この場合、疾患に適応した方位や九気の遁甲している方位に赴くことで、完治とまではいかないが、随分と解消されることは可能であろう。

例えば、癌性（五黄性）であれば、土性を尅するのは木性であるから（木尅土）、東や東南、及び三碧や四緑が遁甲している生気の方位となる。方位と遁甲する九気の組合せによって効果も変わることに留意して判断することが肝要である。

また、皮膚病（滅気四緑）であれば、東南や四緑の遁甲する方位、胃腸疾患（滅気二黒）であれば西南や二黒の遁甲する方位、リウマチなど関節疾患（滅気八白）であれば、（東北は鬼門であり、反転の作用が生じて危険性も伴うため、東北を避けつつ）八白の遁甲する方位に赴くようにするなど、それぞれの方位・九気の効用に応じた対応が必要となる。

疾患の原因が、以前にとった方位現象であるのならば（例えば、自身や親が以前、引越しした時（年月）の九気盤を調べ、その時に何が遁甲していて、その後どんな症状が発症しているかなどを確認し、間違いないようであれば）、その時に移動した距離と同等の距離を引越先と定めるのがよいとされている。直上直下の場合では、ベッドの上と床の上ほどの差でも症状は軽くないため、引越しの定義となる七〇〇メートル以上の距離をとるのがよいであろう。

たとえ同等の距離を稼げなくとも、移動することによって現象は起こるものであり、臨機応変に考えて行うようにする。

一家での移住の場合、家族全員が同時に生気をとれるということはあまりない。この場合、老人や子どもなど、身体の弱い者に合わせるとか、タイミングをずらすなどの可能な限りのできることを行うようにするのがよいが、仕事や学校などの都合で、さほど自由にならないのが現実である。

　凶方への引越しであれば、先に述べたように、借家などを利用して、引越しをした後に、再び生活圏内で生気を取り直す引越しを行うとか、最低限で言えば、家屋の中での寝所の移動を行うようにする。それだけで大難が小難になるならば、行うに越したことはないであろう。

先祖霊や憑霊による疾患

　苦悶から子孫に助けを求める先祖霊の場合、供養を行うことで霊を鎮め、子孫の身体から離れてもらうことで疾患の解消につながる。

　特殊なケースでない限り、年忌の法要やお墓参り、日々の仏壇への奉仕などで事が済む場合もある。

　困るのは、特定の故人が禍をしているケースで、この場合、その特定をすることが難しい。霊能のない人間では、故人霊の声を聴くこともできないし、神霊を通して把握することもできないからである。そうなると、霊能者の力を借りて、その故人霊を特定するくらいしか方法がない。とはいえ、霊能者の能力にも差があるので、そのような霊視が可能かどうかは霊能者次第となってしまう。先に述べたとおり、神霊や故人霊と意思の疎通を図り、法力を以て霊を成仏させて帰納することができる行者（霊能者）はまず見つけることができない。運が良くても、神霊と交信できる霊能者が見つかれば最良であり、失せ物を見つける程度では、霊の特定は難しいであろう。こうなってくると、適切な霊能者との出逢いが肝要であり、求めたところでそれが叶うとも限らない。自身が生気性の方位をとり、無為自然に生活をする中で、問題の解決方法が現れるのを待つしかないであろう。

また特に厄介であるのが、恨みを持った動物霊のケースであろう。例えば、ご先祖の誰かが蛇を殺していたとか、猫やクモなどを殺すなど、祟りやすい動物の場合は、殺害した当人はおろか、子孫までもが祟られるが常套である。運よく発見、特定できたとしても、謝罪を聞き容れてもらえず、憑依が続くこともある。この場合においても、適切な霊能者との邂逅を望むしかないが、この現代に、そのような能力を備えた人物が現存しているかも疑問である。巷には、さしたる修行も行わずに霊能者を名乗る未熟な人物も少なくないことを留意していただきたい。

認識できる世界と認識できない世界

神仏や先祖霊、動物霊などの神霊界は実在し、我々人間の生活に深く根ざしながら、その因果関係によって吉凶となって作用していることは明白である。

霊能者は神霊の存在を認識することができるが、普通の人間においては認識することができないため、理解にも及ばないのである。

霊感を備えている人間が全体の一パーセントであるとして、例えば色盲の人間もおおよそ一パーセントと言われる。この場合、色盲の方には世界が白黒に見えるが、他の九十九パーセントの人間にはカラーで世界が見えているわけである。もし、この比率が逆転していたならば、白黒の世界を観ている九十九パーセントの人間たちにとって、色を持った世界というものは到底信じられない世界であり、色というものを理解することすらできないであろう。

神霊の世界も同様であり、大多数を占める人間が霊感を備えていないが故に、その存在を認識することも、信じることもできずに、物理的に目に見え、触れることのできる物質的世界のみを対象として科学的に発展してきたにすぎないのである。要するに、癌になったら、その癌細胞を切除することはできるが、何故、癌になるのかという根本的な原因についてはいまだ不明であり、癌になりやすい体質が遺伝しているという話には、いったい何が遺伝しているのかはわからないままなのである。

どうやって生きていくのか

すべての人は、自己を中心に世界を見ている。自己の瞳から世界を見ているが故に、世界の中心は自己であると錯覚をしてしまう。しかし、我々の住むこの世界の中心は「太陽」であり、決して自己ではない。

社会には法律があり、物質世界には物理法則が存在する。それぞれにルールが在るように、象界にも、霊界にもルールが在るわけで、それらの存在を知らぬが故に、人は自然理法に逆らったり、足を踏み外してしまった結果、人生を棒に振ってしまったり、病気や怪我をして苦しい思いをしてしまうのである。また、その要因として先祖から続く業の遺伝がある。誰もが、何故自分が病気になってしまうのかも知らずに、科学的な療法によって治療するしか術がないと思い込んでいるのである。それは、目に見えない神霊の世界も同様であり、自己の瞳に映る世界が自己にとっての世界のすべてであり、認識することのできない、見えない世界は当人にとっては無いも同然なのであり、それもまた単なる思い込みにしかすぎない。

現象界である物質界の他に、象界と霊界という異質の世界が存在し、知らぬ間に自身がコントロールされ、また先祖の業に誘導されて生きている我々人間は、それでは一体どのようにして生きていけばよいのだろうか。

第5章

目に見えないシステムと構造

気質の浄化

人が生きている間の行動は血統を以て記録されているわけであり、生前の人間の功罪は、いわゆる「業」（善業・悪業）となって継承され、かつ「年忌」「祥月」「命日」の機運に推進されて子々孫々に遺伝し、重大な影響を与えている。人々が死亡し、肉体は消滅しても、「業」は不滅なのである。

このように、先祖から脈々と続く業を請負う子孫である自己は、先祖の業に基づく分身であり、霊の働きは業報の法規に沿って先祖から一貫して自己に作用している。この業の性質によって、自己の性質の善し悪しもまた左右され、その人生においても多大な影響を及ぼしている。人生の安楽と苦悶、人格の高潔と下劣は、いずれも人生の軌道と人格とを構成する気質（気流波の性質）の、清濁及び業の善悪に基づいている。

即ち、気質が汚濁すれば、汚濁した業（悪業）を生み、気質が清浄であれば善業を生む。逆に、善業は気質を清浄にし、悪業は気質を汚濁する。

因果は果てしなく循環し、先祖と自己の悪業が限界に達した時、業と気の因果循環は停止して血統の途絶が現象することとなる。

先天の業に基づき、自然から配分された気質によって構成されたものが自己で、身体は自己に付随する物体である。故に、古くから称されている「霊主体従」ではなく、「霊気一体が主で、身体は従」である。

したがって、先天の業によって気質（個性の気質）が汚濁しておれば、必然的に人格は汚濁する。それは知性の汚濁であり、性格、情感の汚濁である。心の汚濁は即ち無明の迷妄から起こる心の苦悩であり、また体質の汚濁は即ち身体的疾患となって自己に現れるのである。即ち精神と身体の二つの領域における深層、言いかえれば、人格の根源に働いている霊――業を具体的に全体として体験していくことによって、はじめて霊――業は人間の生命、運命の源であることが認識できるのである。

汚気と濁気の発生メカニズム

汚気は『土気性の殺気の軌』から生じる。

濁気は『滅気性の軌』から発生する。

そして汚濁から迷妄が生まれ、この迷妄が「五濁悪世」を現象する源となる。

汚気から起こるものとして、乱心、慢心、邪心、悪意、好智、盗意、殺意、破傷心などがある。

滅気性の気質は、疑心を徒らに刺激して世の中のあらゆる真相を疑い、他人の誠実な言動をことごとく悪意に解釈しようとする。虚栄心や自惚れは火気性の濁気から起こり、詐意は木性の濁気から起こる。

人格を構成する気質が汚濁すれば、心に毒気が発生する。心の毒気とは、他人の忠告や好意を素直にとらないで、それを悪意に解釈することや、他人を憎悪し、悪意によって中傷すること。また小智の善意とは、良かれと思ってしていることが、無意識に他人の運気を剋害して不運な人生（殺滅の軌）に陥れている、いわゆる「甘い言葉・誘惑」であり、これを「土気の甘味」（滅気・五黄）と呼ぶ。

また、これらにつきまとう不安感は、極度に杞憂、躊躇心を起こして好機を逸するなど、常に破壊面に働くものである。

業によって汚濁した人格は、生気性の軌に誘導されることなく、象界の法則に基づいて殺・滅気性の軌に牽引され、人生はその軌道（業と気が因果循環する軌〈血統〉）に沿って営まれる。

さらに人生は、霊界の法軌と牽引して、新たな殺・滅気性の業がつくられ、先天の業とともに、その業を後天の因としてさらに殺・滅気の軌に誘導されていく。

そして子孫は、先祖が歩いた人生の運命的コースと類似したコースを、自己の宿命的コースとして業を継続する。その因果の悪循環の限界が、血統の断絶となって現象するのである。

かくして、先祖の霊及び自己の苦悶が解消される機会は永久に失われてしまうこととなる。この絶望の境を救済するものこそ、「守護神」という存在そのものである。

（血統が途絶するのは、五黄性と八白性の土気の合成に基づいて現象する）

守護神・守護霊

政界であれ、財界であれ、学芸界であれ、その他どの分野においても、自力で立身出世した人たちには、その人の世界観、人生観がどうであろうと、必ず高級の守護神に誘導されているもので、世に出るまでにはおそらく幾度かは重大な岐路に立ち、その都度、知らずしらずのうちに有利な方面に導かれたわけである。しかし、多くの人はそれをすべて自分の能力によるものだと思い込んでいる。また行者や象学者の予見に従って、未然に危機から救われた人たちにも、必ず守護神が存在し、自己を生気性の軌道に導く有益な人と結縁するよう、たえず誘導されているのである。

例えば、我々が何か行動を起こそうとするとき、それが将来において非常に不利となるような場合は、何となしに気分が重く、時には前途に暗いものを予感する。それは私たちの心（上位自我）に対して、守護神から強い霊波が送られてくるからである。ところが、人生の軌道を構成している気流波が殺性で、それが強烈に働く時や、性格を構成している気流波がいろいろな欲望や不満感を強く刺激している時は、理性を営む上位自我を抑圧するとともに、守護神から送られてくる霊波――予感を無下に払い除けてしまう。それ故に、性格を自ら陶冶（とうや）しようとせず、生命界の法軌に背いて、ひたすら滅気性の軌道に沿って生活を営めば、その結果として彼らの人生上に到来する悲苦を、たとえ高級な指導霊（守護神）といえども避けしめることはできない。守護神がなし得るところのすべては、衆生が生命界の法軌に背いて、滅・殺性の軌道に陥って苦悶しているものを、幸せな生気性の軌道へと補導されることにある。

世間では、何処どこのお不動様は身代わりになって、あらゆる災禍から守護してもらえるとか、あそこのお稲荷様は特に水商売に御利益があるとか、ここの弁財天様の社の水で貨幣を洗うと二倍に殖えるとか、宗教業者のさまざまな宣伝につられて善男善女がわんさと押しかけている。しかし、自分がこの世に誕生して以来、常に誰かに護られ、何に誘導されているのか。静かに我が背後を振り返って先祖との深いつながりを考えれば、最も感謝しなければならないはずの身辺にある守護神を知らずに、目先の利益を追って縁もない教団や神社に詣でることが、いかに的を外した愚かな行為であるかが理解できるであろう。禅では、それを「脚下照覧」と戒めているが、自己を知ることは、まず守護神の在否を知り、先祖の善悪の業を知ることにある。

守護神については、一家や一族の祀る神仏のように先祖から代々続くものもあれば、個人的に守護神に守られている場合もある。個人的な守護神の場合では、その人物が例えば、生家の復興の祖になったり、会社や事業など社会的立場においての復興の祖であったり、重要な役回りを担う人物であることが多いようである。

たとえ個人的に守護神を擁していなかったり、神仏を祀る家庭でなかったりしても、日本国内では必ず近所に祀られた神社、即ち地域の氏神様が坐すわけであり、そちらに参拝を続けるとか、菩提寺に祀られた仏様などを詣でることで、守護を受けることもあり得るわけである。また神仏に限らず、功徳のあった先祖霊が守護霊となって、子孫を指導し、護ってくれていることもあるため、先祖供養の重要性は言うに及ばないであろう。

生気・六白（西北）への移転により起こる神仏との結縁や、また生気性軌道において生活を営めば、必然の結果として守護神や守護霊と結縁できるものである。

（『人間の構成』長武寛著　西応出版部より抜萃）

象界と霊界・生滅合反と因果業報

生命の世界には、悠久として不変の大法に基づく霊界の法軌と、象界の法則の二つが存在する。これらは変転する社会の法律や道徳とはまるで性質が異なっている。

物質の世界では、天体運動に基づく多様な科学的、物理学的法則が働いている。象界では『生滅合反の理』に基づく法則が働き、霊界では『因果応報の理』に基づく法軌が働いている。これら象霊二つの世界における法則、法軌、及び物質界の法則の三つを統合したものを大法と呼称する。

霊界の法軌である業法の理の中に象界の法則が働き、象界の法則の中に霊界の法軌が働く。象界の法則と霊界の法軌とは明らかに異質だが、一如として法界（象・霊・物の三界）を構成している。心を含めて、万物はすべてその法軌に沿って因果循環しているのである。

霊界の法軌を真実に悟れば、おのずから象界の法則を理解することができ、象界を真に悟れば、次第に霊界の因果応報の道理を正しく理解することができる。

象・霊・物、三つの異質の世界が、幾千万年来相互に、歯車的に関係し合いながら一如として因果循環している。この象・霊・物の三界において、象界の五黄性の殺気と、霊界の業とが、どのように因果循環して、この世の物理世界に働いているのであろうか。

霊界の法軌に反逆すれば、因果業法の理に基づく『尅害の作用』が発生し、象界の法則に背反すれば、生滅合反の理に基づく『滅殺の作用』が発生する。

霊界においては、先祖から伝わる業と、素質及び先天性との関係があり、象界には、時と場の二面に働く法則がある。例えば、殺気性の気流波が律動している方向に住居を移動することで、常時に殺気性の気流波が働きかけ、殺生その他、さまざまな殺気性の業が発生する基因となるのである。

霊界では、生物を徒に殺傷することは邪悪とされ、重罪の一つとされている。このような行為が、遺伝の根源となって、人生には深刻な問題がさまざまに起こるわけである。

業によって汚濁した人格は、象界の殺・滅気に牽引される。こうなると象界の法則における生気の軌に誘導されない。汚濁された人格は象界の法則によって殺・滅気性の軌へと移行し、霊界の法軌によって新たな殺・滅気性の業を生じ、後天の因となる。これらが因果の悪循環となり、先天の業とともに、その業を後天の因としてさらに殺・滅気性の軌に誘導されていくのである。

一切の業は、象（気流波）の循環とともに東方の軌（春彼岸）に顕現し、西方の軌（秋彼岸）に消隠する。それ故に、人格を浄化するためには、素質を汚濁する業が自然の営みによって、幽冥界の深層からこの世に浮上してくる彼岸の時期を、業を追求して浄化還滅せんとする好機だとするのである。

霊の領域では西方位の法軌に基づいて、西方の九月（酉の金月）を『玄月』と呼称し、正月とする。つまり、無明から起こる一切の業は、西方位の玄の法軌に基づいて因果循環するからである。

業は霊界の法軌に基づいて浄化されるもので、業を解消するには、先祖と関係の深い高級霊の加護と気質の浄化とが根本となる。

人間は常に業（霊波）に誘導されて、無意識的に行動し、宿命的な人生を営もうとする。それ故に、先祖に縁故のある守護霊を探し出して、その示導に従って行動することが業を解消する秘訣となる。しかし、霊能のない者にとっては、守護霊と結縁しているかどうかさえわからないのが本当のところである。すると、まずは自身の気質を浄化し、人格を向上させることから始めるのが最初の一歩であろう。

人格の向上

人格は素質に基づいて構成されている。そして、「智的・情意的・身体的・生命的」素質という個性全体を総称して人格と呼んでいる。この素質は、先祖を先天とし、先祖から遺伝された業及び象の気質と、母体に宿った「とき」の気質（気流波の性質）を稟け、この世（物質界）に現れたものである。

人格の根本である素質は、常に先天に基づいて業と気に無意識的に牽引、誘導されて外界の物と接触し、関係し合い、ある時は離反して相剋し、ある時は和合して相生しながら人生を営んでいる。これが自然の流れと共に流転縁起する人間の真の姿なのである。

人格の根源をなす気質の滅性（汚濁）は、象界の生気性の軌に沿い、抑制され、排除されることによって、はじめて浄化され人格は向上する。

元来、気質が脳及び神経系統に働く現象そのものを、心とか性格とか称しているもので、心とは、生命界の業（霊）及び気質（象）が神経系統に働き、それに基づいて外界に適応する現象に他ならない。よって、気質から独立して心（性格）が存在しているわけではない。したがって気質の浄化は、殺性・滅性の軌道に沿う「自我」を克服することから始まるのである。

心眼の曇り〜自我心の抑制

霊能者が（幻想ではなく、実在の）神霊と冥合交通する場合、シャーマンが「神霊界と交信する」主要な手段として用いる音楽や舞踊などは、実はまったく必要としない。むしろ、霊能者が最も重要だと考えていることは、まず感覚器官に捉われず（無眼耳鼻舌身意）、そして我執（妄執）を拾脱することであるという。このような無我の状態にあってこそ、神霊の意はおのずから我が心水に映ずるのであり、あるいは釈尊の説く「法を観ずる」ことができるようになる。この状態を「明鏡止水」という。神霊の意を我が心水に映し出す鏡のような状態は、まるで止まった水のようであるということである。

反対に、自我が暴走し、我執に捉われ、肉体に捉われ、物をはじめ自身が何かに捉われているような状態の時は、まるで汚れた窓ガラスのように心が曇っているのであり、それを「心眼が曇る」という。

心眼が曇る時に何が起きているかというと、強力な我欲にひかれて脳の働きが主命の動向に同調しなくなった状態になっている。要するに、自身の我欲から自我が増大し、生気性の気流電磁波や指導神、守護霊の生気の霊波を無下に払い除けてしまっている状態である。

心眼が曇ると、進むべき局面を養機と判断したり、退くべき局面を進機と錯覚して周囲の者の進言を退けたり、焦燥心にかられ我意を無理に押し通して自ら破滅に向かう。

自我心の抑制は修養によって得ることができる。その修養の本義とは、生命界の摂理を体得し、方理に基づいて心身を治めることにある。

例えば、浴場は身体の垢を落とすところである。禅の道場は心の垢を落とすところであり、玄の道場は生命の垢（業）を落とすところである。心の垢は、生命の垢から生じるが故に、業の浄化こそ修養の根本となるのである。即ち、気質の浄化が自我の抑制につながる。

ひたすら性格の欠点や、欲望を抑制することに汲々としている宗教的修養では、曇天下の灰色の人生を歩むだけである。

性格が陶冶され、行動が自然の理法に適合しておれば、たとえ命式や大運の状態は良好でなくても、運命は後天的に改良できるのである。（『人間の構成』長武寛著　西応出版部より一部抜萃）

才能の改良と業の解消・上位自我意識

先祖から遺伝された本能・素質及び業は、象界の時間性から指定され、構成された個性と関係し融合している。即ち人間には「個性」と「本能」及び「業」の三つ（意識の構成要素）が歯車的に関係し合いながら、「宿命的な軌道（大運）をひたすら辿ろうとする自我意識」と、

「生気性の軌道に沿ってその意識を抑制し、先祖の生活法を改良しながらより高度の生活を築こうとする上位・自我意識」の二つがある。例えば、争いは動物の本能である。しかし、その本能は、上位・自我に基づく『自覚と理想』の二つの能力によって醇化され、文化人の本能となっている。それは、才能の改良、業の解消にしても同様である。

例えば、自身にとって生気の方位（吉方）へ引越しをし、その方位や遁甲している九気の性質を稟けることによって、身体や性格、才能などに変化が生じることとなる。そして生気性の生活を続け、四年から十年ほどその地で暮らし、心身に生気性の磁場を定着させた後、再び吉方へと移動することによって、さらに自然必然に身体や人格に生気性の変化が見られ、それは才能及び業の解消へとつながるものとなる。生気の方位をとるということは、単に身心や運命に影響を及ぼすだけではないのである。

修行とは何か

常に思考に捉われている我々人間が、その自我を克服し、自身の気質を浄化して、人格を向上させるためには、いったいどうすればよいのであろうか。溢れ出る思考を停止させるために、坐禅を組んで瞑想してみようか。それとも滝に打たれてみようか。どうせなら思い切って出家をしてしまおう、などと考えてはみるものの、実際のところ何が正しいのかもわからない。何をどう考えても、その人の行動は、その人の考え方や知識に基づいている以上、その枠を超えることはない。自身の「思うところ」が、実際の真相からかけ離れた世俗の常識である以上、やはり何をやっても同じなのである。自然理法は我々現代人が思うところよりもまったく違う様相を見せ、我々が認識している世界観では捉えられないシステムで働いている。よって、理法について学び、これまでの常識とは異なる世界を理解できれば、考え方も変わり、行動もおのずと変わるものである。いくら修行をして自身を修めようとしても、いったいどんな修行をすればよいのだろうか。

修練ありて堂閣なきは古仏の道場なり

世界中どこを見渡しても目につくのは、豪華絢爛な寺院や教会などである。もちろん、質素で簡素な建物もあるが、黄金色に輝く宗教建築物はひときわ目を引き、見る者の心を魅了する。仏教においても僧侶の大きな事業の一つは、常に寺院の建立となっているが、仏法と寺院は密接不離の関係にあるように思われている。この寺院建立の意義は、仏法の根本義から見てどのようなところにあるのだろうか。それは第一義なのか、第二義なのか。この問題について道元禅師に尋ねてみよう。

「梵刹（寺院）の現成を願せんにも、人情をめぐらすことなかれ、仏法の行持を堅固にすべきなり。修練ありて堂閣なきは古仏の道場なり、露地樹下の風、遠くきこゆるなり、この処在ながく結界となる。まさに一人の行持あれば諸仏の道場につたわるべきなり。来世の愚人、いたずらに堂閣の結構につかるることなかれ、仏祖いまだ堂閣を願はず。自己の眼目いまだあきらめず、いたずらに殿堂伽藍を結構とする。まったく諸仏に仏宇を供養せんとにはあらず、おのれが名利の窟宅とせんとためなり」

これは『正法眼蔵』の一節である。禅師は僧にとって寺院の建立は根本的な問題ではなく、それよりも僧として仏法の行持を堅固にするか、しないかということの方が重要であると説いている。外形的な寺院の建立のごときは、仏法の根本からいって末の末のことであるという。道の修練さえそこにあれば、堂塔伽藍はなくともそれは立派な道場であり、仏道の結界となる。この世に行持そのものが何より必要で、一人の行持があれば、堂塔伽藍はなかろうとも諸仏の道場はそこに、つまりその行持のなかに伝わるのである。故に、重大なのは行持そのものである。

釈尊が弟子たちに説法されていた時は、あるときは石の上に坐し、あるときは露に湿った地上に坐し、弟子たちは車座になって教えを受けていた。インドという国は気候が暑いので常に樹下が選ばれたが、説法されている間には遠くから涼しい風が吹いていた。釈尊をはじめとして多くの弟子たち（古仏）が修練された道場とは、このようにまことに素朴なもので、今日の寺社仏閣のような豪華なものとは比較にもならない。蠟燭のようなわずかな光でも読書はできる。堂閣がなければ修練ができないというのではなく、道場は常に修練のうちにあることが、『正法眼蔵』に説かれているのである。

釈尊は天地を伽藍とし、露地に坐して法を説かれたが、わが国の仏教者の多くは大衆の苦悩の上にあぐらをかいて説法している。この違いは、大衆の現実の苦悩のなかで数千年、常に生きた力を発揮する釈尊の教理と、来世の極楽だけを欲求する他力本願や、自然の法軌や法則を頭から無視した自力本願や、禅家などの教義とは根本的な相違があることを明示していると言えよう。

修行

六白は動（行）、一白は智（覚）。『金は水を生ず』——即ち行によって覚（さとり）を得るわけであるが、世俗では、修行と覚（悟）とを二分して考えている。つまり、修行が必要であるのは、いまだ覚が得られないからで、修行によって覚を開こうと考える。心に迷いがあるから、それから脱皮するために、修行が必要だと考えるのである。もし、そうだとすれば、その修行自体はすでに迷いの現れであり、覚を目的としているような修行は、実は修行にはならない。

元来、二黒の無（土）から六白の行（金）が起こり（土生金）、而して行（金）から智（水）が生まれ（金生水）、その水（智）は二黒の土によってこされ、こされて無智となる。即ち覚となるわけである（北方の先天・二黒、後天・一白の理）。即ち道元の「初心の弁道即ち本証の全体なり」（『正法眼蔵』）であって、日々に修行を積み重ねること自体が即ち証（覚）の本体である。修行していること自体が、証（さとり）の現れなのであり、これが『金は水を生ず』の理法である。それ故に、どこまでが修行であって、どこからが覚である、というけじめはつけられない。即ち「修の証なれば証にきはなく、証の修なれば修にはじめなし」である。故に覚を目的とする修行は、実は修行にならない。修行のために、ただ修行をすればよいのである。

玄学、経論を学んで理法を究め、ひたすら道に従うこと自体が即ち行である。例えば、生気・北方の軌道に赴けば、その人生経路において生活を営むこと自体が即ち行であり、日常生活における喜怒哀楽そのままが覚の現れである。いずれの方位に赴こうと、それは一宗の教義、一門の流儀に沿うのと同然であり、即ち道に従い、道に学ぶわけである。

行は業に同じで、我々は正しい宇宙観や人生観を知らずに過ごしているから、必然的に誤った考え方が生まれ、ものの判断を誤る。その誤った判断から一切の行為が起こり、誤った行為経験――即ち業を積み重ねるとそれは次第に増大し、積み重ねた経験は後の経験を倍増していく。もちろん、蓄積されてきた業が根本となって子孫は誤った行為経験を幾何数的に倍増しているのだから、まず正しい宇宙観、人生観を体得することが修行への糸口で、本当の徹底した「懺悔」は、その境地からのみ生まれる。この徹底した懺悔の心が、一切の業を解消する基となるのである。こうした根本から外れて、いったい何の修行であろうか。

因果業報の理を究めていくと、この世には生命界の多くの法軌、法則が存在し、また祖先は自ら蓄積した罪業によって苦悩していることがはっきりとわかってくる。故に、菩提心を発する境地に立ってこそ、はじめて真の修行が始まることがつくづくと感じられるとともに、修行自体が本証の全体であることが理解されるのである。

修忘

修行は一切の知識、先入観を去って何も識らないという状態から始まる。それを修忘という。修忘とは、修めて忘却するということで、例えば茶道を例にとれば、茶道を学ぶためには、どれかの流儀に沿って入門することが必要となる。何故ならば、奔放は常に規則性を無視するが、茶道は本来、自然の規律に順応するもので、流儀はそれに基づいて起こったものである。そこで流儀に沿って点前を習い、それが習得できて身についたならば、今度は習得した型をすっかり捨て去ってしまうのである。

もともと、茶は楽しむもので、流儀とはいわば峠に登る一つの道にすぎない。長い年月を経て身についた流儀は、捨て去っても捨てきれるものではなく、どことなしかに規律がうかがわれるものである。即ち型にこだわらずに茶を点てれば、角張った姿は消えて、無理のない自然の姿で茶が楽しめるのである。華道においても、剣道においても、また学問の道においても同様で、型にこだわれば茶を楽しむという根本を見失ってしまう。

学者である、評論家である、インテリであると力んでみたところで、いったいこの世のことの何がわかっているというのだろうか。この大自然の悠久たる法軌に向かって、人間のちっぽけな財力や地位や権力が何だというのだろう。迷妄から生まれた愚かな自惚れや偏狭な小智をすっかりと捨て去るとき、はじめて素直な心で本来の自然、人間を観察することができる。これが修忘であり、真の修行はこの境地からはじまるのである。それ故に、釈尊の教理には本来一宗一派の偏見がなく、教理には大乗も小乗も自力も他力も普く包括されている。ところが、わが国の仏教は大乗派と小乗派、自力派と他力派など、いろいろな宗派に分かれている。何故、個々に分立して、反目しなければならないのだろうか。

ここで、水について考えてみよう。水はどんな器にも入るから、どんな型にでもなる。また水は気体、液体、固体という三態に自由自在に変化する。では水には本性というものはないのかと思えば、水には歴然とした本質性があって、自然の因果循環に基づき悠久として天地の間を運行している。水は多様に変化しても、常にその本質性を失わない。

ところが、人間の心は水にまさる自由自在で、しかも飛躍することさえある。その人間の心が硬化することを、あたかも信念であるかのように思い違いしている人々のいかに多いことか。頑固な年寄が「わしの信念だ」をふりまわすのと同様に、人間の心――思想が硬化するとき、そこに客観的正当性が失われるのである。

自ら活動して他を動かしむるは水
常に己の進路を求めて止まらざるは水
障害に遭いて激しくその勢力を倍加するは水
時に臨んで自在に形を支えるは水
自ら潔くして他の汚濁を洗い、清濁合わせ容れるは水

これは水の側面における性質である。ところで、剣の道は『兵形は水に法（かたど）る』という意味の教義を根本とするが、心形一致の水の妙形をもって流儀の極意とするところに、何々流の『法形』が成り立つ。即ち種々様々な構えがあるとはいっても、構えとは形に在るのではなく心の中に法るのである。

沢庵和尚が柳生但馬守に心の持ち方を説いた『不動智神妙録』には、「心をどこに置こうぞ、敵の身の働きに心を置けば、敵の身の働きに心を取らるるなり。敵の太刀に心を置けば、敵の太刀に心を取らるるなり。敵を斬らんと思うところに心を置けば、敵を斬らんと思う所に心を取らるるなり。我が太刀に心を置けば、我が太刀に心を取らるるなり。われ斬られじと思う所に心を置けば、斬られじと思う所に心を取らるるなり。心を眼（まなこ）に置けば、眼に心を取られて身の用（はたらき）缺（か）け申し候。何所なりとも、一つ所に心を置けば余の用は皆缺くるなり」と

ある。

「心を取られる」とは精神の凝滞、即ち心が硬化することで、「缺くる」とは心の向かわない部分が虚になって働きを失うことである。相手が剣人であるから、和尚は剣をたとえに説明しているが、この虚実の理は人生上のあらゆる場合に通じるものである。

仏教者が大乗の教義に心を置けば、そこに心を取られて、現実性も見失ってひたすら理想に走り、苦悩の現実に心を置けば、目先の小乗論に偏って因縁の深甚――仏の大智大慈の心を見失ってしまう。象学者が命式や方位、家相に心を置けば、それらに心が捉われて、心霊との深いつながりを認識する理性を欠き、科学者が物理に心を置けば、それに心が凝滞して、人生の深さや人間の神秘を理解することができない。他もすべて同じである。つまり宗教人が教義に徹したならば、修忘して象理的（理外の理性）、物理的（合理的）な二つの立場から、その世観、人生観をそれぞれ客観的に検討して、釈尊の教理と照合してみる必要があろう。象学者が象理に徹したならば、宗教的、科学的な立場から、その象理を究める必要があろう。諸科学がある域に達したならば、心霊と象理の立場から学理を検討する必要があろう。

沢庵和尚が説いた虚実の理は自然を全体として観察する基本であり、また自然の意象を理解する第一歩となる。即ち人間の姿形、老若、美醜、賢愚、身分その他知覚できる一切のものに捉われずに、すべて象に法って観るのである。元来、人間は自然を縮小した小天地であって、自然自体が偉大なる本来のわが師であり父母である。故に世間でいう教師とは、いわば助教として自己を指導啓発するもので、自然をわが師として仰ぐとき、そこから修行の第一歩が始まるのである。

仏教者としての出発点

我々の思考や思考判断は、ことごとく象界と霊界の二つの巨大な歯車的関係の上に存在し、その歯車と常に無意識的に関係し合いながら、社会組織の中で一個の歯車として働いている。一個の歯車としていかに生きるべきか。そこに、霊界の祖先と自己の積み重ねてきた業との関係、また象界の素質とタイミングとの関係、さらに社会組織との関係という三つの基本的な関連性を自覚することが一切の前提となる。

それ故に、釈尊の教理の核心をなす『四方の理』とその法理に基づく『因果業報の道理』を知ることが、特に仏教者としての最初の出発点でなければならない。

「因果の道理を知らず、善悪の業報を明らめず、三世にわたる因果の連続をわきまえぬことを邪見という」(『正法眼蔵』)。

因果業報の道理を否定する邪見がある限り、仏門に入ることはできないと説かれている。

四方の理

無明の深遠幽隠の道理をどのように説明するかにあたって、釈尊は「因縁の世界は深甚であり、難解であるから、説いても一般には理解されないであろう」と、一時は説法を断念したほどだと言われている。しかし、弟子たちの熱心な要請により「天に四十八の理あり」と、四方の理（象界の先天・後天の法則及び霊界の法の軌（のりのみち））を基に因縁の真相を説かれたという。

四方とは、南北・東西を指し、四方の理とは『南北の法理』及び『東西の理』についてのことである。

四方の理は、象界の法則の基本であり、また霊界の法軌の根本でもあるが、因果業報の道理はすべて四方の理に尽きると言ってよい。釈尊の唱えた「南無」も、この法理を一言にして表現したものである。

九気盤の先天と後天

これまでは、九気における「後天盤」を中心に観てきたが、実は「先天盤」と呼ばれるものがある。後天盤は、現在の地球における磁場の定位を表している。先天盤とは、磁場の放出点

図19　先天盤

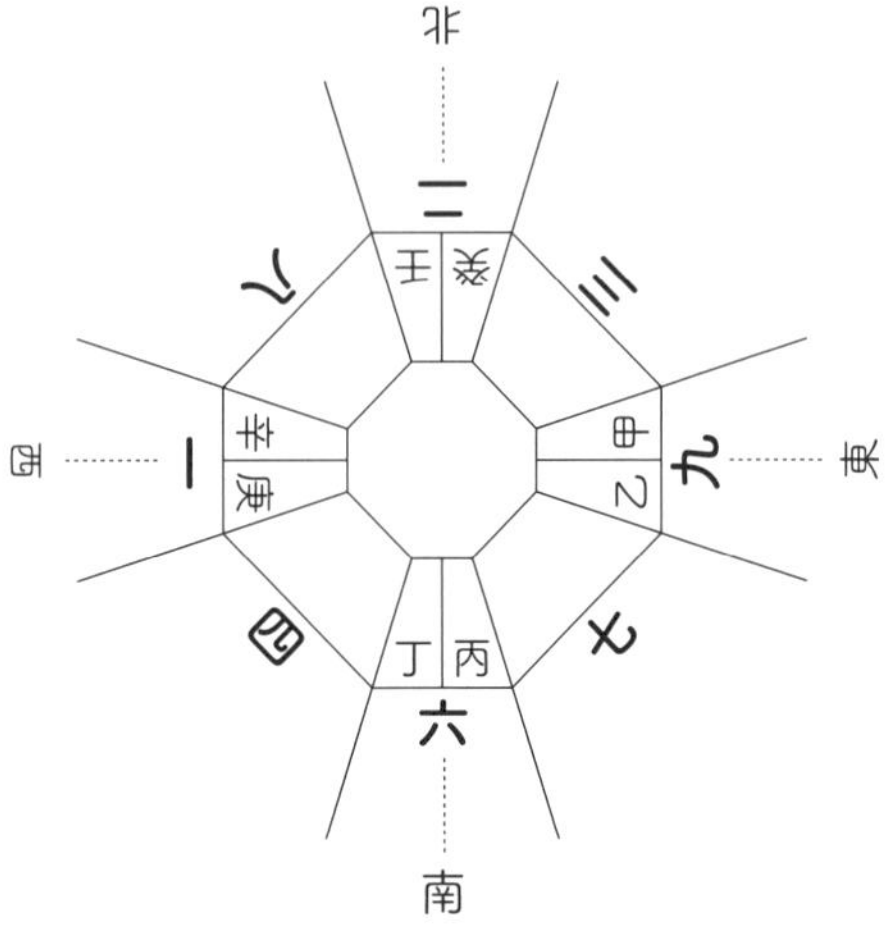

図20　後天盤

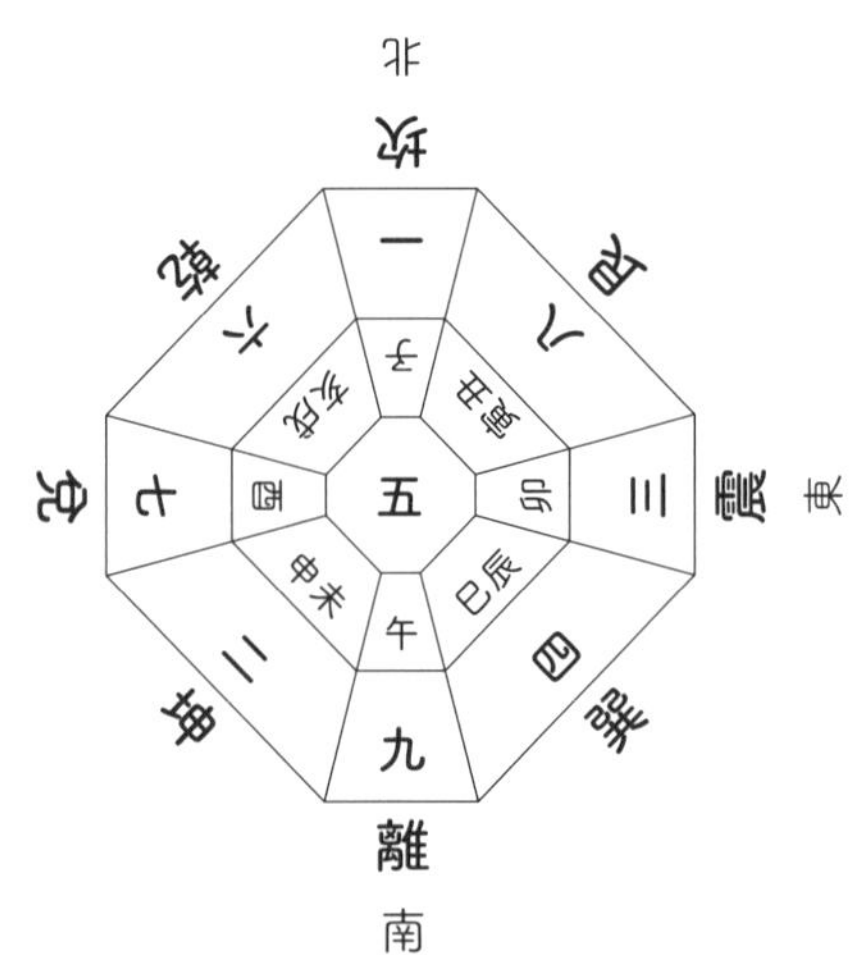

である北極と南極が、現在の位置とは異なる時代の磁場の状態を表しているもので、それは数世代前の磁場の状態が基本となっている。

　この先天盤においては、北が二黒、南が六白。東が九紫で西が一白。東北が三碧、東南が七赤、西南が四緑、西北が八白となっている。先天盤の各方位における九気の性質は、後天盤の各方位の性質と密接につながっており、それは裏側にある要因とでも言おうか、それとも建物の基礎のように、見えないけれども重要な部分とでも言おうか。

後天盤の各方位における九気の各性質が、先天盤の各方位における各性質を内包している理由は、ここにある。よって、北方位は後天一白において先天二黒の性質を内包しており、南方位は後天九紫及び先天六白。東方位は後天三碧及び先天九紫、西方位は後天七赤と先天一白の性質を内包しており、そのことが、四方の理において重要な要素となっている。

南北の法理

仏教でいう「南無阿弥陀仏」の「南無」の概念をまず理解することが入り口となる。

「南」とは九気における南方位の先天及び後天の軌を指し、即ち先天・六白、後天・九紫であり、天地の「天」のことである。

「無」とは九気における北方位の先天及び後天の軌を指し、即ち先天・二黒、後天・一白であり、天地の「地」のことである。

北方位である「子の方」の「子」という字は、終了の「了」と、始めという意味の「一」との組み合わせであり、北方位（子）とは、『始即終・終即始』という象理で、哲理の根本である。

北方位の後天・一白の体用は「始、有、明、白」であり、先天・二黒の体用は「終・無・暗・黒」である。北方位は、この先大（明）・後天（暗）の二つの要素によって「地」として構成されている。

「地」とは、明（北方の後天）と、暗（北方の先天）の二つの世界から起こり、『始即終・終即始』『有即無・無即有』『明即暗・暗即明』などの象理は、宇宙の法理に基づいて営まれている。

また地蔵菩薩も、南北の先天・後天の法規を象徴したもので、北方の先天は二黒土気であるところから、土気を「地」と呼称し、また二黒は「無」であるから「菩薩は初め無仏の世において……」と説かれ、あるいは北方（水気）の象数（後述）は一と六であるので「菩薩は六道に分身し……」と説かれている。さらに地蔵菩薩と閻魔王とは『一仏二体』であると称え、相反した性質を代表していると説かれているが、即ち一仏とは、北方の一の象数を象徴したもので、また二体とは後天一白、先天二黒の二種類の性質を称したものである。

ここに述べたことは小乗（北方）の立場から説いたもので、大乗（南北）の立場から説けば、地蔵という『蔵』には、北方の先天と後天とをつなぐ六白金気が蔵されていることが象徴されている。

南方位の先天六白金気の軌における象の体は、太陽、球円、核、父……で、用は陽性であって動、結合、集積、凝固、父性愛……である。即ち六白の軌とは、宇宙間の万物の運動をいう。例えば機械学では円の運動、横転運動、三角運動の三つが基本であるが、象学では時の円運動を『回帰の法則』と称し、横転運動を『対中の法則』と称し、三角運動を『三合の法則』と称する。南方の後天九紫火気の軌における象の体は、電子や光で、用は分裂、分解、離反、孤立、映写……である。即ちこの世の万物の離合集散する現象は、南方の先天、後天の軌、つまり『天の法理』に基づいて運営されているのである。

ここで光について考えてみよう。光は粒子と波動の二つの性質を併せ持っている。固い物質のような粒子の性質と、柔らかい水のような波動の性質。どちらも光の性質であり、ニュートンの粒子説とホイヘンスの波動説との両立によって、物理学者たちは光、電子、物質には粒子と波動の二面の性質があることを知ったわけであるが、それは単に物理学の領域だけの問題ではなく、象学の領域においても生命の法理を追求していく上で、確信を強めるべき裏付けになったのである。

南の九紫火気と北の一白水気は火水相剋の関係である。巷の易者は水剋火の理から九紫火性と一白水性の組合せは凶であるという人がほとんどであるが、真理は一白即九紫、九紫即一白となるのが理法なのである。これは、ある条件によって九紫火気は一白水気に変化し、一白水気は九紫火気に変化するという表裏の関係が存在する。

出生した時間を中心として観る、生年系の午（火）と子（水）が相剋関係であるのと対照して、着床した時間を中心として観る、胎年の系統では午と子は相生の関係にある。生年系・胎年系双方の立場では実験によってそれが真理であることを証明している。双方は互いに矛盾しているように思われるが、物理の世界において光や電子には二面の性質があることが証明されたことにより、水と火の二面の性質、即ち南北表裏の関係も『蔵された南北の法軌』に基づいていることをはっきりと確認できる。よって、『一白即九紫、九紫即一白の理』は成立し、南北の理は矛盾しないのである。

物理的に証明された粒子と波動の二面性を象学的に置き換えると、穴とか波は一白水気の体で、光、電子は九紫火気の体、また南方（火気）の象数は二と七で、色は七原色である。即ち南方は複数性であるから、「二つの穴から入った光は波模様となる」という現象は、明らかに九紫（南）と一白（北）の因果関係を物理的に証明したもので、また光や電子（南）は粒子（北の先天・二黒の体は粒）であるとともに、波動（北の後天・一白の体は水＝波）であるということも、北の先天と後天の関係を明瞭に説明している。そしてまた釈尊の『体は用にある』という教訓は、象学や物理学の基本であることも理解できるのである。

南方の先天六白の動と対照して、北方の先天二黒は静の状態である。即ち南北（天地）の関係は、あたかも一個のコマがそれを象徴している。高速で回転するコマの動の極致は、まるで静止しているかのように見える。この静の状態は即ち動であり、動の状態が即ち静である。一個のコマの動即静の姿は、思考の極にある無念無想の姿を象徴する。また因果業報の輪廻によれば現世（このよ）は動、冥界（象霊界）は静の世界である。そして現世において積み重ねた業の果ては冥界の無の状態となり、冥界の無から諸々の業が生じて現世に動の状態が起こる。即ち三次元の現世における諸現象は、すべて物質界、精神界をつらぬく生命界の影であり、物質とはまさに三次元のさらに上位次元である生命界から、三次元の現象界に投映した影そのものなのである。

無（静）から動が起こるという現象は、無は二黒土気、動は六白金気、即ち『土生金』の理に基づくものであるが、さらに無（土気）から起こった動（金気）は『金生水』の理に基づいて水気の運動を誘発して促進する。また無（土気）は『火生土』の理に基づいて太陽の光熱（九紫火気）によって発生している。そして電離層の電流は厖大なる水素（九紫火気）を体として発生している。こうした天地の因果循環はすべて南北の理に基づいて運営されているのである。

（『人間の構成』長武寛著　西応出版部より抜萃）

東西の理

宇宙の大気は、南北の法軌に沿い、天体の運動に伴って震動する。即ち音は動によって発生し、振動によって伝波するが、宇宙音は色にたとえれば無色透明、光線にたとえれば視覚できない紫外線や赤外線と同様で、いわゆる声なき声である。天上において、高低さまざまな宇宙音は常に微妙な音楽を奏でているが、そのような天体のハーモニーをはじめて聞き知ることができたのは、人間の中では東洋においては釈尊であり、西洋においてはピタゴラスであった。ピタゴラスは明の世界における音楽の始祖であるが、釈尊はあらゆる教典において、浄土に奏でられる荘厳な七色の音楽を讃えている。

釈尊が讃えた天上の音は西方（七赤金気）の音で、つまり暗の世界における法音である。西方の音と対照して東方（三碧木気）の音は明の世界における音で、普通人に聴覚できる音声である。

東方位から南方位の間にかけては、南（火気）の陽気と東（木気）の顕現の二つの作用が働き、宇宙間の万物はすべて形態を現す。それらの形体は五感覚によって認識することができる。即ちこの空間を現世と称し、明の世界と呼称するが、この世において形態を備えるものを『現身』という。

西方位から北方位の間にかけては、北（水気）の陰気と西（金気）の密隠の二つの作用が働き、宇宙間の万物はすべて形態を消隠する。即ち万物は無に還元するが、無とは非存在の無ではない。西から北の空間を彼の世（来世、前世）と称し、暗の世界と呼称するが、形態を備えない、いわゆる姿なき霊（すがた）、形なき象（かたち）を『法身』という。

現世（このよ）と彼の世（あのよ）は、一見画然として分かれているように思われる。しかし、それは空間における可視光線と紫外線及び赤外線と同様で、同一の世界に混然として存在し、複雑微妙に関係し合っているのである。

音声は、東の三碧木気の軌に働く顕現の作用によって発生するもので、言いかえれば音声とは三碧、即ち東方位を象徴するものである。また前述したように、東方の音は明の世界の音声で、衆人に聴覚できる音声である。釈尊は東方位の軌（娑婆）に在る仏を観世音菩薩と呼称されたが、東（木気）の象数は三と八であるところから、「観世音菩薩は三十三身に現じ、三十三観音に分身する」と説かれている。弘法大師は釈尊の教理に基づいて法然道を唱えて、四国に八十八箇所の霊場を開き、観世音菩薩を安置するために三十三箇所の霊地を設けたのである。

釈尊は東方位の軌（娑婆）と対照して、西方位の軌（浄土）に在る仏を阿弥陀如来と呼称し、菩薩は明（娑婆）の世界において、如来は暗（浄土）の世界において、無明から起こる一切の現実の苦悩を浄化（浄業）還滅するために行せられていると説かれている。このように、釈尊が法軌を直接的、間接的に、あるいは大乗的、小乗的に、またある時は方便的に説法されたことは、ここで新たに説明するまでもなく、多くの経本において説かれているとおりである。阿弥陀如来が西方及び北方の二つの軌にあって、一切の苦悩を還滅されるところを『西方浄土』と称されたのは、要するに四方（東西南北）の軌を方便として説かれたものであり、阿弥陀如来は釈尊の教理の中心をなす、いわば無明の根本である。

古神道では南北の法軌に基づいて人祓を執行するが、六月（南・午月）と十二月（北・子月）に大祓の神事が営まれる。これは人が知らずしらずのうちに犯してしまった、象界における罪業を神霊に祈禱し、祓っていただくことによって、清浄の身となり、滅気性の状態から生気性の状態へと転生することにある。

神道と対照して仏教では、東西（卯酉）の法軌に基づいて彼岸に法要を営んでいる。即ち春（三月・卯月）の彼岸は東方の法軌に基づき、秋（九月・酉月）は西方の法軌に基づいて法要が営まれるのである。

仏教では『波羅蜜』という梵語を至彼岸と義訳し、『菩薩無相の知恵をもって禅定の舟に乗り、煩悩の流れを渡って彼岸（涅槃）に至る』と説明している。明（顕）の世界では、精神の領域における涅槃、即ち自我を超克して迷妄から脱して奉仕、功徳を円成することにあるが、暗（密）の世界では、生命界における因果業報の理に基づいて幽隠の罪業を審らかにして浄化し、還滅することにある。即ち象の領域では天体運動に基づいて、節分即ち東方の二月（寅の木月）を正月として年始と定めているが、霊の領域では西方位の法軌に基づいて、西方の九月（酉の金月）を『玄月』と呼称し正月とする。つまり無明から起こる一切の業は、西方位の玄の法軌に基づいて因果循環するからである。

一切の業は象（気流波）の循環とともに東方の軌（春彼岸）に顕現し、西方の軌（秋彼岸）に消隠する。それ故に、人格を浄化するためには、素質を汚濁する業が自然の営みによって、幽冥界の深層からこの世に浮上してくる彼岸の時期を、業を追究して浄化還滅せんとする好機だとするのである。それは天文学者が、太陽と月と地球とが一点に重なり合う日蝕を好機として、太陽の周囲に燦然として神秘に輝くコロナその他の現象を追究するのとまったく同じである。

（『人間の構成』長武寛著　西応出版部より抜萃）

象数

象学において、数もまた陰陽五行に照らし合わせると次のようになる。

水性…1と6
火性…2と7
木性…3と8
金性…4と9
土性…5と0

形態が螺旋状となっているため、1から5までひと回りすると、そこに5を足した数字となる。

「万物は数なり」とはピタゴラスの言葉であるが、確かに物事には数がついてまわる傾向がある。筆者はよくミネラルウォーターのボトルに記載されている会社の住所や採水地の住所を見るのだが、多くの場合は1や6を含んでいる。これがたまたまであるのかというと、そういうわけでもなく、やはり数を以て、その内容（性質）を表しているわけであり、これもまた自然の象徴なのである。

木性の象数である3と8は虚数と呼ばれ、虚は即ち在って無いようなものであり、また虚言の虚でもある。これを「嘘のサンパチ」と言い、詐欺などの事象には3と8の数字がついてまわることが多い。ニュースや新聞を見ていると、詐欺の被害額が３８００万円であったり、詐欺を起こした会社がビルの38階であったりする。

ちょうどこの項の原稿を書こうとしていた時に、母親の知人が「貼れば痛みがとれるスゴイ物がある！」と息巻いて持ってきた商品は、波動が出ているナントカで、結局のところネズミ講であった。うさん臭さ満載だなと思いながらパンフレットをチェックしてみると、やはり電話番号の下四桁は3と8が並んでいた。このように、数は自然とその性質を表しているものである。とはいえ、例えば車のナンバーが38の人は嘘つきなのかといえば、決してそうではなく、人物として太一（磁石の中心、即ち虚）的な方なのかも知れないし、やはりたまたまなのかもしれない。要は普段から事象に捉われることなく、「あれ？」という時には確認程度に照らし合わせてみるくらいで丁度いい。何もかもつじつまが合うわけでもなく、こじつけてしまえば何でもそのとおりに思えてしまうものである。

第6章

人としての礎

煩悩

生きている以上、煩悩を断ち切ることはあまりにも難しい。欲しい物はあるし、美味しい物は食べたいし、素敵なひとと仲良くなりたい。煩悩だらけである。ここで、煩悩とは何かを確認してみたい。

『広辞苑』によると、「【煩悩】…衆生の心身をわずわらし悩ませる一切の妄念。貪・瞋・痴・慢・疑・見を根本とし、その種類は多い。『百八煩悩』『八万四千の煩悩』は、煩悩の多いことを表現したもの。これら一切の煩悩を絶滅することが解脱への道の要訣とされる。……」とある。これが一般的な煩悩の解釈であり、煩悩がある限り、解脱は難しいようである。これでは、生きている間にどうやっても解脱はできないことになってしまう。煩悩を絶滅することなど不可能であり、煩悩を断絶する方法など見当たらない。そう、実は煩悩は生きている以上、絶滅も断ち切ることもできないのである。

あらゆる宗教において、その欲望や煩悩を断ち切ることが解脱であったり、神に寄り添う条件のように言われていたりするが、そもそも煩悩とは消えて無くなるようなものではない。それ故に、『菩薩無相の知恵をもって禅定の舟に乗り、煩悩の流れを渡って彼岸（涅槃）に至る』と表現しているわけである。切っても切れないものが水であるように、切れないのであるから煩悩はそのままに、対岸（彼岸）へ渡ればよいのである。

兌（だ）

「煩悩はそのままに」と言われると、安心してか、ついつい欲が出てしまう。そう、人間にはどうしても欲がついて回る。確かに世の中には欲のない人もたまに見かけるが、それでも自身はどうかというと、欲がないとは言いきれないし、むしろ欲に塗（まみ）れている。ほとほと自分が嫌になってしまうところではあるが、資本主義経済社会における一部の投資家のようには生きられないと思うと、まだマシな方なのかなと感じることもある。

物を支配しようとする自由意志によって人間の欲望を解放し、それを満足するために、一つは自由経済の道をとり、他の一つ、共産経済は所有なき社会を理想としているが、その根底をなすものは、「欲望の向上は、文明の進歩によって解決される」と信じている。

しかし、人間の欲望が、無制限に解放されているかぎり、たとえＩＴが発達し、技術が進歩しても、無限の欲望を追う人間を満足させることは不可能である。即ち人間は所有することによって、それを失うことを恐れ、同時に、より多くの欲望を追う。これに反して所有のないものは、いかにして所有するかに焦燥するのだが、持てる者、持たざる者、それは個人にせよ、国家にせよ、物財への欲望を追って果てしない闘争を繰り広げていく。

元来、資本主義と共産主義とは、唯物論的経済主義を枢軸とする近代文明の産んだ双生児なのだが、資本主義にせよ、共産主義にせよ、人間社会の一切を規定する原動力となるものは、経済的生産力であると確信し、経済的生産力を無上の力、即ち神（六白）として崇拝している点では同じである。ただ社会的生産関係が相違しているだけであって、経済に対する心情はまったく同じだと言ってよいであろう。

これに対して、宗教は人間の支配欲、所有欲など、一切の欲望を抑制することによって、はじめて理想の天国が実現するであろうと説く。人間の欲望が、あらゆる闘争、罪悪の根源となっていることは言うまでもない。それ故に、宗教の戒欲論は数千年来、一貫して唱えられている。しかし、文子が「楽しむ所以に原づかずして、その楽しむところを防ぐは、江河の流を決してこれを壅（ふさ）ぐに手をもってするが如し」と告げていることは、単に禁酒政策の例を思ってもうなずけよう。

西（酉）方の軌道を『酉の方』と別称する。即ち酉が「配合、分配、酬、醸、酒、酔、醜、酷、醒、醇」などの語に用いられているのを一見しただけでも、西（酉）方がどのような性質の軌道であるかが、およそ見当がつくであろう。

また、西方の軌道（七赤）には『兌』という用がある。ここで『兌』について述べてみよう。再び『広辞苑』を引くと、「【兌】（タイの慣用読み）…①とりかえること。「兌換」②八卦の一。☱で表す。自然界では凹の形で沢にかたどり、人身では口であり、またすべての穴ともみる。方位では東南（伏羲八卦）または西（文王八卦）に配する。……」と、ある。
易は八卦を土台とし、八卦は九気の先天八方位を根幹とする。易は西方・先天一白を坎（かん）と呼び、東南・先天七赤を兌（だ）と呼ぶ。七赤（兌）の後天定位は西方位であり、当然、先天・一白の坎（孔（あな）〈竅〉）の気を稟（う）ける。

一白の体用である孔とは、世の中のありとあらゆる穴であり、大はトンネルから、小は針の穴に至るまでの一切の穴、また人体にとれば毛穴、口腔、鼻穴、耳穴、咽喉、肛門、尿道なども、すべて一白の孔の軌道に基づく。また現代社会において、ＩＴ分野の躍進に伴い、すべてがつながり何事も便利になってはいるが、それとは反対に人間性や精神生活の貧困と虚しさは広がりつつある。このような現代生活の中核に大きく口を開いた虚無の深淵というのも、即ち一白の孔の現象であり、また愛情や希望をなくして心の中にポッカリと開いた穴に吹き抜ける寒風も、あるいは人生のどん底も孔の現象と言えよう。

また、一白の体用は沢でもあり、即ち水である。西方・先天一白は水。蛍が一白の甘い水（沢）を慕って群がり集まるように、鳥も、獣も、人間も、すべて沢の水にひかれて寄り集まる。草木も、水に潤されてよく成長し、よく繁茂する。

人にも、一白の潤沢があれば、周囲には多くの人、多くの物が集まる。即ち水は生命の泉であり、生物共通の悦楽である。一白は陰陽の交合を司るが故に、水の周辺には人が集合し、そこから産業が起こり、交易が始まる。また、一白の交合は後天七赤の色欲のかたちとなって現象し、あるいは一白即九紫、九紫は対立、競争——即ち賭事が起こる源であり、または九紫は酒。故に、兌（孔）を開けば、酒池肉林の不夜城が出現する。

兌は快楽の泉（沢）であり、集まる、交わる、交換（兌換）などの意味をもつ。即ち七赤軌道における聚楽、極楽、愉悦、潤色、脱皮、解脱、通達などがそれである。

また西方・後天七赤は、東方・後天三碧（視・聴・臭・味・触の五感覚を司る）と対冲する（西の延長は東、東の延長は西——即ち冲気をもって和す）。故に、西方・七赤（兌）軌道も五感覚を司るわけである。元来、精神的、身体（感覚機関）的両面から発生する欲望は本能に基づく。

ここで、兌について老子が述べている一篇を紹介しよう。

老子曰く『その兌を塞ぎ、その門を閉ずれば、身を終うるまで勤めず、その兌を開き、その事を済（な）せば、身を終うるまで救われず』〈老子の道藏王弼本〉

この、「兌を塞ぎ、その門を閉ず」とは、何を指しているのであろうか。

人間の欲望が、その感覚器官に基づいていることは言うまでもない。食べることも、見ることも、肉体的欲求もその感覚器官から来ている。即ち、兌を塞ぐとは、人間の五感から生じる欲望を塞ぐことにある。そう考えてしまいがちではあるが、先に述べたとおり、煩悩が断ち切れないのであれば、欲望を消し去ることもできない。欲望もまた、溢れかえる濁流のようなものであり、それを手で塞いだところで、止めることはできない。

兌を塞ぎ、門を閉じるとは、情欲の根源を塞ぐことをいう。情欲の根源は感覚機関に止まらない。また心的意識にあるものでもない。身心両方にある。そこで、その兌を塞ぎ、その門を閉ず、とは身心脱落、脱落身心をいうに他ならない。感覚機関を塞いで何も見ない、聞かない、言わない、ということではなく、感覚機関を超えることをいう。

日光の東照宮や、各地の社寺にある三猿をご存じであろう。いわゆる「見ざる、聞かざる、言わざる」であるが、一般的には「悪いことを見ない、聞かない、言わない」と、わが国における修身教育の看板のようになっている。これはまた、「その欲するところを禁ず」る寺社の戒律の象徴とでも言おうか。

しかし、本来の三猿の意味は「見るものに捉われない、聞こえるものに捉われない、言うことに捉われない」ということであり、感覚器官を超えることを指している。

人間の本能の中で、色情は最も微妙な作用をなすものであり、さまざまな罪悪の根源ともなれば、宗教的発心の動機ともなり、芸術を彩る魅力ともなる。

ここでいう「色」とは、いわゆる色情とか恋愛だけを指すものではない。西方・七赤の先天一白の水とは、即ち甘露、潤いであり、露が草花をしっとりと潤すような性質のもので、人情、恋愛の情趣、さまざまなニュアンス、潤沢（色つや）、風流などのすべてを包含するものである。

六白は権力や武力、七赤は金貨、財宝、美、潤い。いずれも一白の牽引作用の原動力である（金は水を生ず）。人間や芸術に限らず、すべてに関して七赤の魅力（潤沢）があるか、ないかということは、大切な問題である。

世間には才智の優れた人物は多い。その人の話を聞いていると、理路整然として一言もさしはさむ余地がない。それでいて、何かもの足りなさを感ずる場合がある。つまり、理論は正しいのだが、正しいだけでは、心は動かせない。正論は六白、故に、人を屈服させる力はあるのだが、そこに七赤の魅力（潤い〈慈愛〉）が欠けておれば、感動を呼び起こすことはできない。人は心から服従しないのである。

兼好法師は「よろづにいみじくとも、色好まざらむ男は、いとさうざうしく、玉の卮（さかずき）の当（そこ）なき心地ぞすべき」（徒然草）と告げている。女流評論家や、やり手の女社長などにしてもそうで、才長けて手腕が優れていることはわかるのだが、そこに潤い（情趣）がなければ、「玉の卮（さかずき）の当（そこ）なき」感じを抱かせるものである。

知性・理性（一白）と感覚・感情（九紫）という風に、これを相対的に区別して考えること自体が、そもそも間違いであり、元来、一白即九紫、九紫即一白である。両者の性質は異なってはいるが、根底は一如している。故に、智と情とは対立するものではない。即ち情（色）を知らない智は真の智ではなく、また智を知らない情は真の情ではない。情を内包する智こそ真の智であり、智を内包する情こそ真の情である。即ち七赤軌道における「潤いある理性」「瀟洒な知性」は、智・情の相対を包越したものである。

色情の悦びは、今日では肉体面のみが強調されがちで、もちろんそれにも一理はあろう。しかし、あまりに直接性をもった楽しみは、あたかも酒をラッパ飲みして前後不覚になるのと同然であり、そこには情趣がない。智を知らない色欲は即ち情痴であり、真の楽しみではない。先天盤を観てみると、北・一黒（土）と南・六白（金）とは相生の関係（土生金の理）であり、東北・三碧（木）と西南・四緑（木）とは相和の関係である。また、西北・八白（土）と東南・七赤（金）とは相生の関係である（土生金）。

これと対照して、東・西の関係だけが相尅（冲）である。即ち九紫（火）と一白（水）とは冲（刺激）であり、この先天軌道における火・水の冲によって、自然に発生する（冲気をもって和す）後天七赤の用（はたらき）を「色情」と名づける。

兼好法師が「人の心はおろかなるものかな。匂ひなどはかりのものなるに、しばらく衣裳に薫物（たきもの）すと知りながら、えならぬ匂ひには、必ず心ときめきするものなり。久米の仙人の、物洗ふ女の脛（はぎ）の白きを見て、通（つう）を失ひけんは、（略）」（『徒然草』）と述べているように、厳しく戒めている。

しかし、七赤の色情は、右に述べたように自然理に基づいて起こるものであり、言わば生命の調べ（リズム）と言おうか。例えば色情と恋歌の贈答が端的にそれを象徴する。文芸評論家の亀井勝一郎氏が「恋歌とは知性の抒情である」と告げたように、恋歌は「潤いの理性」の表現であると言えよう。

僧侶だからといって、心に色情を抱くことを非難する人は、「潤いの理性」がないものであり、兼好のいう「いとさうざうしき男」である。僧侶が色情を抱いたり、恋歌をつくったりするには、人間の真の姿であって、自然本来の色欲を廃することが、解脱の道なのではない。

戒むべきは、強烈な刺激によって劣情を煽り、理性が麻痺したいわゆる情痴、獣的色欲であり、また『愛しつつ、尅害する』愛欲である。即ち本来そうであるもの、根源的なはたらきそのものが侵されるとき、その欲情は厳しく禁ずべきである。自然本能である色情が、「潤いの理性」によって醇化され、その情趣を楽しみ、それにひたるところに、文化人としての悦楽があるのではないか。

宗教は人間の欲望を厳しく戒めるだけで、欲望を醇化して向上させようとはしない。これに反して、科学はルネサンスを断行して、人間の欲望を解放した。科学文明が起こり、私たちの生活は豊富になり、便利になった。しかし、反面では、それ自体が、いかに精神文化の発展を阻害してきたか。科学と経済とが発展すればするほど反比例して精神生活はますます貧困となり、即ち余りあるものを増し、足らざるものを損し、人間の主体性を損失して機械化され、部分化され、奴隷化されている。即ち「身を終うるまで救われず」である。

欲望は人間の本能であり、宗教のように唯心思想に偏向して欲望を戒め、人間を猿化することは間違いで、老子の「兌を塞ぎ、その門を閉ず」とは、およそ本質的に異なっている。また科学や経済のように、唯物思想を枢軸として欲望を無制限に解放する（兌を開く）ことも根本から誤っている。

人間の欲望は、自然の理法に基づく正しい自然観、人間観に準拠することによって、時に臨み、分に応じ（その欲する所以に基づき）て伸ばし、また分にすぎれば、適度に抑制することが肝心である。即ち道は最高のバランスであり、『中の理』（後述）に準拠してのみ、人間の欲望は醇化され、文化人の本能となるのである。闘争や色情は動物的本能である。しかし、人間には他の下等動物にはない、『自覚と理想』の二つの高級な能力が備っている。即ちこの二つの高級な能力によって、動物本能が醇化されてこそ、はじめて文化人の本能となる。この七赤の用を醇化という。

俗世間も、人間の心も、言わば泥田のようなものであるが、その泥田の中に咲く清らかな白い蓮華こそ、西（兌）方・先天一白及び後天七赤の軌道を象徴するものと言えよう。花が咲いたすがたは、美しく麗しい。しかし、時が経ち、しぼむと醜くなる。人間の身体も同じで、若い時は初々しく美しいが、老ゆれば顔も、姿も醜くなる。しかしながら、人生は花と違う。即ち「兌を塞ぎ、その門を閉ず」れば、人間の徳性や教養、知性美といったものは、年を経るに従い、かえってその輝きを増すものである。

二黒の重要性

目に見える物の世界がすべてであるという霧が晴れて、この世界の真相を理解し得るようになったとしても、理法に沿い、何を実践していけばよいのかはわかりづらい。自身が仏門を潜ったつもりでも、自然理法そのままである惟神の道を歩んでいるつもりでも、本当にそれができているのかは理解することが難しい。いくら自分自身を棄てたとしても、自己が変わったと言えるであろうか。どんな物事でも、やり方が頭でわかっていても、それが正しくできるとは限らない。人生を生きてきて、過去を振り返れば「今の自分であればこうしたのに」と思えることはいくらでもある。それは今だからこそ、そう思えることであって、人間形成の未熟であった青春時代や若い頃の失敗は、それはそれで糧になっているものではある。とはいえ、その人間形成が今を以てでき上がっているかと言えば、そうとも言えないのが正直なところで、いまだ欠点の多い大人のままで毎日を生活しているのが本当のところかも知れない。

人間、変わろうとして変われないのが本来の姿でもあり、本当に変わってしまう人もいる。善くも悪くも変化をするし、いつまで経っても同じままの状態の人がいるのも事実である。

それではいったい、人間はどのようにして形成され、その基礎となる人としての土台を築くのであろうか。

九気において、すべての基礎を司るのは二黒土性である。二黒土性の体用は「静、虚、無為、養、生成、柔軟、従順、素直、謙虚、寛容、勤勉、地味、堅実、実行、基礎、地役、労働、損(無駄)、坤徳、母性愛、無私、無欲」といったように、人が生きていく上で、確実に必要な要素が盛り込まれており、これを見ただけでも人間形成の重要性が、二黒土性のはたらきいかんにあることが理解できよう。

無為

人は何かをする時、何かしらの意志を持って行動を起こす場合が多い。その意志が純粋であれば良いのだが、そこに何かしらの意図が入り込むと、その結果はまた違うものになっていく。いわゆる「意図的なこと」であり、自身や誰かや組織や何かにとって都合のよい方向へと誘導するような行為はまさに「作為的」となる。

例えば、これからステージで歌を唄おうとしよう。観客を前に、家族や好きな人を前にして、「よし、うまく唄って感動させよう」などと思った瞬間、それは意図的であり、純粋に歌を唄う姿ではない。このような場合は、だいたいにおいて失敗をするのが人間である。「～しよう」という意識を持って臨めば、もはやそれは『堅は死なり』であり、柔軟さを失い、心を捉われている。

ここで「～しよう」といった意図のない姿勢で精一杯に歌を唄うことができれば、きっとその歌は聴く人の心に沁み渡ることであろう。このように、意図の痕跡がないことを『無為』という。

書を学ぶにあたっては、まずは師の手本に沿って書を写すのが手習いの基本である。この時に自分の好きなように、自分の癖をそのままに書けば、いつまで経っても書は上達しないだろう。学ぶ時には、柔の心構えで自分を無にして手本を写すのである。そうして手本と一如することによって、自己は自己を超越して一段高い枝にとまることができるのである。手本を写すことは九紫火性、即ち鏡。これが『火は土を生ず』の理であり、真の教育、至上の芸術は無為――即ち生気・二黒の軌道から生まれる。名作をつくろうといった野心や、そこに意味を持たせようとする意図的なことではなく、行為そのものに痕跡のない行為、これを老子は『善く行くものは轍迹（てっせき）なし』と説いている。いわゆる『無為自然』である。

この無為自然の状態において、これまでの伝統やたゆみない経験によって研ぎ澄まされた技法と、作品に臨む作者の感覚及び呼吸が一つとなり、一瞬、無となり、無のなかに電光のような素早さで、空間の神的なイデアに根ざす一本の線、一つの輪郭をつかみ取る。それが無限の表現能力を持ち、しかも無心の線なのである。

無私

二黒土性の体用は「無為・柔軟・素直・従順・謙虚・地役・坤徳・無私・無欲・虚」など、人間が生活の中で、その人間性を向上させるに必要な要素であり、また人間性が向上するにあたって備わっていく要素でもある。

先に述べたように、自己を棄てることによって自己たらしめること、無私とは自己否定によって二黒の道の用そのものになることをいう。

地球はその誕生から太陽の周囲を自転しながら公転をしている。誕生から現在までの過去、そして未来の時間を考えてみても、天地の運行は長久であり、我々人類の持ち得る時間とは随分と違う気がする。天地が長久であるのは、天地は自らの意志によって生きようとしないからであり、即ち天地は『不自生』である。

天の道（九紫火性の軌道）は、現・象・霊・三界を貫く生命の理法に根ざし、そこからあらゆる生命エネルギーを得、それを地（二黒土性の軌道）に対して無限に間断なく与え、充溢させている（火生土）。地の道は虚にして柔軟に天の大元気を受け、間断なく無限に万物を生成している。

自己生存の意義を、自己一身上の利益を計るためのみとせず、例えば国家や社会、人類とか、その他何らかの永久にわたって滅びざる自己以上の大生命を知り、この生命の理法に帰依（従順）して尽力すべき天命を有するものとして、自己の生命の意義を認識するのである。自分自身の利益ばかりを目的とした自己の生存は、自己の死と共に、その意義を失ってしまう。しかし、永久にわたる大生命のために尽した自己の生存は、自己の死によって、その意義を失わない。即ち、自己が自己を超越したのである。この境地に在って、はじめて広大深遠なる生命の意義が味わえるのではないだろうか。

釈尊曰く『覚者は自己を否定して無私になり、自然の理法に従う』

慈悲も、仁義も、忠孝も、義務も、犠牲も、すべて道徳的、宗教的な諸徳は、この自己超越——即ち無私から生まれてくる。それ故に、覚者は常に我欲を制し、自分の身を後にするのである。

自分というものを棄てる——無私になるからこそ、自己が成立する。つまり、自己否定によって道と一体となるとき、無為自然に自己が確立するのである。

老子曰く『自ら見（あらわ）さず、故に明なり。自ら是とせず、故に彰（あら）わる』

自己の目で見ることなく、自己否定して道（理法）によって見るから、かえって明らかになる。自己の判断を自分から是とせず、道によって肯定するから、その是となることが顕彰されるのである。

そもそも自己というものは無い。自己は先祖からの習慣の連続であり、自己の思考は霊波や気流電磁波の影響を受けていることを考えると、その判断の基準となるものは理法であり、道に法ることであるのが理解できるであろう。

無智

道の感覚でない誘導によって、即ち二黒土性の軌道に沿って物事の理を知ることを「明」という。「明」とは「智」の究極たる「絶対智」を意味する。それを明智、真智、根本智などと表現し、仏教では仏智、摩訶般若と称している。

釈尊は「人生の上に起こる、あらゆる苦悩は無明から生ず」と説き、老子は「人を知るものは智、自ら知るものは明なり」と説く。

この場合の「智」とは、世俗の智――相対智を意味する。相対智（相対関係、親子や夫婦など）というものは、気持ちの上では愛しながらも、往々にして運命の上では無意識的に剋害する肉親相剋の関係や、対冲（一白即九紫の理）、同会の理を思うと、他人を知ることと、自己を知ることは対立しているようであるが、自己を知る（自己の主命の遁甲を知る）ことは、即ち他人を知ることであり、すでに相対智を越えている。

「自ら知る」ことは自ら見ず、故に明。自分の目で見ることなく、自己否定して純粋に客観的な理法（道）によって見る。つまり「明」とは、自他を包越した高次の見解なのである。

学は知の修得で、智は道への通路であり、道の体得は智を通過しない限り不可能である。この世の中でいう学問とは、数学であったり、歴史であったり、国語であったり、学業的、社会的、経済的な範囲での常識的な知識を指しているが、陰陽五行をはじめとする、幹枝学や九気学、易学を学び、自然理法の存在を認識し、理解することで、その智を通路として道を知ることが可能となる。その上で、老子は『学を為せば日に益し、道を為せば日に損す。これを損してまた損し、以て無為に至る』と説いている。

学（知識）は増せば増すほど精錬・集約・深化され、根源に肉迫してゆくにつれて減じられる。智が次第に脱皮昇華していく過程が「日に損す」ということで、こうした学（知）の減損する過程そのままが道の形式過程に他ならないのである。

道は人間の智の対象にならない超越的実在である。それ故に、道を捉えるには、智を超越しなければならない。つまり、智の限界をよく認識しなければならないのである。

元来、智慧は人間の賢しらで、片々たる小智にすぎない。故に智を超えるには、まず智が否定されなければならないのである。これを「修忘（智を棄てつ）」といい、智の脱却である。

自己を超越（否定）した境地が絶対智（明智）である。これは「動の極致は即ち静」という、一個のコマの姿が象徴しているのと同様である。

道の形成は北方位、先天・二黒土性及び後天・一白水性によって形成され、『土は水を尅す』の理を現している。これは、きれいな土砂（二黒）によって、泥水（世俗の智）を濾すようなものであり、また濁った水は静かにしておけば、自然と清らかになるものである。

老子が「その白を知りて、その黒を守れば、天下の式（のり）となる」（式とは基準、規範という意味）と述べたところは、人は明智に基づいて、はじめて人間規範としての法則、正邪善悪の基準が樹立されることを指している。

道は知覚では捉えられない。即ち思慮によって到達できるものではないのである。しかし、道を究めようとするには、まず智による他はない。ところが、道を知るようになってからも、智が智として残るようでは、既に智は害になる。老子はこうした場合の智を否定して、無智を説くわけである。

二黒土性の軌道は「無」を司るものであるが故に、賢しく智の上で無為を体得しようとしても、人生の行路が実際に「生気」の二黒土性の軌道に沿わなければ、到底道と一体になれない。

つまり、無為・無私・無智といった無は、体得できないのである。

ここで、荘子の一篇を紹介しよう。荘子曰く「明白は素に入り、無為にして朴に復る」

明白とは、透明になった水。知・行の究極は即ち無智。素朴な自然本来の道に復帰するにあることを説いている。

徳

無償で人に尽していたり、誰かを助けていたりする人を見ると、我々日本人は「あの人は徳のある人だね」とか「あの人は徳の高い人だね」などと言って称賛する。何気なく使っている「徳」という言葉であるが、その意味するところは何であろうか。

『広辞苑』を開くと、そこには「【徳】…①道をさとった立派な行為。②善い行いをする性格。身についた品性。③人を感化する人格の力。めぐみ。神仏の加護。④利益。もうけ。富。……」とある。

この「徳」を象学の立場から説明すると、次のようになる。

『徳とは、道の現れたものである』。

一体どういうことであろうか。

無形の天の道、地の道（天地の理法）から、それぞれの徳（法―道の「生気」の用）が現象界に生まれる。蘇轍注に「道は無形なり。その運（うご）くにおよんで徳となれば、即ち容（かたち）あり。故に徳は道の見なり」とある。天道の「生気」の用を、名づけて『乾徳』と呼び、地道の「生気」の用を『孔徳・坤徳』と称し、合して『玄の徳』と呼称する。

孔とは一白の孔、即ち穴を意味し、孔徳とは深遠な、隠れた徳という意味である。坤とは二黒土性の別称であり、二黒とは大地。故に坤徳とは、地徳・無為の徳という意味であり、二黒土性の軌道から生じる。北方位を形成する先天・二黒と後天・一白の両者は、二にして一、一にして二であり、合してこれを『玄』と呼ぶ。玄徳とは深遠広大なる道の用という意味であり、この道の用を神格化して『谷神（こくしん）』という。

また仏教では、北方位の先天・二黒と後天・一白を「地蔵菩薩」と名づけ、「無仏の世界より身を現じ」と説き、一仏二身（地蔵菩薩・閻魔王）と称している。世俗の「俗」は、谷神の「谷」にイ偏を附したもので、谷という意味がわかれば、俗世間でいう道徳なるものの何たるかが、おのずから理解できるのではないだろうか。

道は智では捉えられないが、谷もまた同様である。その智では捉えられない谷を、智によって説明すると、「谷は実体する二つの山の間にできるものである。しかし、谷という実体はない。

二つの山が、その奥を一つにしながら岐れて二つの山となっていることを必要としながら、そのように山が並ぶと、そこに谷ができる。しかし、これが谷だという実体的部分はない。実体的部分はすべて山の一部である。しかし、そこに谷がある」というようになる。谷と呼ばれる部分は、実は山の一部でしかない、というわけである。これが世俗の智による谷の解釈である。

図21　西北・東北の先天・後天の関係と北方位の図

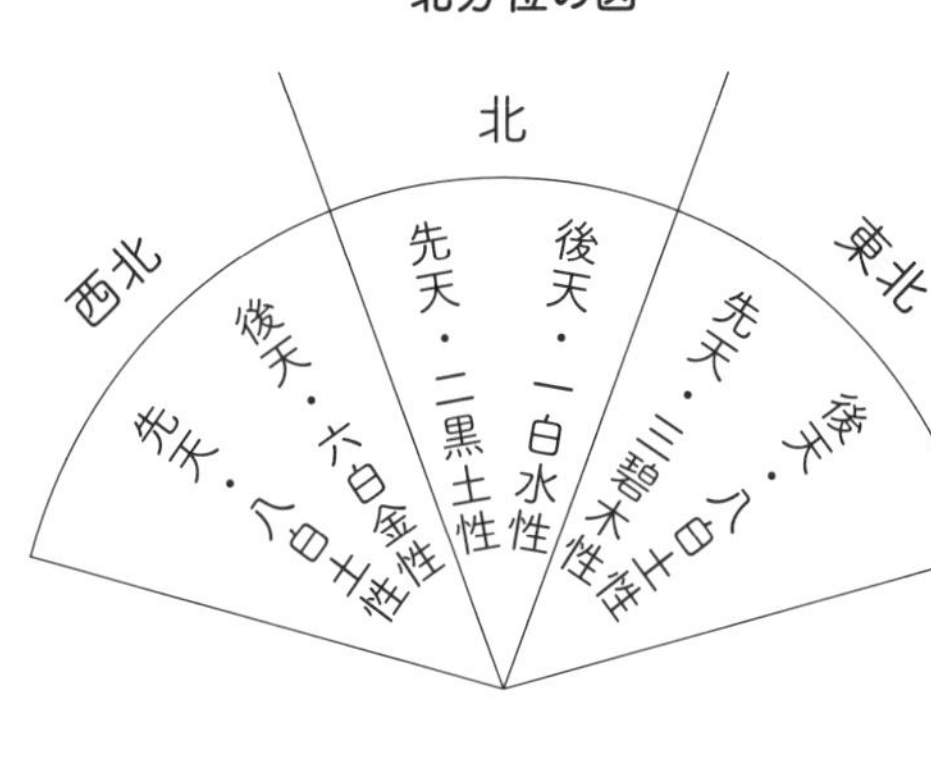

これを象学的に説明すると、西北は六白金性の山で、東北は八白土性の山である。その二つの山の中間に、北方の先天・二黒の土地と後天・一白の川、即ち渓谷が存在する。六白と八白の山は一見、それぞれ孤立し、対立しているかのように思われるが、実は西北の方位は、先天・八白土性及び後天・六白金性の二つの軌道によって形成されている。即ち両者は二にして一、一にして二なのである。

これを人間の形体にとれば、左右二本の足は対立する。その股間の陰部が即ち谷である。二本の足は相対しているが、元来一本の背柱、腰から生じたもので、その形体は二にして一、一にして二という理法を象徴していると言ってよいだろう。

そもそも、人間は自然の理法をそのまま縮小した一個の小天地であり、無形の道が運く（律動）に及んで、現象界には道の体・用（時間性・方位）がそのまま人間の形体、人格、運命となって現象する。これを『人は地に法る』という。また天の用は、地に無形の方位を形成する。これを『天地同根』――即ち『地は天に法る』という。而して、天は『時』を枢軸とする現・象・霊三界を貫く理法――即ち『道に法る』もので、つまり無為自然をもって天の体とし、天の用は道に法るのである。

天の道と人の道とは、一見、対立しているかのように思われる。しかし、決してそうではない。道のままに行為する人は、道と同体になるものであって、道の「生気」の用は、そのままが覚者（聖人）の規範としての道なのである。

ここで、老子の説く『その雄を知りて、その雌を守れば、天下の谿となる』という一節について述べよう。雄とは、陽性、剛、健……など。雌とは、陰性、柔、順――即ち坤道（二黒）の用によって生ずる坤徳を意味する。

故に『雌を守れば』とは、己を虚にし柔にして、坤徳を守れば、という意味である。また、谿（谷）は空虚に見えるが、むしろ虚なるが故に、谷は無限の広さ、深さをもって天の大元気（大生命力）を無量に受け入れ、常に満ちている。それ故に、この谷は万物を生育する始源となり、天下の母と呼称されるのである。

雌を守れば、即ち天下の谿と軌を一にするものであるが、その場合、雄を知ることと、雌を守ることとは、切り離すことはできない。つまり雄を知らない雌は雌ではなく、雄をよく知った上で、雌を守るのであり、即ち雄を包越した雌を守るが故に、天下の谿となるわけで、そこから規範としての道——徳が生まれるのである。

道——谷を究めるには、右記の他、老子の説く『谷神は死せず』『上徳は谷のごとし』など、玄の道の用を理解し、その智からも脱することが肝要となる。

『徳』の字の本義は、（存在としての天の道を鏡として）心の歪みを正しく直す、という意味である。即ち『徳』の本質は「道のはたらき」であり、『得』（道を体得する）の意に他ならない。例えば『維摩経』（菩薩品・第四）に説かれている「直心（じきしん）はこれ道場なり」は、端的に『得』の本義を説いたものと言えよう。

坤徳

二黒土性軌道の「生気」の用を『坤徳』という。谷は虚なるが故に、天の大元気を無限に受け入れ、常に満ちている。そのため谷は天下の母と称され、万物を生ずる始源と称されている。

谷——即ち坤（二黒）の道は、無為にして万物を生成し、無私なるが故に、それを自己の所有としない。多種多様な用をして、しかも自らの功を語らない。これを『地役』という。また、坤の道は不自生であるが故に、自らの意志によって生きようとせず、常に天の用に順応する。

坤の道から『地役』が起こり、それに基づいて、人道には女性にとって貴重な母徳・妻徳・婦徳という三つの徳が生まれ、あるいは事業を運営する上に重要な女房役（補佐役）という地徳が生まれる。

例えば夫婦の仲は睦まじいが、とかく舅や姑、子どもとの関係が悪いとか、あるいは親子の間はよいのだが、夫縁が悪く、主人から愛されていないなどというのは、母徳か妻徳に欠けているもので、また婦徳に欠けておれば、社交や家庭経済など、主婦としての能力に欠けているものである。

また、女房役とは、俗にいう「縁の下の働き（地役）」で、表面に目立たないものほど、上位の地徳を身に備えているのである。例えば演劇で、脇役が派手に動いたのでは、主役が引き立たないであろう。それと同じである。大は一国の首相の女房役から、一企業の支配人、秘書に至るまで、地徳が上位であればあるほど、その存在は目立たない。二黒の軌道は純陰なるがゆえんで、しかも事業は円滑に運営されて安泰なのである。これを『無は有を生ず』という。

上位の坤徳は『求めずして得、為さずして成す（無為）』もので、つまり、二黒の道の用そのものなのである。下位の坤徳は『求めてこれを得、為してこれを為す』――つまり、意図し、作為して求めたものを得るわけである。即ち上徳は、自らは一切何も求めない。故に、得るものは無限である。『無欲は即ち大欲なり』とはこれに当たる。ところが、意図して求めれば、どのように細密な計画を立てたにせよ、当然得るものは限定されるわけで、また得たものは、時には自分が予想したものより以下であるかも知れない。『求めて得る』ことが、下徳と称されるゆえんである。

民が君に地役（奉仕）する行為を忠と称し、子が親に地役する行為を孝と呼び、親が子に地役する行為を慈愛というが、こうした地役の行為は、戦前に見られるような官制――杓子定規の道徳教育によって〝しつけ〟られるものではなく、二黒の「生気」の軌道に沿い、無為自然に道と同化する、即ち「道と一如」することによって、おのずから生まれるのである。したがって、人生の行路が、一度「滅気」二黒の軌道に沿えば、戦後の大混乱に見られたように、たちまち道徳というものはどこかに吹っ飛んでしまう。

知覚できる『顕』の面では、意識的に自分本位にものごとを考え、相手の立場に立って、相手をよく理解し、慈しむという、いわゆるヒューマニズムの精神は失われ、ひたすら己の所有欲に走り、功を争うものである。知覚できない『密』の面では、気持ちの上ではひたすら忠を念じ、孝を願い、誠を尽くしながら、運命的には、即ち結果においては、それ自体が、相手を戕害しているのである。

それ故に、孔子や孟子が唱えた「礼・仁・忠・義・孝」などの道徳的思想をいかに普及しても、所詮つけ焼刃であり、根本の坤の大道が廃れば、君臣、主従、親子、夫婦、兄弟などの系列はことごとく混乱して、意識的、無意識的に抗争し、相互に傷つけあうのである。

欲

先に「兌」の項で述べた「欲」ではあるが、そもそも欲とはいったいどこから、どのようにして起こるものであろうか。

現象界では、例えば空気が希薄になれば、必然的にそれを補おうとして気流が起こる。この自然現象そのものが、人道からすれば、言わば欲の現れであると言ってよいだろう。

空気が希薄（火性現象）になれば、気流（木性現象）が起こる。即ち『木は火を生ず』の理法によるものであるが、生存欲ほか一切の欲も右と同様で、本来、人間の欲望は情熱より生まれるものである。情熱は火性、欲望は土性、つまり、情熱は欲望を起こして、欲望に化してしまうわけで、これを『天（火性）地（土性）同根』という。体温のない身体は屍を意味するように、情熱を失った人生とは、言わば灰色の墓場である。したがって「こうしたい」「これを得たい」という意欲は、人世に生き甲斐を与えると共に、闘志を奮い起こして前途に横たわるさまざまな障害を克服する。人類の文化はこうして築かれたもので、宗教のように、ただひたすら欲を制し戒めるというのでは、人類に福祉をもたらすどころか、『角を矯めんとして牛を殺す』のたとえで、かえって灰色の人生に導くことになる。

人間の意識が火性の軌道に誘発され推進されると意欲を生じるものだが、その欲望はすでに土性の軌道に沿っているわけで、そこから無欲・我欲（二黒）、大欲・暴欲（五黄）剛欲・過欲（八白）という三種類の欲が現象する。

欲は、このように外部（天道）からの誘導によって起こるが、また一面、内部（地道――即ち生命構造式、及び大運軌道、遁甲、同会など）からも発生する。つまり、人間の精神及び身体の営みは、地の道の体・用に基づくが故に、もし、人生が「滅気」の土性軌道に沿って営まれておれば、意識は道に同化し――即ち滅気性の我欲や暴欲、過欲が起こり、「生気」の土性軌道に沿っておれば、意識には生気性の無欲や大欲、剛欲が発生する。いったい、この「生・滅」の意欲から、それぞれどのような幸・不幸が生み出されるものであろうか。

杓子定規に欲そのものを制したり、戒めたりすることよりも、むしろ欲心を誘発し、推進する根源の火性の用を制すべきであり、そのためにはまず生気・二黒の軌道に従い、明智に基づいて『己を知り、分を知り、足るを知る』という自覚――修養、教育によって理想的要求（生気性の欲）に適応するように、本能を導くことが肝要なのである。

愛

天道（六白）の父性愛と対照して、地道から起こる愛を母性愛という。母とは始源――即ち万物を生み育てる二黒土性軌道の体を称し、母性愛とは、その用をいう。

例えば、母親は嬰児の泣く声色によって空腹を知り、乳を与えたり、おむつを取り替えたりする。即ち相手の身になって相手をよく理解し、相手の希望を満たしてやるということが二黒の愛なのである。そこには、無私、無欲、無智、地役といった一連のものが、無為自然に行われている。母性愛は二黒土性の軌道から起こり、九紫火性の情熱に推進されるもので、一度、嬰児が病めば、母親は身命を投げうって看病する。つまり、自己を没却するが故に、自己の生命を惜しまないのである。このように犠牲を払ったから、こうしてもらいたい、と報酬を要求したり、恩に着せたりするような気持ちはみじんもなく、ひたすら嬰児に従いながら育成する。これが二黒の母性愛である。

ところが、滅気・二黒の人生軌道における母親とは、常に自分本位に子どもを育てるもので、気分がむしゃくしゃした時には子どもに八つ当たりしたり、自己の虚栄心によって子どもを無理に有名校に入れようとしたりするのは、その一つの現れであろう。このような滅気・二黒に誘導される親は、自己を否定する代わりに、子どもの個性、希望といったものを無視し、自己の意図したものを押しつけて、それを達成する――つまり自分の欲望を満足させることが、あたかも愛情であるかのように思い違いしているのである。

この母性愛というのは、単に母親のみが特有する性質のものではなく、師弟の間にも、夫婦の間にも、また友情にも、その根底に存在するもので、無私、無欲の心境になればなるほど、母性愛は純粋となり、濃く強く働くのである。それとは反対に、意識が滅気・二黒に誘導されると、自我意識――我欲が強化され、それに比例して母性愛を支えている情熱は反転して、我欲を満たそうとする方向にのみ働く。かくて母性愛を失った冷やかな愛情、利己主義が生まれるのだが、論語の「君に三度諫言して容れられざれば去る」といった杓子定規の冷やかな忠は、真の忠ではなく、二黒の母性愛が無為自然に地役を推進してこそ真の忠なのである。

また、『愛しつつ、尅害する』という君臣、主従、師弟、六親などの相尅関係は、すべて愛情を誘導する火・水の軌道を根源として発生している。

九紫火性は直感（六感）、霊感を誘導する。例えば医師の「三診」とは、視覚、聴覚、触覚の三つの感覚によって診察することをいうが、いかに医学上の理論（水性）に通じていても、この三つの感覚（火性）が鈍かったり、錯覚すれば、診断を誤ったり、不器用な治療をするのである。かつ直感、霊感は、しばしば先見の明となって理論を超越するもので、即ち一白水性の智――知性、理性と一如する。この明智（水・火）に準拠する愛情は、常に生命の理法に従い、無私、無欲、無為自然にして地役するもので、たとえ、わが身は死すとも、永久にわたる愛情の生命、その意義は失わないのである。

世の中に溢れている「恋愛」をテーマにした小説や映画、ドラマやアニメや漫画及び歌謡曲に至るまで、その多くは観念的な「愛」をモチーフに、感情的なドラマを展開し、個人的な視角から「愛」を謳っている。そのほとんどは、「犠牲に甘んじて耐え抜く心境が愛である」とか、「性的な関係と精神的な想いと憎しみとの関係はこれこれ、しかじか」というようなものであり、客観的な現実の深みもなく、当然、高次元の愛情について述べているわけでもない。

このような世俗の小智に捉われているかぎり、彼らは永遠に高度の愛情を理解することはできないであろう。二黒の広大深遠なる母性愛というものは、ほとんど目立たないもので、第三者にはわからないほど、行為の痕跡がないのである。

親と子、夫と妻……という関係は、一見、相対しているかのように思われる。そのように、世間の相対智によって独断するところから、さまざまな間違いが生まれるのだが、実は内容的には相対的な対立ではない。自己を否定して、客観的な道に準拠して自らを知れば、同時に他も知るのである。早い話が、遁甲・同会法に準拠すれば、自分の意識に対して何が働き、誘導しつつあるかがわかるもので、それは同時に、相手の意識においても、何が誘導しているかを知ることができる。そこに向かって尽くされる地役——即ち愛情こそ、『生きた愛情』であり、無限に生扶する生命力を備えているのである。

しかるに、自らを知らず、同時に他も知らないような愛情——即ち不明（我欲）に準拠する盲愛とか、世俗の愛というのは、言わば『屍の愛情』で、これが精神的に愛しつつ、運命的に尅害し、尅害されるものなのである。

そもそも「愛」とは「愛おしい」から来ており、「いとおしい」とは「いと惜しむ」意から来ている。よく「無償の愛」とか言われるが、愛にはすでに惜しむ気持ちが込められているのである。そこを理解した上で、二黒の無私・無欲を以て「愛の、その先の次元」へ進みたいものである。

損

二黒土性の軌道には『損（無駄）』が現象する。どの方位にせよ、滅気の軌道には常に損失、損害という事象がつきまとうものであるが、二黒の損とは生気の軌道から発生する。

例えば、母親がいろいろな栄養を取って、その母乳を嬰児に与えるのは一種の損である。万物を生成して、それを自己の所有としない。さまざまな働きをして自ら功を語らない。報酬も求めない。つまり、地役の行為そのものが、即ち損の行為なのである。

故に、二黒の損とは、義損金などの損に通じる言葉であるが、むしろ仏教の『喜捨』『功徳を積む』という言葉が、意味として適当であろう。易の『山沢損』という卦は、損という行為の生・滅、及びその意義を説いたものである。

例えば、長年交際していた親友が窮地に陥った時、自分の仕事を投げ出しても、急いで救援に向かおうとするのが人情である。しかし、世俗の智・情を捨て、客観的な理法に準拠して、自己の立場と親友の状態を冷静に観察すれば、そこに明暗二筋の道がはっきりする。

甲の場合は、事は迅速を要する時期で、ある程度の犠牲を払うことは致し方ない。しかし、それで親友が助かり、長い友情に報いることができたならば、一時の損は永久の得に変わるの

である。人を救うには時期がある。この場合は敏速に行動する必要がある、と説く。（初爻）

乙の場合は、人を救うには、あまりに時期が悪い。初爻の時ならば、こちらもわずかの犠牲ですんだが、ここまで来れば、もはや自分の力では救いきれない。共倒れになるおそれがある、と説く。こうした場合は、同志を募りながら、その機会が到来するのを待つべきなのである。

（二爻）

窮地にある人を救うことは、道徳的、宗教的に善いことだが、右に述べたように『汐時』を見誤れば、損の行為は命取りの大変な損害ともなる、あるいは一時の損は永久の得にも変化する。

無理をしないことが自然の道に適うもので、無理をして事を成すのが、いかにも勇気のある、英雄でもあるかのように思い違いをしてはならない。財を損ずるにせよ、智を損ずるにせよ、労を損ずるにせよ、常に我欲を去って道に準拠し、徳を施すことを惜しまなければ、損の実果は自然のかたちで必ず我・子孫に復（かえ）ってくるのである。

生気・二黒の軌道を行路として人生を歩むならば、意識は道の用と一如するが故に、無為自然にして損の行為をなし、それが根因となって生気・六白及び七赤の二つの金性軌道を生成する（『土は金を生ず』の理）。人望を得て、大事業を企てても、概ね成功する。

ところが、滅気・二黒の人生行路を辿れば、常に自分の利益を追って損ずることを嫌う。無駄を省くことは、いかにも合理的なのだが、しかし、蒔かぬ種は生えない。それ故に、将来、自己または子孫が窮地に陥っても、救いの手が現れないのである。

宿命

どんなに自己を向上させ、性格を陶冶し、善き人になろうとも、自己に宿った先祖からの業からは逃れられない。それを宿命という。自己が先祖から連なる行動の結果であるならば、そこに自己は存在せず、レールのように定められた運命を辿るだけの人間にすぎない。果たして人間は、自己の理想を現実のものとして生きていくことや、先祖から連なる業から解放されることはあるのだろうか。

四柱推命は、その人物の生年月日、いわゆる、その人自身が持つ基準点を基に、未来に起こり得る事象を占う学問である。この四柱推命を研究していた大学教授は、周囲の人に推命の法則を適用したところ、ことごとく事実と一致していた。当然、教授は自身の運命を推察し、例えば自身が二度の結婚をする運命にあることを知っていた。やがて彼は結婚をし、間もなく誕生した愛息の運命を観ると、悲しむべきことには、生命は一年しかないことがわかった。そして遂に宿命の日は訪れた。可愛いさかりの愛児は、わずか一年一か月で死亡したのであった。そしてまた、次の恐れていた日が到来した。夫人は発病後、間もなく他界してしまったのだ。悲しみ悶えても、生命の法則は絶対である。彼が推命の研究を中止したのは、「宿命を予見する愚かさ」を感じたからであろうか。だが、推命術はいわば生命の構造を写すレントゲン写真であり、元来予言は『生命界に描かれている未来の構図』を告げるものにすぎない。故に愛息や夫人の未来が凶だと予知したならば、早急に霊的、象的施法を講じて、未来の構図を変える必要があった。

四柱推命や高度な霊視によって運命を予見した場合、人生の過去、現在、未来に対する検照は約八〇％が事実と一致する以上、人生が宿命的であることを疑う余地はない。しかし、予知したことが事実と一致するが故に、未来にいつ、何が起こるかを予知して、それを未然に防止することも可能なわけであり、予見と事実が一致しない約二〇％は、宿命は絶対的ではないことを物語っている。そこに『生きる望み』があるのだ。

運命には宿命的に固定した面と伸縮自在な面の二つがある。それは光が粒子でもあり、波動でもあるのと同様である。

人間の生年月日を象学的に分析して、命式と大運の関係を見ればはっきりするが、人生はそれぞれ先天（命式と大運）に基づいて、後天的にある一定の宿命コースを辿っていることは明らかな事実である。命式と大運の関係を一台の車にたとえれば、個人の命式は車自体であり、大運は車が走る道路やその時の天候と言えるだろう。車体にはスポーツカーや四駆もあれば、トラックやコンパクトカーもあるだろう。エンジンの調子の良いものもあれば、故障の多いものもある。それは人間の性質や才能、身体などにおいても同じようなことである。また路面状況を見ても、きれいに舗装された緩やかな湾岸線もあれば、曲がりくねった山道や舗装されていない砂利道もある。高速道路とはいえ、土砂降りの雨であったり、先が行き止まりの道があったりするのも、人生の軌道（コース）に適応されるのと同様である。

命式と大運の関係は人生の軌道を象徴するものであるが、それぞれの人生の身の上に起こった事柄を、命式及び大運と対照すれば、約八〇％程度が合致しているわけである。では何故、二〇％程度が事実と合致しないのであろうか。その原因を追究すると、生年月日を間違えていたような場合は別として、次のような理由が挙げられる。

(1)　人生において、確かに何割かは性格が運命をつくり出している。性格に欠点が多ければ、他人から嫌われたり、敬遠されたりするのは当然のことであり、自身の性格が人生において不幸な結果を招いていることも多い。命式には、その性格の特性や運勢も如実に現れているものであるが、たとえ命式が立派でなくても成功し、幸福となる人物も少なくはない。人生において、優れた指導者を得て、時運に適応するように性格を陶冶しながら才能を発揮した場合などがそうである。また逆に、命式がいかに立派でも、頂上へ昇るにつれて、その人格や行動が目に余るようになり、人から慕われなくなったり、人徳を失うようなことになったりする人物もまた少なくない。

これを思うと、性格が自身の将来、殊に運命に及ぼす影響は少なからずあるわけである。性格が陶冶され、行動が自然の理法に適合していれば、たとえ命式や大運の状態は良好でなくても、運命は後天的に改良できるのである。

未来を予見して、それが思想的問題にせよ、愛情的問題にせよ、事業的問題にせよ、未然に行動を変え改めれば、未来における既成の事象が現在に発現することはない。もし現在に起こったとしても、既成の事実とは変わった形で現象するものである。

(2) 命式や大運が良好で、おそらく幸運な人生の軌道を辿ったであろうと思われるような人が、意外にも不運続きの不幸な人生であったりするのは、その人に流れる業のはたらきが、あらゆるものを超越して強力にはたらいているからである。先祖から蓄積された、連繋する先天の業が、後天的な人生にいかに多様多彩に影響して宿命的なものになっているのである。この濁流のような業の流れに人生が飲みこまれ、いつまで経ってもうだつの上がらない、灰色の人生を子孫が歩む結果となってしまう。

それ故に、『業の解消は、神が人間に与えた宿命から脱がれる唯一の救いの道』だといえよう。先天の業を検照して(例えば、知り得る限りの先祖の性格や行動を考察し、父母やその兄弟、自身の兄弟の性格や行動と比べてみると、意外と誰かと誰かは同じような性格で、同じような行動をしていたり、誰かと誰かは同じような生涯を過ごしていたりすることがわかる。それが血統に流れる業の特徴ともいえる)、後天的に解消するとともに、命式(自身)の欠陥を補う性質の方位を選んで住居を移動すれば、象界と霊界の歯車的関係によってすでに構成されている先天の人生軌道には、暫次に根本から変化が起こるもので、それは単に自己一身上のものではく、子孫にも延長していく性質のものである。

命式及び大運と実際とが一致しない原因は、概ねこのような二つの理由に要約されるが、こうした理由から『人生は必ずしも宿命的なものではない』と結論することができ、そこに残された二〇％の望みの大きさが感じられるのである。

自身の内に宿された、先祖から蓄積された業を解消し、宿命のレールから脱がれ、自身と子孫の心身と生活の向上を図ることは、自身が両親の下に生まれてきた重要な意味の一つではないだろうか。

自らを知る

誰もが一番知っているようで、実はよく理解していないのは自分自身のことであろう。「自分のことは自分が一番わかっている」と思う気持ちもあるが、それは自身から見た自分の姿であり、親兄弟や友人、同僚などから見たあなた自身の姿はまた、自身の思う姿とは違ったものであるのは否めない。その自分で思うところの自分自身とは、「自分とはこれこれ、こういう人間である」という、自身の内面的性格や外見的特徴、その行動について述べているにすぎず、本来の自分自身の姿を真に理解していない。自身の存在が、先祖から続く行動の単なるコピー人間であることを考えると、先に述べた「私はこういう人間」という、自分で思う自身の姿という存在は無いに等しいわけである。

自分自身の真の姿が、先祖から輪廻する行動の結果、即ち業の結果の産物であるならば、『自らを知る』ということは、いったいどういうことであろうか。それは自己のルーツとなる、先祖を知ることによって判明する。

一番近い先祖である、父母の生命の構成はどのようなものであるのか。即ち、祖父母から父母を経由して、何が自己に遺伝しているのか。また、祖父母、父母の行動はどうであったか。そこにどのような善・悪の業が発生したのか。その業は、象界の生気・滅気と一如して線路や三合の諸法則に沿って働くものなのだが、自己はいったいどの時期に母体に宿り、この世に誕生したものであろうか。

つまり、先祖からの遺伝、及び父母が用いた方位そのままが自己を形成しているが故に、自己の古始（先天）を知ること自体が、即ち『自らを知る』ことなのである。

自己は道に同化するが故に、無意識的に宿命的な人生軌道を辿ろうとする。したがって自己の始原を究めて、今日それをどのように改良すべきなのか。また、道は自己原因であり、原因自体である。故に自己もまた、自己原因である。釈尊が『過去の因を知らんと欲すれば現在の果を見よ。未来の果を知らんと欲すれば、現在つくりつつある因を見よ』と説いたのはここである。

よって、自分はどのような時代（社会）に生まれ、どのような時期（家）に誕生したのか。この天命に順応すべき、いかなる才能が自己に備わっているのか。かくして古始を知り、自らを知るが故に、将来いかなる道を辿るべきであるか、という標識を捉えることができるのである。道は超越的に実在し、この世（現象界）をコントロールしている。それ故に、万物の始源、根源である道を究め、過去の因を知るということは、現在及び未来をいかに有意義に生きるかという標識になる。それは、自己の存在の根源である先祖を知ることも同様である。

生気・二黒土性の軌道に準拠して生活すれば、おのずから意識は二黒（谷神）に誘導され、かつ氏神や地蔵菩薩などの神霊と結縁し啓発されて、古始（二黒）を知るのである。

業

世の中では、物事がいかに合理的であるかが重要であり、無駄なく、あたかも理に適ったように判断する傾向が強い。それは働く人間に対しても同様であり、人材主義というものは、三次元の合理思想に基づくもので、自分の能力に適応したポジションにおいて能力を存分に発揮することをいう。ところが、道の用——即ち運気の働きいかんによって、合理が、かえって不合理な結果となる場合が多い。

例えば、理数系の才能が優れていると、教師は理工科を推奨する。これは合理である。しかし、その才能に財運（利殖を司る運気）が伴っているかどうかによって、その成果（運命）は非常に違ってくる。早い話が、財運の乏しい医師が独立して開業すれば、たとえ名医と称されていても、経営困難に陥るものである。

あるいは財運の乏しい技師が、自身の探求欲や科学的精神に燃えて何かを研究し、やっと成功したとしても、会社側は採算が合わないとして製品化を行わない。せっかくの苦心も水の泡であり、また同じようなことが繰り返されるうちに、会社から冷遇されるようになる。

しかし、彼が「自分の財運は乏しい」ことを自覚して、大学の研究室に残り、研究を続けていたならば、学術の分野では彼の研究を歓迎し、また学生からも尊敬され、彼はすがすがしい人生を過ごしたであろう。

このように、道の用いかんによって、人生行路には明（幸福）・暗（不幸）の二面が起こり、前者の才能は埋もれ、後者の才能は高く評価されるのである。『開運』というのは、神がかり的に考えるものではなく、自己の運気及び才能（己の分）を知り、その道に従うことが、即ち開運なのであり、そこに目標が見出されるのである。

道が万物を生成する用そのものが業で、業とは即ち行である。即ち土性の軌道は、金性（六白・七赤）の軌道を生成し、金性は水性（一白）を生成し、水性は木性（三碧・四緑）を生成し、木性は火性（九紫）を生成し、火性は土性（二黒・五黄・八白）を生成する。こうした道の生成循環――陰陽五行の運行に伴い、各自が己の分に適応する道に従って生活を営むことを『適業に従う』と称し、自己を超越して道に順応し、道の用を輔佐することを『天命（天業）に従う』と呼称する。

したがって滅気・二黒の軌道に沿って生活を営めば、常に小智に捉われて我欲に汲々とし、坤徳（地役）の精神を失うが故に、思念は和合せずして相互に対立、抗争するのである。

それは母としての業を失って子と背反し、妻としての業を失って夫と背反し、主婦としての業を失っては家庭の秩序、経済を破壊する。社会においては、輔佐役としての業を失って上長から疎んじられるなど、滅気・二黒に誘導されると、すべて業を失うもので、いわゆる社会の落伍者はこの軌道から生まれる。

天業に従う人（覚者）は、生気・二黒の軌道に従う人たちの中から現れるものであるから、天業と適業とは、決して対立したものではなく、天業即適業なのである。それ故に、天業に従う人はドラマで演じられるような「犠牲に甘んじ悲苦に耐える心境」といった悲壮なものではなく、「日日是好日」で、楽しく生活を営むものである。

第7章

基準点

正邪善悪の基準

道路や線路は、見ればその行路を認識することができるが、海路や空路は海面や空間に線が引いてあるわけではなく、見た目では認識することができない。しかし、海には潮流や岩礁などの関係で、安全な行路があり、空も同様に気流や高山などの関係から一定の空路が存在する。このように、行路には自然の多様な気象が影響を及ぼしながら、そこに国際的、社会的な交通規則が存在する。

即ち、人が車や船、航空機などで移動をするにあたっては、自然や社会で定められた規則の枠内おいて行動をしていることになる。世の中にはこの枠内からはみ出す者も多数存在するが、その行動は社会的規則からの逸脱であり、決して自然である気象の枠内から脱出することは不可能である。

我々の生活においても、社会には道義があり、法律的、道徳的規範が設けられている。陸上や海、空の路線には、常に気象が多様に働いているが、それと同様に人間の生活に対しては、どのような自然の規範が働いているのであろうか。

私たち人間が何か行動を起こす時、大概「これが正しい」と自身で判断をして行動している場合が多い。またその反対もあり、「これは悪いことであるが、致し方ない」と自身でその善悪を認識しながら行動していることもある。この場合、その正邪善悪の基準は、その国の法律であったり、社会的常識であったり、道徳であり、これらに沿うことが即ち正しく、善いことであり、それに反することは邪であり、罪悪であると規制されている。

しかし、法律や常識は時代や状況によって変化するもので、戦争や革命が起きれば、それまでの社会的価値観は一変し、法律も変われば道徳も変革を起こす。法律の面でいえば、昨日までの有罪が、明日では無罪になることもある。禁酒法のように、法律自体が変わることもあれば、裁判における判事の見解いかんによっても判断は変わってくる。道徳の面においても、昨日までの正義が、気がつけば悪となっていることが歴史上において多々ある。

それは国家間や民族間、宗教においても同様で、国民の習性や民族的感情によっても、正邪善悪に対する考え方が基本的に異なっている場合が多い。このように、社会の正邪善悪観を規制する基準を追っていくと、この世の正邪とはいったい何であろうかという疑問が起こってくる。

その時代や価値観によって変転する社会の法律や道徳とは、まるで性質の異なる生命の世界においては、悠久として不変の大法に基づく霊界の法規と象界の法則の二つが存在している。

現代において自然科学が証明しているように、物の世界においては天体運動に基づく多様な科学的、物理学的法則が働いている。物質の世界には物質の世界の法則があるように、象界には『生滅合反の理』に基づく法則が働き、霊界には『因果業報の理』に基づく法軌が働いている。自然には、これら三つの異質の世界が、無始より幾千万年来相互に歯車的に関係し合いながら一如として因果循環している。

人類は物理法則を探究しながら、その繁栄を享受してきた。しかし火薬の発明が、やがて核爆弾へと変貌を遂げ、ＤＮＡが解析されると生物の改造を始めた。科学者が自由勝手に発明をしているのかといえば、それは自然界の物理法則に法って、その研究を進めているわけであり、何事も自由というわけではない。科学の研究は事物の性質、純粋の真実、経験を対象として、物質に働く法則を一つひとつ発見しながら進歩してきた。それ故に科学者の自由とは、目先の欲や偏見を超克して自然の厳しい制約の軌道に沿う自由であって、そこに自由の尊さが存在する。しかし、自身が自由だと思って行動していることも、その行動自体が自然の法理に沿っていなければ結果として災禍を招くこととなる。

科学者が物の理を知っていくら探究しようが、物の真裏にはたらく非物理的生命の世界を否定する科学的偏見から、科学者はたちまち奔放な暴君となって生命界にはたらく法軌、法則に反発する。科学者は自らの偏見によって自然の軌道から外れ、そこからさまざまな罪禍を生み出したといえるだろう。

原子核分裂を発見したドイツのオットー・ハーン博士は「科学の偉大な進歩に対して、理性と道義の適度な進歩が伴うことを希望できないものだろうか」と語り、赤痢菌を発見した志賀潔博士は「人間の問題を始末するためには、科学の合理性よりも更に次元の高い倫理や宗教にまでいかねばならない」と語っているのも、問題はここにあるのではないだろうか。
（『人間の構成』長武寛著　西応出版部より抜萃）

信じる者は、救われるのか

目に見える物質の世界に生きている我々人間は、その瞳に映る事象に捉われがちで、夜空を移動する星々のように物理的運動に終始答えを求めてしまう。実際、夜空に瞬く星々は移動しておらず、自身の立っている地球そのものが移動しているにすぎないのだが、見た目ではそう感じられないのが人間の感覚である。物質の世界においても錯覚を起こしやすいのに、それが未知の生命界であれば、人間にとってさらに複雑なもの、現代の常識では考えられないものとなっている。

例えば、社会の一部では、狩猟は一種のスポーツや趣味とされ、猟銃を持って仕留めた動物をトロフィーのように扱っている。動物の生命に対する尊厳はすっかり切り取られ、人間の娯楽としての対象となってしまっている。罪悪感のないハンターも存在すれば、社会もまたそれを普通のこととしている。近年になってようやく人類は革製品を使用することをためらうようになってきたが、それはヒューマニズムの延長であるとも言えよう。

人間社会において、いとも簡単に生物の生命を奪う行為はいまだに続いているが、これが霊界においては邪悪とされ、重罪の一つとなっている。何の理由もなしに無益に殺害された動物霊が、殺害した人間に憑依し、それが病気や事故の原因にもなり、また死後も憑依し続けることで霊となっても苦しみは続く。さらにその恨みは本人に留まらず子孫にまで影響を及ぼすこととなる。やがて数代を経て、その家系が滅びることによって無益に殺害された動物霊の祟りは完結する。このような恐ろしいことが、象・霊・物の三界において、象界の五黄性の殺気と霊界の殺生の因果循環となって、この世の物理世界に働いているのかが理解できれば、釈尊が殺生はすべて癡業（ちごう）によると訓し、殺生を厳しく戒めて広く放生を勧め、『一虫も救うも、何ぞ善事にあらざらん。即ち最小の施しといえども、実に莫大な徳たり。大慈の極りはそれここにある』と説かれたことの、いかに教理の要諦であるかが痛感されるのである。

また社会において信仰は自由であると規定され、長い歴史を持つ宗教もあれば、そこから派生した各宗派も多岐にわたり、また新たな思想から竹の子のように新興宗教が乱立し、現代の消費文明に投じて軒並み現世利益を煽っている。誰もが幸福を願い、神様や仏様に利己的なお願いをし、聖人がおればすがり、御題目をあげれば幸せになれる世界があるのならば、こんなに簡単なことはない。今日にでも世界は平和になれるであろう。自分がこれだと信じる信仰を自由に選択し、たとえその道がテロリズムであったとしても、思想や自己を正当化することで自身が何かから解放され、辛い現世を生きることよりも死後の安泰が約束された人生の逆転ホームランを放つ自爆スイッチを押すのである。本人が何の宗教を選ぼうが、それはその人の自由であるというのが現代社会の基本的人権であり、先祖代々のお墓に入らなくても散骨や樹木葬でよいのである。

しかし生命の世界においては、霊界と象界の二つの歯車によっていわゆる因縁の循環が営まれている。即ち先祖から伝わる業と、素質及び先天性との関係を追究していくと、家伝来の宗旨に沿う法事と守護霊の祭事とが、いかに法軌及び法則に密接に関係しているかが理解できる。要するに、先祖代々続く宗旨を信仰していた御先祖様は、その信仰していた宗旨に沿って供養することが大切であり、子孫が勝手に宗旨替えをし、違う法要を行うことは、違う言語と風習でコミュニケーションをとるようなもので、相手は困惑するだけなのである。結果、宗旨の異なる供養は御先祖様に通じることなく、先祖の霊は悲しみに暮れるのである。

教団によっては、宗旨替えの際にこれまでの先祖の位牌を焼き払い、すべてをリセットさせて教義に従事させるようなこともあるという。このようなことは、御先祖様とのつながりを断つようなものであり、何故自身が生まれて来たのかを考えれば、そんな馬鹿な真似は到底行えるわけがないはずである。霊界に対する正しい理解がないこともあろうが、現世利益のみに生きている人間には、死後の世界である霊界やそこに存在する先祖霊の状態などはあまり関係がないらしい。

人間は風習を懐かしみ、慕う傾向が強い。それは死後においても同様である。故人霊の、人や物品、事柄に対する執着は相当なもので、忘れ形見の子息への想い、生涯大切にしていた指輪や宝物、忘れられない思い出やその場所など、その人にとっての強い想いは執着心となって死後も深く残り続ける。それは霊が生存中に思い（愛怨）をかけていた人の夢枕に立つという事実によっても理解できるであろう。

供養の第一目的は、霊の執念を消滅することにある。そのために、故人霊にはどのような執念があるかを調べ、家に伝わる宗旨に沿って法事を営むのである。祥月命日や回忌、お彼岸やお盆に、個人の好んだ食べ物や飲み物、煙草であったりと供物として捧げたり、家族で食すことによって故人霊を満たすことで供養になる。また、故人が気にかけていた事柄に対し、その解決を図ったり、不足があるならばそのことに心よりお詫びをしたりすることで故人霊の執念を消滅させ、安楽な状態に落ち着いていただくのが供養である。

それを現代的思想における偏見から、信仰における法事や祭事を精神的なもの、まるで迷信のように捉え、霊界の法軌を無視していとも簡単に宗旨を変えたり、祭事を廃したりすることから、先祖から脈々と続く血統に恐るべき土気性の業が生じ、その後の子孫の運命は暗黒のものとなってしまうのである。

象界においても同様であり、その法則に背逆すれば人生における禍の種が発動する。例えば、住居の移動は各人の都合や仕事、引越しせざるを得ない状況などによって現代ではいとも簡単に行うことができる。国内において引越し業者の業務は一〇〇万件を優に超えるわけであるが、これだけの人間が毎年引越しを行っていたとしても、どれだけの人が生気性の方位へ引越しができているであろうか。一度、滅気性や殺気性の方位をとってしまうと、それが起点となって、再び訪れる引越しのタイミングはさらに滅気性や殺気性の渦に呑まれ過重していく。人が不幸になればなるほど、社会にも不幸が増えるものである。

象界には「とき」と「場」の二面に働く法則があり、もし仮に殺気性の気流波が律動している方向に住居を移動すれば、その人たちが法則を迷信として否定しようと、そうでなかろうと、必然の結果として常時に殺気性の気流波が働きかけ、殺生その他さまざまな殺気性の業が発生する基因となるのである。

これまで、筆者の知人などが引越しを検討している際、どうしても避けた方がよいケースなどにおいて引越しを見合せたり、引越しの方位や時期を検討し直したりするように進言をしても、ほとんどの人は自身の決めたとおりに事を進め、将来の禍根となる原因をつくっている。その度に彼らは「自分で決断したことだから、自分で未来を切り開く」と口を合せたかのように言っている。あくまでも人間は、自己の意志によって人生のすべてをコントロールしているかのように錯覚を起こしているのである。

しかし、人間は生命界の巨大な環境のなかで生活しているから、自身の想像にも及ばないような出来事が人生において多々発生する。それが善かれ、悪しかれ、さまざまな問題に遭遇するものであるが、そのような時に人生や運命に対する疑問が次々に湧き起こり、おそらく誰もが一度は哲学や宗教、自己啓発などの門を叩いたであろう。だが、哲学がそれに満足できるような解答を与えてくれたであろうか。また神父や坊主が教義に従って説明するのと、厳しい現実との間には、あまりに矛盾があることを感じなかっただろうか。自己を向上させるにあたって、そもそも自己を知り得ていたのであろうか。

「信じる者は、救われる」

果たして、本当の意味で救われているのであろうか。信仰があることは善いことであろうが、その信仰は幻想なのではなかろうか。多くの教義は、宿命論や修養論、精神至上論の、とかく詞的な美しい言葉や、あたかも合理的な思考に酔わされ、またその説に馴らされているもので、教義の空虚な抽象論がいかにも宇宙の絶対原理でもあるかのように信じこんでいる。それ故に、精神（感覚）の世界から生命（知識）の世界へ進めないのである。

宗教は教義に基づいて正邪善悪を規範し、それを神の名において大衆に示している。その規範に従って生活する者のみが神に救われるというのである。果たしてその教義は、いったい誰が考えたものなのであろうか。どのような思想から生まれたものなのであろうか。

神を、仏を信ぜよというのは、神を妄信せよ、狂信せよ、ということではあるまい。神を真実に理解して信頼せよ、ということであろう。神の定義は世界中でさまざまであるが、おおよそ宇宙の造物主であり、それは即ち生命界の大法則そのものを呼称しているものであるから、神の偉大な愛と力を真に理解しようとすれば、まずは神が支配する宇宙を具体的に全体として観察することから始めなければならない。何故ならば、生命の法則と人間の関係とが正しく理解されていくにつれて、神の偉大な愛と力が真実に理解できるからである。即ち神を信ずることは、法理に順応するということで、法理に背逆することは即ち神の示導に背くことになるからである。

世の中には、人格者、善人、成功者、功労者と称賛され、その徳望を敬慕されている人物が、その生活において身体的、家庭的、事業的その他さまざまな面において不運に見舞われていたりするのは、知らずしらずのうちに自然の厳しい法理に背反した結果でしかない。必然の結果として、霊界の法軌に反逆すれば、因果業報の理に基づく尅害の作用が起こり、象界の法則に背反すれば、生滅合反の理に基づく滅殺の作用が働く。いわば種子を蒔いたから、時期が来てその芽が出たにすぎない。いかに神を信じていようとも、神そのものである自然の法理に背逆すれば、その結果が訪れるものである。それが自然の純理であり、物理学が「粒子に作用するものは粒子である」という純理を原則としていることと同様である。よって、神を信じることのみに専念するのではなく、神を理解するにあたって自然界に存在する生命の法則をまず正しく理解することが必要となるのである。

調候の法則

明暗の世界が一如したこの世において、正邪善悪を考える場合、寸時も忘れてならないことは、『人間も社会も現に自然（生命界）の営作のなかに存在しているという、ごく平凡な事実』である。人間は自然界の一部でしかない。それなのに、人間至上主義という思い上がった観念から、その事実がすっかり忘れられているのである。我々は、科学が物理原則に順応して物質文明を築いたのと同様に、生命の法則に基づいて高度な倫理を建設しなければならない。それがこの文明を救う鍵となるであろう。それは現世における、具体的な現実性を欠く世界観・人生観から脱却し、三次元の上の生命界の理法に基づく東洋哲学と、三次元の物理界の合理性に基づく西洋哲学とを融合した、明暗一如の現実の人生に適応する哲学を創建することにある。その哲学を母体として『第二次ルネサンス』を起こすことによって、はじめて物質文明と精神文明の均衡が保たれ、そこに本当の平和と繁栄とが生まれるであろう。

中世の頃、人間はルネサンスにおいて神を天界から突き落とし、人間至上主義を唱え始めた。それまでは宗教が科学を弾圧した、迷信の霧の中にいるような暗黒時代であり、その後は科学が宗教を放逐して近世の暗黒時代を招来したと言えるだろう。それは現代に至るまで、常に生命界との深い因果関係を認めない宗教的、科学的偏見が底流にあり、また生命界に触れられるような感覚を持ち合わせていなかったことも要因であろう。東洋の人間は、自然の内で暮らしを営んでいるが、西洋の人間は自然をも凌駕して生活を営もうとする。

かつて、文豪高山樗牛は「書は能く人を教え、自然は能く人をつくる。社会は能く人を制裁し、自然は人を開放する。人をして、その本に帰らしむるものは自然なり。社会もまた時に自然に帰るを要する時あり」と、いみじくも語ったが、人間が自然の懐の中で生きることのいかに重要であるかが理解できるであろう。

生命界と自然界とは密接につながっているわけであるが、ここで生命界を営む『調候の法則』について考えてみたい。

寒い冬と、暑い夏とは極端な関係にあるが、その両極端の間には春秋の中和された季節がある。人類の生活は、その中和された気候に恵まれて高度に発展をしてきたが、実は常夏のアフリカのように、極端な雨季から極端な乾季へと気候が循環しているようなところでは、人類の生活は発展をしない。それはシベリアのような常寒の場所でも同様である。文明もそれと同様で、中世の極端な唯心の時代から近世の極端な唯物の時代へ、そして今日においては、これまで「科学万能」を謳歌していた我々現代人は、その根拠が崩壊し始めると、たちまち極端な唯心思想に偏向して「精神の自由」を唱え、「心の万能」を訴えている。この物質世界において生きる人間が、その対極にある内なる精神を最も重要なものとして、三次元世界の物質文明と精神文明の両極端を毎日行き来している。この両極端な関係の文明において重要なのは、季節と同様で『中和される』ことにある。物と心のバランスをとることができない人間とその文明は、三次元の上の存在である生命界によって中和されることが必要であり、真の高度な文明は、その中和された知識に基づいてのみ建設されるのである。

それ故に、人も社会も自然に帰って、大局の立場から改めて人間の生活を見直す必要が起こってくる。即ち唯心的に、唯物的に自然を偏って観察するところから、自然の深奥にある生命界からますます遠ざかり、ひたすら社会の道義や道徳、または教義、戒律に準拠して生活しようとする。そこに理想と現実との矛盾が起こる。ここは近代知識の最も理解しがたいところであるが、現にそれはかえって道徳を破り、道義を見失い、合理的と信じたことが不合理な結果となって、人生の上にさまざまな苦悩を生み出している。

生命界の法軌、法則に基づく大局の立場と、現象界に基づく唯心的、唯物的な小局の立場とでは、必然的に価値観は相違する。つまり判断の基準自体、または判断する重点の置き方によって価値は変動するもので、人類は差別をなくそうと訴えながらもいまだ相互に争いを続け、人間の知恵は進歩を続けながらも精神は後退をし、横にも外れて奇形となる。自由主義は自己主義となり、民主主義は独善我利となり、資本主義が格差を増幅させている。科学万能主義はまず兵器の開発に結集し、テクノロジーは多様性を覗かせながら人間を単一化して機械化する。

世界を見渡せども、どれもこれも詰まるところは私利私欲の闘争に堕して、到底世界の平和に直結しているなどとは言えない。現代の思想的、社会的、あらゆる混乱は、結局のところ価値の転倒に基づいて起こったものだといえるが、およそ世界にいかなる主義主張が現れようとも、人々の心眼に、人生の本義というか、生きていく価値というか、そのような根本的なところがはっきり映し出されて、それに向かって共同の努力がつくされない限り、人類幾千年来の「人と人との関係は狼の世である」という闘争を果てしなく繰り返すだけであろう。

修忘とは、精神と物質の二大文明の竿頭から、さらに一歩を進めるために、これまで習得した知識をすっぱりと捨て去って、幽隠の生命界と現実の生活との因果関係を理解するということにあろう。それは自己を正しく認識する根本で、自分の素質の何たるかを知ることによって、はじめて目先の理智を越えて自己の天分に相応する、自然本来の、薫り高い豊かな生活が営まれるのである。

（『人間の構成』長武寛著　西応出版部より抜萃）

「中」の理

自己の主張と相手の主張がどうしても折り合わない時、人々は交渉を始め、互いに譲歩を引き出し、できるだけ自身に有利になるように計らう。そして互いの中間点になるようなポイントを見つけたところで、契約に至るわけであるが、これは本当に中間なのであろうか。

釈尊曰く『両極端を知り尽くし、よく考えて、中間にも汚されない。彼を、私は偉人と呼ぶ』（中村元『原始仏教の思想』上巻）という一節があるが、これが「中」の正解である。

「中間にも汚されない」というのは、〈左右のどちらでもない〉という意味ではない。両者の中間をとるならば、それは単に両者を合して、稀薄にしただけにすぎないからである。『両極端の、その極端と極端とを越えたところにある見解から生まれた中間』こそが「中」となり得るのである。歴史的人物としての釈尊は、『中を以て法を説いた』のであり、後世の「部派仏教の中道」のように、「中」を限定化、固定化したものではない。「中間にも汚されない」とは、このことをいう。

本来「中」とは、〈誰にも等しい〉といった算術的中間ではない。常に流転変化し錯綜するなかに、過不足のいずれにも偏せず、常に均衡（バランス）を保つことが「中」であり、「中」（適度）を維持することによって、はじめて「正・善・美」などの意義が生ずる。

『中の理』は、正・邪を判断する基準となる。象学の領域でいう「中」とは、過ぎることなく、不足することもなく、一方的に偏ることもない。つまり、心に思うこと、発言すること、行動することが不足したり、行きすぎたりしない。即ち過不足のない、適当な節度を保っていることを意味する。控え目すぎたり、出すぎたり、説明が不足したり、余計なことを話したりするのは、いずれも「中」ではない。

しかし、それは往々にして誤解されやすいもので、例えば感情を表に現さず、常に平常心を保ち、喜怒哀楽などの感情を抑えている人を「円熟した人」とか「出来る人」だと称して、それが中庸だと考えている。しかし、それは甚だ間違った考え方であり、発言すべき時機に黙っていたり、当然為すべきことを遠慮して控え目にしたりするなど、むやみに感情を抑制して、灰色の気持ちを持つことを「中」というのではない。

また難しいのは、自身の思考ではなく、他人の忠告などであり、それが善意であったとしても、果たして「中」に準拠しているのかどうかの判断はつけがたい。

物事を善意に解釈することの是非は、その時、その場において、「中」の理に準拠するか、しないかによって定まるもので、ある時は大いに疑い、警戒し、時としては周囲の者の進言を退け、断固として自分の信念を貫くことが「中」で、またある時は、自分の信条、意欲を自ら抑制して、他人の忠告に従うことが「中」なので、『中の理』は決して固定したものではない。

信じる、疑う、ということの是非は「中」に基づくか、否かによって定まるもので、元来、疑うこと自体は邪ではない。現に哲学も、諸科学も、すべて疑うことから始まったのである。

理屈ぬきで神を信ぜよ――これが、そもそもの間違いのもとで、物・心二界だけの存在を認めて、象霊二界の存在を否定する――言いかえると、三次元界の道徳だけを認識して、高次元界の倫理を無視する従来の哲学や宗教は、いずれも理法に基づく「中」に準拠せずして、盲目的な判断で正邪を規定している。そこから中世紀の暗黒時代や、近世の奇型文化の時代が発生したのである。

『火（九紫）は金（七赤）を尅す』の理法に従って心眼（九紫）を開き、一方的に物に偏らず、心に偏らず、霊に偏らず、象に偏らず、一切を包越して理法に従って観る。それが、道の『中の理』である。老子はそれを『自ら見ず、故に明なり』と説いたが、またウッダカ・ラーマプッタという仙人が、釈尊に伝授したという『見つつ、見ず』の法も、これを説いたものである。道の『中の理』は、後世において仏教の中核とされ、「中道」と呼称されるに至ったが、「唯心論的に作為された中道」とは、およそ格段の差があろう。

見つつ、見ず

釈尊は、青年の頃に師事したアーラーラ・カーラーマと、ウッダカ・ラーマプッタという二人の仙人の思想に深く影響されていたことは史実であり、原始経典によって明らかにされている。

釈尊は晩年、弟子となった見習の修行僧チェンダに対して説法された中で、一般の仏典ではあまり説かれてはいないが、『見つつ、見ず』の行を教えていることが伝えられている。

「チェンダよ。ウッダカ・ラーマプッタはこのような言葉を語った。『見つつ、見ず』と。何を見つつ、見ないのであるか？　よく磨かれた剃刀の面を見るけれども、その刃を見ないのである。これが『見つつ、見ず』といわれるものである。（略）『ここでこれが除かれるべきである。それはかくのごとく、さらに清浄となるべきである』と、かくのごとく、それを見ないのである。『ここでこれが加えられるべきである。それはかくのごとく円満となるべきである』と、かくのごとくに、それを見ないのである。これが『見つつ、見ず』といわれるのである」

（中村元著『釈尊の生涯』）

例えば、坐禅をしていて、鳥が鳴けば、（鳥が鳴いていると）、ありのままに素直に思えば、それでよいわけで、（烏が鳴いたから、何か不吉なことが起こるのではないかなどと）、余計なことを思ってはならない。それはすでに烏に捉われているのである。

釈尊が青年の頃、ウッダカ仙人から教わったという『見つつ、見ず』の行は、やがて曹洞宗における禅観の基礎となるのだが、即ち北方・一白の智は、禅行によっておのずから先天二黒の無智に進化し、同時に南方・九紫の咸、映の用（はたらき）に沿って、老子の『見ずして、見る』の象観（観行）に移行し、無為自然に先天六白の無色、即ち天道に従い、道（仏）と一体となるのである。

また、先に述べたように「水性は即ち火性」である。一白の水と九紫の火を二分することはできない。九紫火性の体（かたち）を光、鑑と称し、用を照明、映写という。天道は昧（暗）くて見えない。しかし九紫の光は視覚できない天道を照らし映すが故に、九紫の鏡を見れば天の道がわかる。故に、火性の用を『先見の明』という。明智の『明』とは、九紫の先見の明を含んだもので、老子が、『戸口から出ないで天下を知り、窓からのぞかないで天道をみる』と告げたのは、この明を説いたものであり、これが『見ずして、見る』である。即ち、新聞やネットなどの情報によって世の中の情勢を知り、データによって今後を予測するのではなく、自然の内にある象（天道）から未来を知るのである。

象学

象学の真髄とは、この自然の内にある象を観ずることにある。未来である象界と過去である霊界が、我々が生活する「いま」という時空に同時存在しているということは、未来に起こり得る現象が「いま」に内包されており、その兆しを『象』として観ずるのである。

個人を貫き、地球を支配し、全宇宙をも動かす動因は果たして何であろうか。『象学』とは、まさしくこの『理法を解明する学問』であり、数千年の永きにわたって東洋において培われ、そして古来、日本においても連綿と伝承されてきた究極の思惟様式なのである。

象学が扱う「象界」とは、まさしく「とき」の象徴形式によって示されている。「とき」とは人間存在の本質であるのみにならず、全宇宙を貫く理法である。この「とき」を理解することなくして、人間・世界・宇宙の本質を観ずることはできない。象学とは、この大原理によって構成されており、それ故に、この理法を理解するための学問なのである。

人間・世界・宇宙の本質が「とき」、即ち「時間」であると観ずることは、象学も「とき・時間」によって支配されていることを自覚することである。人の運命・運勢は時の流れとともに推移し変転する。その変化の契機と時の流れの裡につかみ取ること、それが好ましい変化をもたらす。この事実を知らず、巷で切り売りされている易・気学・四柱推命などの運命学も、象学によって総合されない限り有効ではない。

東洋における古代からの叡知を結晶化した象学を学ぶ時、人は真の幸福とは何かを知り、またそこに契機を見出すであろう。

象学は本来、「霊」の問題と相俟って完成するものであり、現・象・霊三界を貫く理法を究明する学問が象学なのである。

捉われない心

象学を学んでいると、どうしても起き得た現象に対して「これは一白の現象だ」とか、「四緑の現象である」と、九気の性質に合わせて判断しがちになる。確かに、道を歩いていて通り抜ける車が水たまりを踏んで、その撥ねた水をかけられたら、それは一白の現象である。また、大事な契約の際に得意先と飲みに行き、「シメにラーメンを食べよう」となったら、四緑は細長いもの、また斉（ととのう）であるが故に、「四緑の現象、この契約はうまくいく」と感じるかもしれない。このように、生活において起きる出来事を九気の性質に置き換えて、いま自身に何が起きているのか、またこれから何が起きるのかを予測しがちになるのであるが、それを気にするようになると、些細な出来事さえも「何かの現象」であり、「何故、この現象が起きたのか」また、「この後、どんな現象が起こるのか」ばかりを考えるようになってしまう。

それは切りのないことであり、取り留めもないことであり、すでに現象であったり、九気に捉われている状態なのである。

そもそも、象というものは、観ようと思って見えるものでもなく、それを「観じた」と思ったとしても、たいてい、気にしすぎの、ただの気のせいである。

象観を持つ者というのは、例えばこのような感じである。

「窓から入ってきた一匹の蜂が、すうっと床の生花にとまるのを見て、『明日の午後、西の方から二人の客がやって来る。いずれも中年の男だが、両人とも酒豪のようだ。一泊して、多分、東南方に向かうだろう』と、傍らにいた夫人に語った。翌日、予見のとおりの珍客が数年ぶり訪れ、その夜は昔話に花を咲かせて、翌朝には東南方の温泉地に向かった。もちろん、前もって連絡のない突然の訪問であった」というような内容である。また、「鳩が自宅の屛を超えて庭に舞い降りたのを見て、急いで女中を呼び、助産婦を迎えに車を走らせた。助産婦の家はかなり遠方であったが、助産婦が訪れた時は、離れ座敷に寝ている夫人が、出産直前の陣痛に苦しみはじめたのと同時であった。鳩が舞い降りて、そこに象を観た時、婦人も女中も出産のことは予想もしていなかったという」。このように、象観を持つ者は、見ているものの次元が違うのである。

「とき」は未来・現在・過去を一貫して大気中に流れ、万物は「とき」の流れに伴って生滅流転しているが故に、一匹の蜂や鳩の姿態が自然の型で示す象意（意味象徴）を観察することができれば、未来の事象を予見できるわけである。しかし、そのような能力のないものが、「これは何の象であり、何が現象するのであろうか」と考えたところで、わかるわけがないのである。

結果的に、「あの時の現象は、こういうことだったのか」と後々になって思いつくことはあっても、往々にして、その時は気がつかないものである。せいぜいできることは、出かける前に靴紐が切れたら「双殺の作用があるかもしれない」と気をつけるべきだし、皿を割ったり、指をちょっと切ったりした時などに、少々気を引き締めて注意することぐらいで、必要以上に身構えることは、自然体で動けなくなることであり、かえってうまくいくものも、うまくいかない。どうしても九気の性質や現象に捉われてしまう場合は、『人間は自然の一部である』という事実を思い起こし、いたずらに、意図的に行動しないことである。事は成り行きに任せた方がうまくいくことが多いようである。

不平等の相対的相持

「あなたと私は同じ人間であるので当然、平等である」と、心のどこかで思いながらも、隣りに座る親友と自分とを比べてみると、どう考えても平等とは思えないこともある。容姿も違えば、身につけている物も違う。立場も異なれば財布の中身も生き方も違う。何もかもが不平等であるが、お互いに親友であるという関係のみが平等性を持っている。しかし、宇宙間には、平等なものは一切存在しない。また不平等のものは、当然その力も平等ではない。その不平等の力の相対的相持によって宇宙は存在し、万物はこの不平等の相持によって構成されている。即ちこれが宇宙の原理であり、万物はこの理法によって支配されている。

しかし自然には、いろいろなものの差を小さくしようとする傾向がある。そして人間もまた、平等を叫ぶ。それ故に、仏教の領域では、例えば観世音菩薩の『種種重罪　五逆消滅　自他平等　即身成仏』の大悲願を説く。即ち仏（神）の慈悲、救済とは、局所場外のもろもろの幽罪及び滅気・五行の循環を消滅し、不平等を平均しようとする神意、作用（はたらき）を呼称したものであると言ってよいだろう。象学の領域において、六白軌道における象的作用を『天道』と呼び、また霊的作用を『神（仏）道』と称しているのは、以上述べた理由による。

高次元界の神霊に引かれて人間が神境に入ると（我入）、人間の引く力は押す力に変化する。即ち天道に従って神の作用を輔佐するわけであるが、しかし、人間は神霊の存在を感覚することができない。

強きものは引き、弱きものは押す。物質文明が高度に発展すればするほど、反比例して精神文明はますます低下する。即ち人為は足りないものを、さらに損し、余りあるものを、さらに増すのが常で、このアンバランスの極から、現今の奇形文化が出現したわけである。近代文明は、こうした不平等の力の相対的相持の上に築かれているが故に、自然的に人間性の喪失、人類滅亡の危機を招来するのである。

例えば、五黄の暴欲が盛になれば、自然必然に『土尅水』の理に沿って、一白の理性が破壊されるものである。人間が天道に従って経済、科学を支配している間は、自然の理法は最高のバランスであり、この二つの力は人類の福祉に対して偉大なる貢献を果たすものである。

ところが、人間がその恩恵に魅了され、その力に引きつけられ、遂に理性を失って「黄金万能」「科学万能」を叫び、押す力に変化した時、即ち六白の過分の作用である過信、過剰意識が起こった時は、すでに五黄の廃、暴、反転の作用が根底に働いている（『土生金』の理）。

それ故に、人間が創造し育成した経済・科学の二つの力は、五黄に誘導され促進されて、いわゆる鬼子となり、暴君となって逆に人間を支配し、機械化し、駆使するわけである。

第8章

宇宙と時空の真相

宇宙と「とき」

我々人間という存在が、どのようなものなのかが理解されていくに従い、もっと大きな存在である宇宙の実相をつかむことで、より正しい世界観を理解することができるようになる。宇宙の果てはいまだ認識することはできないが、夜空に瞬く星々や、その先にある多くの銀河を考えても、宇宙という空間の広大さは人間の想像以上であることは間違いない。そこで、いまだ認識することのできない空間について考えるよりも、空間と同位である「とき」について考察することによって、宇宙そのものの実相に、この世界の真相に着目することにしよう。「とき」を真に理解することによって、「とき」と自己との関係性を理解した時、宇宙と人間の関係性もより深く認識することができるようになるであろう。

時空七次元の結合体

世界中の物理学者が新たな物理モデルを考察し、その理論は現在「超ひも理論」を中心に展開されている。理論を安定させる上で重要となるのが「次元」であり、現在の理論上では九次元を以て、この世界は出来上がっているようである。

我々人間が感じている次元は、空間で物が立体的に見える三次元であり、そこに時間の一次元が加わり時空四次元の感覚の中でぼんやりと過ごしている。それは車に乗って移動をしている時や、飛ぶ鳥の姿を見て、何となく時間や空間を感じる程度である。それを無意識的に三次元、四次元であると感じるくらいで、誰も次元のことなど気にしながら生活はしていない。

しかし、先に述べたように、この世界は多重次元であり、四次元以上の上位次元が存在している。それは目に見えないだけで確かに存在しているわけであり、夢枕に立つ霊体は目に見えてもその存在は異なる次元に在り、臨終の際に訪れる霊体はまさに空間という次元を越えているのである。

空間は三次元であり、点の一次元と、線の一次元、それに面の一次元を以て立体的な三次元を構築している。ちなみに蟻は二次元の生物であり、平面上をどこまでも線を描きながら移動する蟻には、その世界は二次元である線の世界にしか見えない。空間を飛翔する鳥は三次元である。そこに三次元界に流れる時間を足して時空四次元となるわけであるが、実は時間はもう一つあり、よって二種類の時が存在している。それは我々が常日頃から感じている『物質の世界に流れる時間』と、認識することのできない『生命界に流れる時』である。この二種類の「とき」は、あたかも光の粒子と波動のように、本質的には独立したものであるかのように思われるが、現に二つの異質の「とき」は表裏一如として相互的に関係している。よって、我々が感じている時間は物質界の時間でしかなく、実際にはもう一次元分の見えない「とき」が存在しており、計五次元となるわけであるが、そこにさらに二つの次元が加わる。それが『過去』と『未来』である。

人はどうしても過去は過ぎ去ったもの、未来はいまだ訪れぬもの、と考えがちであるが、空間的には未来も過去も同時に存在しているのである。要するに、「ときを越えた空間」がそこに在るのである。『過去とは霊界』であり、それを密教では「胎蔵界」と呼称する。『未来とは象界』であり、密教では「金剛界」と呼称する。この象霊二元の空間を含め、三次元の場、物質界と生命界に流れる二つの次元の時間を総合し、宇宙は『時空七次元の結合体』となっている。

「時間」の問題

象学を理解するにあたって、まず時間の問題を解決しなければならない。即ち「時間とは何か」ということである。ニュートンの林檎が地面に真直ぐ落ちるように、時間のイメージとしては直線的に過去から未来へと進んでいくイメージがついて回っている。それをアインシュタインが相対性理論によって打ち破ったわけであるが、相対性理論が唱えられてから一世紀を過ぎた今でも、生活に関係のない相対性理論を理解している人は少ない。

絶対的というのは、相手のいかんに関わらず変化のないことをいうが、相対的とは、相手が変わればこちらも変わることをいう。相対性理論で有名なのが「競争をする電車に乗った人」という話である。電車に乗っている人は電車と同じ方向に同じ速度で移動しているから、その人は相対的に運動していない。即ち人は電車に対して静止している状態である。しかし窓の外を見れば景色は動いている。また自身の乗った電車を追い越そうとする電車が走ってきたとすると、その電車に乗っている人から見れば、自身の乗っているスピードの遅い電車は後ろに下がっているようにも見える。自身から見ても、自己が停止しているように感じている場合は、相手の追い抜く電車が動いているように見えるし、相手を停止させて自己が動いていると感じている場合は、自分が後退しているように見えてしまう。つまり、基準とすべきものが、自分の乗っている電車であるか、それを追い越す電車であるかによって一人の運動はまったく異なったものになってくる。そこに何か絶対的に静止しているものがあれば、それと相対してあるものは運動しているわけである。

象的世界もこれと同様であるが、しかしその間の事情は違ってくる。自己にとっての時間の基準となる生年月日は生涯変わらないが、それと相対して、「ときの流れ」即ち時間の性質は常に刻々と変化をしている。九気の盤が時に応じて変化するそれである。またその「年月日時」は、ときの流れに対して基準となるが、しかし「とき」自体の基準に沿って常に循環しているのである。このことは空間（場、即ち方位）においても同様であり、象の世界にも何一つ絶対的なものは存在しない。

時間そのものが螺旋を描いているのは、ある意味において日本人の感覚ではわかりやすいことかもしれない。春夏秋冬という季節を通して、例えば繰り返し行われる夏の祭りは、円線を描いて回帰しているように感じられるであろう。ただ時間が過ぎ去っただけの、毎年、単に時間を積み重ねてきたような感覚よりも、また夏に戻ってきた、というような、ぐるりと巡り巡ってまた夏が訪れたかのような感覚を得るのが祭りであり、日本人の感覚ではなかろうか。わが国では、四季の移り変わりがはっきりしているが故に、日本の民族には円環的な「とき」の観念が濃厚なのかもしれない。

また、その四季の間には土用があり、この「間」の感覚も単なる「隔て」（距離）の間ではなく、媒体としての間と感じられる趣きがある。それは春がおのずから余寒と暖気とを併せ含みながら夏へと移行し、夏は暑気と冷気とを併せ含みながら秋へと移行するように、その季節と季節との間「土用」は、それぞれの特性を包み込んでの「間」であり、それは「時間と空間」とを包み込んだ媒介としての「間」（節）なのである。これを昔では『中今（なかいま）』と呼んでいる。

日本人の「間」（中今）の感覚は、「時間・空間」を包み込んだ、媒体としての「間」である。例えば世間では「間を取る」「間を置く」「間に合う」「間（運）が悪い」と言うが、これらには時間的な意味合いで使われる場合や、空間的な意味合いで使われる場合もあるが、その多くは時間と空間を包み込んでの「間」であり、時間と空間とに分かちがたい「間」の意義が、日本人の「間」の感覚につきまとう。即ち「間」とは、何もない「間」ではなく、光が真空を媒体としているのと同じように、何かと何かをつなぐ媒体としての「間」なのである。

古代の日本において、文武天皇・元明天皇・聖武天皇などの即位や改元の宣命には、「高天原に事はじめて遠天皇祖（とほすめろき）の御世御世、中今に至るまで」というたぐいの「中今」の認識が見出される。そうした時間認識は万葉集のなかにも歌われているという。そして、その「中今」は、『過去と未来との接点に位置する節として、自覚された形跡が色濃い』と説かれている。

先に説いた、水平線という幅のない線が現在であるというたとえでもわかるように、実は、現在には時間というものがない。未来も過去も現存せず、そして現在は、未来と過去との境界として直感的に現存しているだけにすぎない。しかし、内容的に言えば、「土用」と同じく空虚なものである。

時間が螺旋を描いているならば、現在に接する過去と未来とが存在することになる。周回する同一点がそれである。実は時間のない「今」という時間には、過去と未来が包括的に含まれており、時空七次元を構成している。それ故に「中今」とは、過去と未来との接点としての認識に至るのであり、時間のない現在そのものが過去と未来の媒体としての「間」の役割を果していることとなる。

先祖や自身における過去の出来事は、結果となり、業となって回帰点において再び発現し、「その時」において現象する。我々から見た未来の出来事は、実は過去からやってくるのであ

図22　過去と未来との接点としての現在

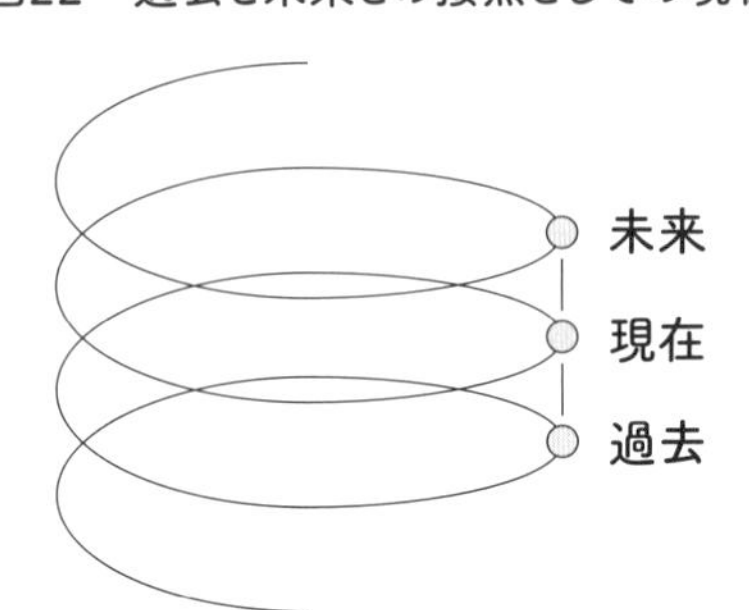

「とき」は螺旋を描いているが、
過去と現在と未来は重なっている

る。未来においては、象界において未来の出来事として発現し、その痕跡を現代において「象（きざし）」として自然の意味象徴として視ることができる。霊能者が過去や未来を霊視することができるのは、その能力において時空を超えることができるからであり、象界における未来の出来事を垣間見れば、霊界において過去の出来事を幻視するのである。いずれにせよ時間とは過ぎ去るものではない。

　道元の『正法眼蔵』（第二十巻）の「有時」という語は、「時間はそのまま存在であり、存在はみな時間である」という意味であり、存在と時間とは一体のもの（存在即時間）という根本的な立場に立って説かれたものである。

　一切の存在は、すべて無限定なるものであるが、時間（時節・数）に規制されて限定を得、秩序づけられ、調和せしめられることによって、はじめて「何ものか」として存在する。故に、時間（時節・時勢・数）から離れて、各個人の生活は存在し得ないのである。『正法眼蔵』（第十四巻・空華）のなかに、「華を開く『時節』を参究することが最も肝要である。すなわち時節と因縁との関係について究明すべきである」と説かれているように、「有時」には〈時節因縁〉

の意が含まれている。「自然成すなはち華開結果の時節なり」がそれである。時節が到来すれば（因）、結果として（それに縁って）自然必然にその時節の華が咲き、実を結ぶ。時は四季を通じて、諸々の草木に華果を保有しているのである。花の咲く因も、華落ちて実を結ぶ果も、真理の一つの相であり、道のはたらきそのものなのである。

道元は、「今までに有時の道理を明かにした者がいないのは、時は過ぎ去るものとのみ考えているからである。要するに、世界の一切の事物は（時を軸として）連なっているのである」

「有時ということを固定して考えてはならない。人は、時が過ぎ去るものだとばかり考えていて、それが過ぎ去らないという一面には気が付かない。（略）たとえ、時が去らないものだということを認めても、それが自己のうちにあることを理解できない。たとえ、それを理解しても、やはり空しく、真の自己を模索している。そのようなものから見れば、悟りの智慧も解脱の境地も、ただ一時的なものに過ぎないということになる」

「一切の世界の事々物々が、すべて時であり一切の世界のすべてが自己のうちにある。それを自己が体験するのである。『自己が時である』というのは、このようなことである」

道元の独特の時観は、「有時の而今」にあるといえよう。「而今の山水は古仏の道現成なり」……「而今」とは「即今」ともいい、「唯今」という意味である。しかし、この「今」は、昨日（過去）・今日（現在）・明日（未来）といった、分別・対立する今ではない。過去も未来もすべてを含めた時である今、仏道の現成する今、真理そのものの実現する今、である。これを

「有時の而今」という。

自身における時間の基準点が、父の精虫が母の母体に着床した瞬間から始まり、また自身が母体から生まれ出た瞬間、その生時・生日・生月・生年であり、自己は、言わば時間性に縁って指定された一個の空間点である。それは水平線が天体の高度を測定する重要な基準線であるのと同様に、実は自然本来の人間の「素質」及び「運勢」（生の営み）を計る重要な基準点の一つなのである。道元の説く、「時は自己のうちにある」「自己が時である」と、軌を一にするものといえよう。

時と自己について理解することは、実相を達観するための大切な基礎となるもので、それを真に理解するには、自らが体験して、おのずから身を以て得る（体得）ほかない。そして素質と「とき」の関係を理解することは、即ち自己を知る根本で、さらに「素質及びタイミング」と外界の間に流れる「とき」との密接な関係を知ることは、即ち自己を生かし、人生を意義あらしめる源となるのである。

結果は原因（時）に規制され、結果は原因のなかに潜在的に存在している。「とき」は『宇宙の生命リズム』であり、『生命的エネルギー』なのであり、人間はその「とき」を自己のうちに素質として秘めているのである。（『象学・運命の構造』長武寛著　平河出版社より抜萃）

「とき」の表面

ニュートンの説く時間は「絶対的な数学的な時間は、それ自身の性質として外界のいかなるものとも無関係に一様に経過していく」であり、空間に対しては「絶対的な空間はそれ自身の性質として、外界のいかなるものとも無関係に、常に同一不動のものである」と説明している。相対性理論や量子力学が発表されるまでは、この「時間は一定不変で直線的に流れる」という考え方が信じられ、いまだにそう感じている人は多い。

そこにアインシュタインの相対性理論が登場するわけであるが、これにより世の中には「絶対」という事柄がなくなってしまった。先に述べたとおり、絶対的というのは、相手のいかんに関わらず変化のないことをいうが、相対的というのは、相手が変わればこちらも変わることをいう。競争する電車の話のとおりである。

しかし我々は、時間とは一定不変に進むものだと思いがちであり、それは時計の針が一定のリズムで時を刻んでいる様子からもうかがえる。昨日の一時間と、今日の一時間は同じである。とはいえ「とき」は直接的に知覚できないから、直接的に知覚できる空間、即ち「もの」に性質を置き換える必要が起こってくる。これも先に述べた、「駅まで十分の距離です」というたとえのとおりである。物理学の世界では、空間の三次元に時間の一次元を組合せて時空四次元としている以上、時間と空間は同種でなくてはならない。量子コンピュータの登場により、世界はより誤差のない一秒間を刻めるようになったが、この等間隔の感覚が時間の均一性を表現しているといえよう。

しかし、この物理学的時間と対照して、生物学の立場では生物と単位時間との関係において、時間に対する考え方が基本的に変わってくる。物理学では、昨日の一時間と今日の一時間は、単に時間の計量によって等間であると考えるが、生物にとっては一日とか一時間という単位時間は性質が違っているのである。

つまり、物理学的には同じ時間の中で生きている生物であるが、その中で起きている生物現象は同一の内容ではない。例えば、ハツカネズミの寿命が二年で、ゾウの寿命が一〇〇年であるとすれば、ある意味ではハツカネズミの一日は、ゾウの五十日に相当する。このように、寿命の異なる生物の一日、あるいは一年という単位時間の性質は、ハツカネズミとゾウとでは違うのである。それは同じ種類の生物においても異なるであろうし、我々人間においても同様であろう。子どもの頃に過ごした時間と、年齢を増すごとに速まる時間の何たることか。

生物学的時間には、物理学的時間のような客観的な基準がない。生命の一回性、不可逆性に関連して、一様の等間隔的な速さの流れではなく、始めもあれば終わりもある。生命の活動は決して一定不変ではないのである。

これが一般的な時間の表面的な捉え方であり、科学の領域における物理学的、生物学的な時間の立場を考えただけでも、この両者では時間に対する基本的な考え方は異なっている。

「とき」の側面

我々の思考では、どうしても時は過去へと流れ去り、一定の間隔にて計り得るのが時間であると思いがちであるが、誰しもが体験上、速度の変化する時間を過ごしているはずなのである。真に「とき」とは妙なもので、恋しい人を待ちわびる時間の経つことの長いことといったら、気が変になりそうなほどでもあるし、それでいて恋しい人と過ごす時間はあっという間に経ってしまう。嫌な仕事や勉強をしている時は、時間に鉛の重りがついたように愚鈍に感じられ、好きなことを夢中でやっている時に過ごす時間はあまりにも速い。それが同じ一時間であったとしても、どう考えても同じ一時間とは感じられない。何故、同じ一時間という「とき」が、このように体験的に長かったり、短かったりするのであろうか。

そこに「とき」の側面の働きがある。「とき」の性質として、その内容の充実している時においては速度を増し、稀薄な時には速度が低下しているように感じられる。それはゴム紐を伸ばしたり、縮めたりした時のゴムに似ている。物質的には変わらないが、細く長く伸びているわけである。このゴム紐には二つの極があり、それは「引っ張りを加える」原因の側と、それによって「引き伸ばされる」結果の側である。この場合の「とき」の性質として、速度の速い時は「物事の結果が現れているとき」であり、速度の遅い時には「物事の原因を作りつつあるとき」なのである。これは『ときが原因周辺では稀薄であり、結果周辺では濃密である』ことに他ならない。これが時間の持つ性質のひとつである。

ここに今度は哲学的な要素が入り込むと、「とき」の事情はさらに一変する。「とき」は過ぎ去るもの、流れゆくものと、空虚なものと考えることは、その人生をも空虚なものとしてしまい、世の中のすべての物事も味気のない、無意味なものとさせてしまう。そこで哲学や宗教が登場し、どのようにして有意義で有効的な時間を過ごし、人生をより豊かな価値のあるものにしようかと問いかける。

人生のどん底にある時、物事がトントン拍子で運ぶ時、多忙な時、自堕落な時、逆境にある時、病気の時、その時々の境遇の中で「とき」を生かすことは、人生の価値を見出す基本である。即ち人生の側面に働く「とき」を生かすものは心のはたらきにあるが、カントが「時間は悟性の構成要素である」と言ったことがうなずけるであろう。哲学や宗教は常に心に基準をおいて「とき」を考え、「とき」を生かすことによって生命の価値と意義ある人生を具現化しようとする。

「とき」の裏面

哲学や宗教における時間というものは、時間そのものの普遍性を説きつつも、いかに自己に対して有利に働かせるか、という利己的な状況に陥りやすく、またその時間さえも精神論的な捉え方であったり、願ったり祈ったりすることで自己に有利に働きかけることを望むといった具合である。これと対照して、象学の立場から「とき」を考えると、その間の事情は一段と複雑になる。

ここで「とき」の変通性（時間性）について考えてみたい。「いま何時だろう？」と時計を見れば、我々はそこから時間を計ることができる。何時までに何をやって、何時に出かけて何時に誰かに会う。時間を計算しながらそのタイミングを計っているわけであるが、人生に常に働きかけてくる多様なタイミングは、時計では計れない。いつ、どこで、どんな物事が人生を変えるような出来事なのか、「その時」はわからないものである。ここで進むべきなのか、それとも見送るべきなのか。世間でいう潮時というのは、人生を一つの航海と見立て、船と潮の満ち引きの関係を処世上の進退の時期にたとえたものだろう。それほど進退のタイミングとは、人生における重要な処世の要諦なのである。

複雑な社会生活の中で、いかに合理的に物事を進めて有利になるように努めても、人は良きにせよ、悪しきにせよ、思いもかけない時に意外なところで意外な出来事に遭遇する。このような時に、時間は自分の想像もつかないような働きをするものだと、心底思ったりする。「とき」というものは、人間の心とは一切関係なく流れており、それがある時は心と同調するかのように、想う人と街でばったり出会ったり、または意志と逆行するかのようにどうにもうまくいかないこともあり、思わぬところでその影響を受けていたりする。

何をやってもトントン拍子にうまくいく「追い風に帆」の状態の時もあれば、何をやってもうまくいかない「踏んだり蹴ったり」の状態が続くこともある。こうした「とき」の変通性を世間では「ついている」とか「ついていない」と言っている。

要するに、ウリの種子はウリを生じ、ナスの種子はナスを生じるように、善人は必ず幸せになれ、悪人は必ず滅びてしまうような、まるで映画の筋書きのような考え方では、とうてい運命なるものの正体を突きとめることはできない。ウリの種を蒔けば、やがて芽が出てツルが伸び、葉が茂って実がなることは当然の理ではあるが、「権兵衛が種子を蒔けばカラスがほじくる」ことがあるように、気候や天候などの雨風、日照り、害虫などの災禍もウリとは深い関係がある。

それは国も、社会も、家庭も、個人も同様で、すべては大気の中に包まれ、空間に流れる「とき」とともに千変万化している。政治においても、経済にしても、会社についても、人間の理性は常に合理的に運営しようと計る。ところが、空間に流れる「とき」は人の思い考えることとは一切無関係に働くところから、時たま予期しない結果を生じて人を困惑させる。即ち、相対性の相手の具合（時間の性質）によって、此の方（空間性）に変化が生じる。このような「とき」の変通性の理は、一本のウリにおいても如実に示現されているのである。

人生を一つの航海と見立てた場合、我々には航海に必要とするどのような知識があるだろうか。生活を合理的に営むための知識は、学校や社会から習得している。言わば船のエンジンを操作する知識といってよいだろう。ところで、船にはいろいろな種類がある。太平洋の荒波をものともしない豪華客船もあればクルーザーもあり、漁船やヨットもある。そこで自身を船とみて、自分はいったいどのような種類の船なのであろうか。即ち、人間はそれぞれ『素質』と『タイミング』を天分として自然から稟け、この世に生まれている。つまり自分の素質は時間性から指定された空間点で、その性質は言わば船種であり、また人生の方針というべき羅針盤でもある。しかし、自分のことは自分が一番知っているようで、常に変転する人生において自分というものが案外わかっていないものである。

それは自身の身体について考えると理解しやすい。感覚的に自身が常に身体をコントロールしているように感じている。つまり自身の思考が身体を動かしているように感じるわけであるが、実は意識下に潜在する無意識に働きかける磁場の影響であったり、精神の背後に潜在する霊によって、常に身体はコントロールされていたりする。素質もそれと同様で、さらに時間の性質によっても操縦されているのである。

それでは、「とき」は素質に対してどのように働いているのであろうか。生物に対する「とき」の表面の働きは、一匹のハツカネズミの生命現象を観察しただけでも、宇宙のリズムが、いかに生命のリズムに基本的な役割を演じているかが理解できるように、素質に対する「とき」の裏面の働きも、それと同様の基本的な役割を演じている。例えば、自分が「好きだ」と感じる物事と、持っている素質とは関係のないことも多い。いくら演劇が好きでも、素質がなければただの売れない役者である。得意な趣味があったとしても、それが本来の性質であるとは限らない。また幼少の頃の才能と、成長してからの才能が同じだともいえない。自身の持って生まれた素質が、人生の行路においてその時々における時間的エネルギーの影響を受けることによって変化することは容易にあるわけで、先に述べたとおり、素質と「とき」の関係を理解することは、即ち自己を知る根本であり、さらに『素質及びタイミング』と外界に流れる「とき」との密接な関係を知ることは、自己を生かし、人生を意義あらしめる源なのである。

人生という航海に臨んで、船自体の性能も理解しないまま、前途に横たわる暗礁を見究める海図もなければ、人生の運、不運の風波を起こす気象を探る端末やレーダーも持ち合せずに大海原に乗り出したなら、一体どのようなことになるのであろうか。仮に権力や財力、腕力にものを言わせて無理に物事を押し通したとしても、そこに永続性がないことは世界の歴史が雄弁に物語っている。それ故に、永続性のある充実した豊かな処世と、真の人生の意義を考える場合、どうしても「とき」の裏面と側面の二つの働きを、先に理解しておかねばならないという理由がここにある。

ところが、科学の領域では「とき」の裏面と側面の二つの働きを無視して、「とき」の表面の働きだけを観察する。そこから唯物論が生まれ、さらに人間を機械的にしてしまう。一方、哲学や宗教の領域では「とき」の裏面の働きに到達することはできず、「とき」の側面の働きだけを観察する。そこから唯心論が生まれてくるのであるが、心に基準を置くかぎり、「とき」と「場」の関係、つまり客観的真実性が消失して自己の素質と「とき」との関係がわからない。即ち自己を見失うのである。それは「心にこだわれば心を失い、勝負にこだわれば工夫を失う」と言った槍の名人、顕三郎の述べたとおりであり、これは諸科学にも、哲学や宗教にも、それぞれの立場に通ずる言葉ではないだろうか。

「とき」の表面だけを偏って観察すれば、当然空間性も一方に偏って観察するもので、それは因果循環の法則である宇宙のリズムが、人間の個性（性質、才質、体質、生活、生命）に対して、いかに基本的な役割を演じているかを思い、また本来の人間の存在をより正しく、より具体的に全体として把握しようとするとき、その基本である「とき」を具体的に全体として理解しなければならないのである。

物理学の領域では、前述したように「とき」は直接的に知覚できないから、直接的に知覚できる「空間」である「もの」に性質を置き換えて、空間性を基本的な本質として物質を究明する。しかし人間の素質は直接的に観察しても、あるかと思えばない、捉えどころのない心と同様の素質はわからないものである。そこで象学の領域では、直接的に知覚できない素質、即ち空間点を、その裏面に働く「とき」の性質に置き換えて、『時間の性質を基本的な本質』として究明するのである。つまりある一定の何年、何月、何日、何時、何分という時間単位の性質を本質として、時間性に主眼を置くのである。

ここで、相対性の時空と対照して、一般に呼称されている天地ということを考えてみよう。象学では、天とは「とき」、即ち時間を意味し、地とは「空間」即ち場であり、方位を意味する。天と地の密接な関係は、物理学の時空の関係と同様である。

例えば、ビルの傍らを歩いている時、屋上から物が落下して負傷したと仮定しよう。このような事故の場合、時間的に一秒早いとか、一秒遅かったら災難に遭遇しなかったわけであるが、それは同時に空間的（距離）には一歩進んでいたか、一歩遅れていたかで遭難しているのである。したがって天（とき）が自己に対して有利に働いておれば、地（距離・場）も相手の天の具合によって有利に変化し、逆に地が自己に対して有利に働いておれば、天も相手の具合によって有利に変化していたはずで、つまり一秒の差、または一歩の差で危うく難は避けられたわけである。

この場合、屋上から落下した物と、通行する人との心とは全然関係がないのだから、心を基準とする宗教の立場では「神のおぼしめしである」と、例のごとく神観念的に片づけるであろう。また科学の立場でも「偶然の一致によるものだ」と簡単にけりをつけるのが普通である。

しかし、これら空虚な考え方から一歩進んで、地上を歩く人間の身体を操縦している『あるもの（力）』と、屋上から落下する物との間には、いったい何が働き、人間と物とを結合させるのか。即ち事故が起こる時の天と地と人との因果関係を深く追究すると、従来の皮相な観察ではすまされないのである。

天地人

我々人間を含めた諸生物は、大地の上で生活を営みながら空を、天を仰ぎ太陽や月、星を眺めながら日々を過ごしている。天と地、そして人。この関係がどんなものなのかを老子が説いている。『老子』（第二十五章）の中に「（略）人は地に法り、地は天に法り、天は道に法り、道は自然に法る」と記されている。これは一体どういうことなのであろうか。

『人は地に法る』とは、人間は大地の上において生活を営んでいる。故に、人は大地の「在り方」を学び、それに準拠して（人は地に法り）、自らの分に相応してそれぞれに生活を営む。『地は天に法る』とは、大地が万物を生産するのは、天体における日月星辰の運行、朝夕の推移、寒暖、晴雨などによるものであって、天は地に対して陽性、地は天に対して陰性である。あたかも影が光に添うように、大地は常に天体に規定され、それに順応する（地は天に法る）ことによって、地としての命脈を維持している。

『天は道に法る』とは、天体における日月星辰などの永遠不変の運行も同様に、例えば太陽の自転にせよ、地球の循行にせよ、すべて一定の速度を保って運行している。即ち天体の運行は、始源・根源としての道紀によって、おのずから数的に規定されて限定を得、秩序づけられ、調和せしめられることによって（天は道に法る）、はじめて天体として具体的・現実的に存在するものたり得る。道紀とは、古今を貫く道のはたらきの筋道をいう。

『道は自然に法る』とは、道は「とき」を枢軸とする三世（過去・現在・未来）・三界（現・象・霊）を貫道し、現象を支配するもの、即ち現象をして現象たらしめるものである。故に、道は自然（時節・時勢）に準拠して（道は自然に法る）、陰陽相対するものを高次に統一し、現象を現象たらしめる、現象の始源・根源となるのである。

そもそも、人間は自然の理法をそのまま縮小した一個の小天地であり、無形の道が運（うご）く（律動する）に及んで、現象界には道の体・用（時間性・方位）がそのまま人間の形体、人格、運命となって現象する。これを『人は地に法る』という。また天の用は、地に無形の方位を形成する。これを『天地同根』、即ち『地は天に法る』という。

而して、天は「とき」を枢軸とする現・象・霊三界を貫く理法、即ち『道に法る』もので、つまり無為自然をもって天の体とし、天の用は道に法るのである。

天の道と人の道とは、一見、対立しているかのように思われる。しかし、決してそうではない。道のままに行為する人は、道と同体になるものであって、道の「生気」の用は、そのまま理法なのである。

が、覚者（聖人）の規範としての道であり、道は自然存在の理法であると同時に、人間規範の

古鏡・三鏡

鏡は中国を中心とする東洋系のものと、地中海沿岸を中心とする西洋系のものとがあり、例えばエジプト人における聖鏡（アンク）は、「その中にすべての神々を黙想するべきもの」である。わが国の八咫鏡（やたのかがみ）も、聖鏡には違いないが、およそ内容において次元を異にしている。

中国において初めて鏡が作られたのは、春秋から戦国時代（西紀前四〇〇～三〇〇年）の頃と伝えられているが、『経書』には「鑑」と記され、「水を盛る大きな盆のような器」と説明されている。「鏡」の〈竟〉文字は、身体を屈曲した形を象ったものであり、「窮」（きわめる、つくす）の意味が含まれている。また「鑑」の文字の〈臨〉は、「盤中の水に臨む意」であり、「鑑・鏡」の字を「かがみ」と読むのは、身を屈めて水鏡に映す場合の「かがみみる」（影見）ことに由来している。また鏡が「真偽を写す（窮める）」意味に用いられたのは、鏡が真影を写すことに根ざすものといえよう。

わが国においては、天照大神が陰に象る（かたどる）鏡を「わが魂」と告げられた故実に由来し、地上に降る瓊瓊杵尊（ににぎのみこと）に対して、勾玉・剣と共に与えられた金属製の鏡であると伝えられている。また

紀伊の日前社ほか、全国の諸神社においても鏡は「神」の象徴とされているが、実は「鏡は天地陰陽の根本」を象徴するものであり、昔は「三種の鏡」をもって天下を治め、大道（人の践み行うべき道）を修められたという。この鏡こそが「八咫鏡」である。

神代から伝わる八咫鏡は三枚あり、一枚は伊勢神宮に、一枚は紀伊の国の日前社にあり、そしてもう一枚は内裏の内侍所（天皇家）にあり、鏡を伝持することが国を治めるゆえんであるという。

ここで、九気の系統に勾玉と鏡を配すれば、玉は六白金性の体（かたち）であり、鏡は九紫火性の体である。九気の盤では、南の先天は六白、後天は九紫。即ち六白（玉）は上で、九紫（鏡）は下となる。九紫火性の主な体用は「光・照明・映写・鏡・相対・中」などである。九紫の光は「粒子・波動」の相対を包越したところ（中）にある。「陰陽・五行」の思想は、「中」の理を尚ぶことから、「天の香久山の真賢木、上枝に勾玉、中枝には八咫の鏡」が懸けられたゆえんであろう。

昔、現今の九気の盤は「方鑑」と呼称されていた。即ち九気の「八方位の盤」が「八咫鏡」であり、「とき」を枢軸とする三世・三界を照らし、天・地・人それぞれの動向を遍く映し出す。『鏡は是天地陰陽の根本』なのである。

九気の盤（方鑑）は三枚に分かれており、そのグループは「一白・四緑・七赤」が中央に遁甲した年の盤と、「二黒・五黄・八白」が中央に遁甲した年の盤と、「三碧・六白・九紫」が中央に遁甲した年の盤の三枚を以て三鏡となる。そして、それぞれが十二面の鏡を持つ。これが前述した三種の月盤の表（図11）である。

道元曰く「其の十二面の用い方は、一日の十二時のそれぞれに一面を用いる。また（一年の）十二月個月に、毎月一面づつを用いる。また十二年に一面づつを用いる。曰く、鏡は広成子の経典である。それを授けられた黄帝は、日々にそれを鏡として古のことを知り、今日のことを明かにしたのである。このように、十二時を鏡によって照らさないならば、古のことを明かに知ることが出来ようか。ここに云う十二時とは、十二面のことであり、十二面とは、十二の鏡のことである。古今にわたる時は、みな十二時（十二面）につかわれている。その道理を示しているのである。これは仏教外のもののいうことであるが、すべてを映し出す十二の時である。すなわち自由な正しい明鏡の生活を物語るものであって、仏道の生活と云うべきである」

この道元の言う「それを鏡として古のことを知り、今日のことを明かにした」というのは、『老子』の「古の道を執りて、以て今の有を御す。能く古始を知る。是れを道紀と謂う」（第十四章）に根ざしている。「今の有」とは、現在の現象世界であり、太古から現在まで存続している道によって、現在の現象界はコントロールされている（今の有を御す）。即ち道は現象をして現象たらしめているものであるが故に、「道紀」とは古今を貫く道のはたらきの筋道をいい、それは太古の始源・根源としての道を道紀という。

十二面とは、十二年を指し、これは十二枝として現代には認知され、十二年毎に回帰することによる。九気は九年毎に、十幹は十年毎に回帰するわけであるが、これら三種の時の循行は、一八〇年毎に回帰する。すると、天保十（一八三九）年と、一八〇年を経た令和元（二〇一九）年とは同一の盤であり、「己亥年六白金性」が、この両年の時間的エネルギーであることがわかる。同じ性質の時間エネルギーが流れているのであれば、現象として同じようなことが起きていることになる。よって、方鑑により、その昔（回帰年）に何が起きていたかを知ることによって、今日のことを知ることができるのである。「歴史は繰り返す」とは、ここを指し、よって未来は過去からやって来るのである。

（『象学・運命の構造』 長武寛著 平河出版社より抜萃あり）

回帰する「とき」

十幹・十二枝・九気という「とき」の歯車は、一八〇年毎に回帰するわけであるが、この時間の幅は三つを以て一つの時代を築いている。一八〇年毎に上元期、中元期、下元期とし、併せて五四〇年を以て三元とし、大きな一つの時代となる。

上元、中元、下元のそれぞれにおいて、一八〇年を六〇年毎に三分割し、それぞれ上期、中期、下期とするのは、十幹の始まりである甲と、十二枝の始まりである子の回帰する甲子を以て六〇年周期となる。そこに九気の歯車が加わると一八〇年である。

現代が上元、中元、下元のどの位置にあるのかは定かではないが、わかる範囲で辿っていくと、近年の一八〇年周期の始まりは元治元年、一八六四年（甲子）である。この頃の日本は幕末の乱世へと向かい、一八六八年に明治に改元、いわゆる明治維新の新時代を迎えていた。このように、新しい時代への幕開けは時間性にコントロールされ始まっていたのである。この一八六四年を始まりとする時代の終焉は、一八〇年後である二〇四三年ということになる。これが、明治から始まった現在の絵巻物が完結する時期である。

二〇四三年から遡ること五四〇年となると、一五〇四年が一つの元期の区切りとなり、この頃にはアメリカ大陸が発見されている。このように時代の区切りにおいて「とき」の推移が変わる時には、人類においては文明や文化に何かしらの変化が生じている。

また一四〇〇年頃から派生したルネサンスから五四〇年を経過すると、現代においては一九六〇年代頃にあたり、人類においてはコンピュータが登場している。

現代における物理的ルネサンスの象徴であるコンピュータではあるが、あくまでもそれはテクノロジーの話であって、人間そのものが変化したものではない。生活は便利になったかもしれないが、逆に人間の精神が低下しているのも事実ではある。その一方で、近年においては差別や格差に対する考え方が向上し、一部の人間や文化圏においては、その精神の向上も見られている。このように現在で問題とされている格差社会は、経済だけにとどまらず、人間の精神的な働きにおいても同様にみられ、上昇していく者と、下降していく者との格差が生まれているように感じる。

西洋において、五四〇年以上前に始まったルネサンスの時勢的機運は、現代において理想的なのは東洋的思想におけるルネサンスであり、物理的なコンピュータではない。その思想の広がりをネットによって補助するのは歓迎ではあるが、この時代の終焉が残り二〇年ほどであることを考え、次の時代の幕開けを考慮すると、温暖化を含め、現代を生きる我々の行うべきことは急がねばならないと思われる。

また、時間と共に現象そのものが回帰するこの世界において、それは民族であり、国家であり、血統を受け継ぐ家庭とその個人においても同様である。こと個人においては先祖から続く生活様式（行動）そのままが輪廻している。一族においては、そのヒストリーが一つの絵巻物となっており、民族や国家における歴史においても大きな一つの絵巻物となっているのである。

讖緯説（しんいせつ）

過去に何が起きていたかを知ることによって、それを現代において有利に働かせようとしても、決してうまくいくことはない。何故なら、そこに在るのは「作為」であり、「自然」ではないからである。物事に臨むにおいて「ああしてやろう、こうしてやろう」という意図的な行動は作為的であり、このような物事はおおよそうまくいかない。むしろ自然のままに、道は成り行きに任せて進む方が、結果的に思いもよらない成功を及ぼすことの方が多い。どんな大義名分があるにせよ、それが天意に順っているか否かが問題なのである。

讖緯説というものがある。「讖」とは、主として陰陽五行の思想に根ざす九気・幹枝学によって、未来に物事が起こる兆しを観測することを意味し、「緯」とは、「径」の〈縦糸〉（南北）に対する〈横糸〉（東西）の意味である。事を起こす場合、まず大雑把に方針を決め、その後、細かいところを詰めていく。同様に、織物はまず縦糸を引いてから横糸を通す。これが物事の道理であり、よって「径」とは大綱を意味し、例えば「経綸」とは天下を治め斉（ととの）えることをいう。

つまり「讖緯説」とは、いわゆる「天人合一」の思想に基づき、陰陽五行・霊能、及び直心によって国家の前途を洞察し、それに備えるという説である。この「天人合一」の思想というのは、古来の「天人相関説」とは、およそ次元を異にし、天の道は人間規範の理法であるから、人が天の道に従い、道と一体となることをいう。

古代の中国では、「天人合一」の思想に根ざして天の道に順い、天の命を受けた徳のある人が君主として新王朝を創設するようになる。即ち天の命が革（あらた）まることから「革命」と呼ばれているが、王朝の交替を意味するところから、世に「易姓革命」とも呼称される。

例えば、井戸は絶え間なく水を湧き出しているが、久しく使っているうちに井戸の壁が崩れたり、埃やゴミが溜ったりする。そこで時々井戸を修復したり、底をさらって掃除したりすることで清潔にしなければならない。そのまま使用していると、やがて飲み水に適さないようになってしまう。

それと同じように、天下国家の組み立て方や制度なども、最初はそれによって天下国家が泰平に治まり、万民は安らかに生活できるものであるが、長い年月を経ると、その組み立て方や制度などには、いろいろと弊害が出てくるようになり、天下も国家も乱れ、万民は塗炭の苦しみをなめるようになる。そうなると、思い切って改革を行い、物事を更始一新しなければならなくなる。易の彖辞（たんじ）には「天地革まりて四時成り、湯武命を革め。天に順ひて人に応ず。革の時は大なる哉」とある。

天地の運行は、陽が極まるときは、おのずから陰が生じて陰に革められ、陰が極まるときは、自然必然に陽が生じて陽に革められる。陰が往きて陽が来るのは春夏の二季であり、陽が往きて陰が来るのは秋冬の二季である。天地には春・夏・秋・冬の改革変化があり、四時が完成する。天子は、天命を受けて天子となるが、もし暴虐無道なる政治を行えば、天命は去り、改めて徳のある人に天命が下る。それが革命であり、命が革まるのである。その際に、王朝の姓も改まる。それが「易姓革命」であり、フランスやロシアなどの革命とは、本質的に意味が違っている。

本来「徳のある人」とは、ただ単に〈道徳を守る人〉という意味ではない。道徳主義は形式化・固定化するとその生命を失い、道としての真の意義を逸するものである。そもそも徳の本質は『道のはたらき』である。即ち「徳のある人」というのは、『（天の道を鏡として）常に自身の心の歪みを正しく直す人』なのである。例えば堯が舜に位を譲ったように、有徳者に平和的に天子の位が譲られるのを「禅譲（ぜんじょう）」という。

　しかし遺憾ながら、天子が道に背き、権力に固執するときには、天命により交替するものと考えられた。これが「命が革まる」であって、武力によって王朝が交替するのを「放伐」という。例えば、殷の湯王が暴虐な夏の桀王を滅ぼしたものと、周の武王が暴戻（ぼうれい）な殷の紂王を滅ぼしたものがある。これは、上は天の道（理法）と順応し、下は人民の心に適応したものであり、湯王が桀王を放伐した場合に、「天命殛之」とか「致天之罰」と言われている。

　天は即ち時（天時）であり、聖人といえども、時に先だって事を行うことはできない。また時に後れて事を行うこともできない。大いなる改革を行うには、時の宜しきに順応しなければならない。時に先だっても、時に後れても、改革を完成することはできないのである。

　ところで易姓革命については、まず辛酉革命説がみられる。その辛酉の語義についてみると、「辛」の字には〈新〉の意があり、そして十二枝の「酉」の本気は、十幹の「辛」であるから、この二つが重なる「辛酉」の年は、おのずから世に「刷新の気運」が濃厚に漲る。したがって革命の時は、おのずから「五行相性」の理に反して、「君臣相剋」の時運に当たると言われ、最も戒慎（かいしん）を要するとされていた。「甲子」の年は、これに次ぐもの。「戊辰」「戊午」の年は、さらにそれに次ぐものと考えられていた。

讖緯思想は前漢末から南北朝にかけて流行したが、例えば新の王莽は、これを巧みに利用して、王朝の簒奪に成功している。しかし、それは天命に順ったものではなく、間もなく滅びている。「致天之罰」と言うべきであろう。また、後漢の光武帝が帝位を奪うために利用した符命（天命にかこつけた書状）などがそうである。

あるいは一八四年、霊帝の中平元（甲子）年の春二月、張角は「蒼天（漢の天下）は已に死す。黄天（黄老の天下）の世が到来した」と予言して、いっせいに反乱に移り、後漢末の王朝は「黄巾の乱」という破局的な場面を迎えている。前漢末の王莽は平帝を輔けて「辛酉」の年をもって「天始」と改元しているが、これは西暦紀元元年に当たっている。それ以降、東西を通じて「辛酉」は特別の年と認められてきた。かくて讖緯思想は、日本にも早くから伝来しており、平安初期の公卿藤原佐世（？～八九八年）の『日本国見在書目録』の中にも、緯書の目録が掲げられている。

『日本書紀』が、神武天皇の即位の年を西紀前六六〇年（辛酉の年）としたのは、初めて暦日を用いたと伝えられる六〇四（甲子）年に、推古天皇九年・辛酉から二十一元（一二六〇年）を逆算して定めたものである。

【註】　幹枝は六〇年をもって回帰する。即ち一元は六〇年で、二十一元は一二六〇年となる。

また推古天皇九（辛酉）年における斑鳩宮の創建、六六四年（天智天皇三年・甲子）の冠位（二十六階）の制定など、あるいは霊時を立てて天神を祭ったのが「甲子」年であるのも、緯書の「辛酉革命（しんゆう）」「甲子革命（かっし）※」に根ざすものと言えよう（※「革命」「革政」とは、政令を革めるという意味）。

わが国においては、延喜元（九〇一）年辛酉の改元以来、慶応四年から明治元年・戊辰（一八六八年）に至るまでの約千年の間に、十七回の「辛酉」の年に改元十五回、十七回の「甲子」の年に同じく改元十五回という状況であった。元治元年の改元は、讖緯説に拠る。そして昭和六四年一月七日、昭和天皇の崩御によって「平成」と改元されている。

ちなみに、平成元年（己巳）における年始（立春）は二月四日の午前五時二七分であるから、一月七日は「戊辰」の年である。この「時」（戊辰）のエネルギーに促進されて、昭和六三年度（一九八八年）では、おのずから「革命・革令」の気運が全国に漲っていた。

国内においては、リクルート事件の発覚や、消費税導入を柱とした税制改革六法案が成立。海外においては、パレスチナ解放機構がパレスチナ国家独立を宣言し、ソ連はアフガニスタンからの撤退を開始。イタリアではデノミが行われ、日米間においては、ビザの免除が適用された。

（『象学・運命の構造』長武寛著　平河出版社より抜萃あり）

第9章

幹枝学（干支学）

十幹の意義

カレンダーに表記されている十幹（十干）や、年賀状でおなじみの十二枝（十二支）というものは、現代においては単なる表記でしかなくなっているが、昔は日常的な暦として使用されていた。

十幹と十二枝を併せて「幹枝」（干支）と呼称し、現代ではいろいろなまがいものに毒されて迷信の代名詞にされているが、俗に言う「十二支獣」は、中国の文化を周辺の未開諸国に伝えるのに、容易に理解しやすいように工夫され、動物の性質にたとえたものだと伝えられている。

もともと『幹枝学』という名称は、植物の根が万物の始源・根源であるのにたとえられ、また始源への復帰が、植物の根に復る（かえる）ことにたとえられるところから起こったものである。

「幹」は、樹木の根が延びて枝葉を支える、分かれる前の本元である。故に古来、十幹を「天幹（てんかん）」と呼び、これに対して、幹から生ずる枝を「地枝（ちし）」と呼ぶ。例えば、世間でいう「幹部」や「幹事」は中心となって仕事をする人であり、これからもわかるように「幹」は〈用〉（はたらき）であり、「枝」は〈体〉（かたち）である。したがって人の気性（気質の性）や運勢（屈伸消長）、及び相互の相性などを推察する場合は、「十幹」（十干）を主とし、「十二枝」（十二支）を従と見なすゆえんである。

幹枝学は、「胎年・胎月」を対象とする『天源幹枝学』と、「生年・生月・生日・生時」を対象とする『四柱推命学』との、二つの系統に分かれている。世間においてポピュラーなのは四柱推命であり、生年月日とその時刻において個人の性質や運勢を計るが、しかし人間の生命の営みは、胎児が母体から出現した時から始まるわけではない。母胎に宿った時が、即ち「人生の起点」なのである。胎教の重要性を考えればわかるとおり、「生年の幹枝」よりも、実は「胎年の幹枝」の方が、はるかに個性及び運勢の盛衰・吉凶を象徴している。よって、生年月日とその時刻を基準として見つつ、十月十日を遡った日を胎年・胎月として見ることも重要なのである。

九気と同様に、幹枝も時間エネルギーの性質を示している。五行においては、まず木火土金水があり、そこから細分化され、天性十幹があり、地性十二枝、そして根性として九気がある。これら三つの歯車が相互に影響し合い、「とき」というあまりにも大きな流れが寸分の狂いもなく、この三世三界を貫いている。

それでは、幹枝の持つ性質と、それを人物に配した場合とを見てみよう。

図23　五行系統の図

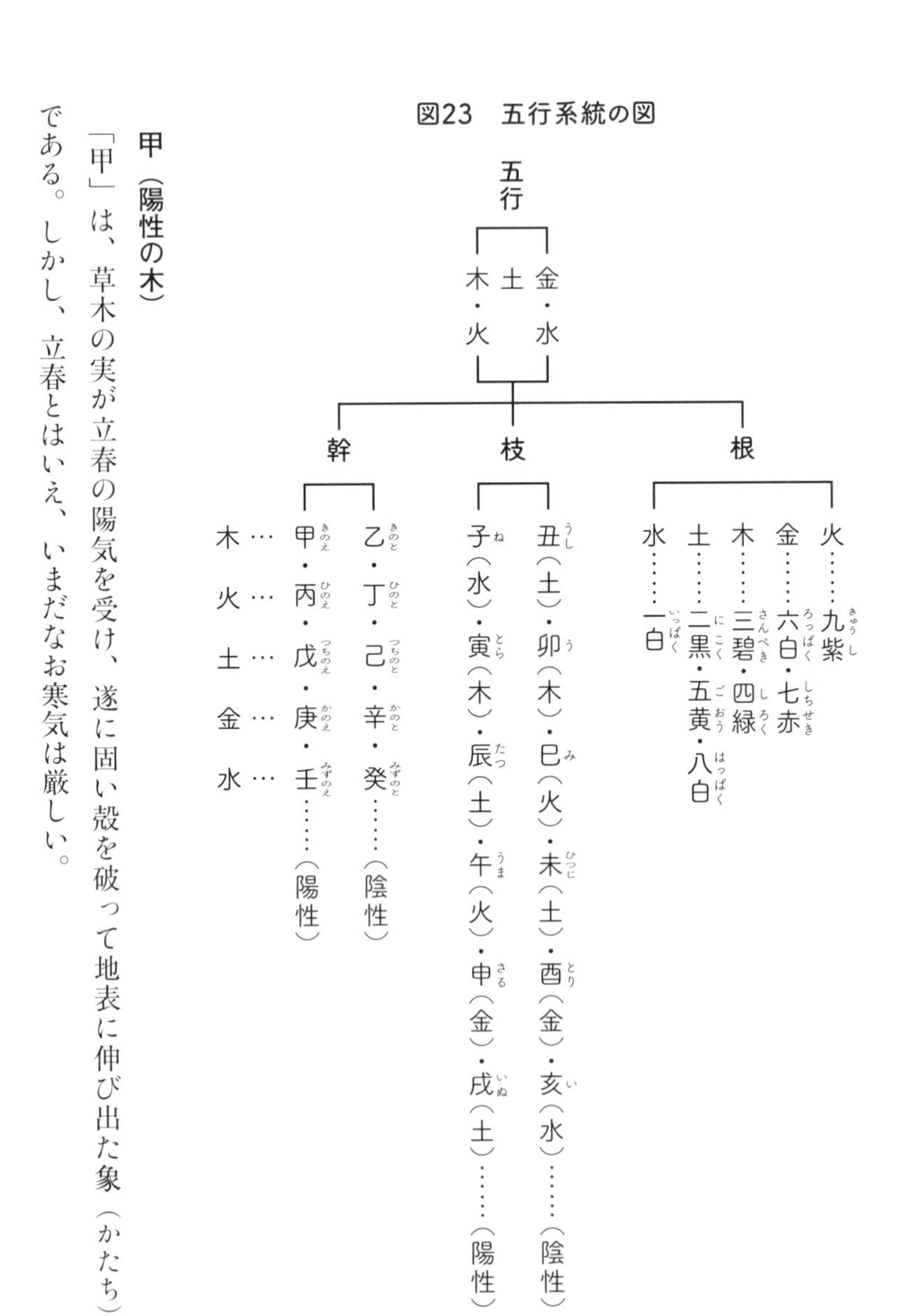

甲（陽性の木）

「甲」は、草木の実が立春の陽気を受け、遂に固い殻を破って地表に伸び出た象（かたち）である。しかし、立春とはいえ、いまだなお寒気は厳しい。

十幹の「甲」は、方位に配すれば東の方位に当たり、四季に配すれば二月の初春に当たる。そのために、甲は十幹の首位に配される。陽暦の二月を「寅月」と呼ぶが、寅（陽性の木）の本気は甲である。つまり「甲」の気質を虎にたとえたものが、即ち十二支獣の「寅」なのである。古代の中国では、虎は「百獣の王」であった。

甲は杉や檜のような大木であり、厳しい寒気を衝いて地表に奮い立つ象であるから、「甲」の気性は剛毅で、将たる器であり、活気充満。向上心は旺盛であり、かつ独立自営心に富むのが特徴。いわば野中に真っ直ぐにそびえ立つ一本杉の象である。

「甲」が二つ重なると、「己」に変化する。即ち甲（陽性の木）は己（陰性の土）と合すれば、土性に変わるものである。故に、甲の性質の中には、「己」の〈柔軟性・忍耐力〉が蔵（かく）されている。真に直なるものは、単なる直ではない。屈を知らない直ではない。時に屈することによって直を通す。屈を包み越えた直こそ、大直なのである。老子の「大直は屈するが若し」（四十五章）は、ここを説いたものであり、甲の〈剛・直〉の気質には、己の〈柔・屈〉が内包されている。

木は五常に配すれば仁。甲の気質を稟（う）けると、おのずから「仁俠」の気分が起こり、公共事業などには我を忘れて東奔西走するものであるが、十二枝その他の配合によって、しばしば怒気を発するとか、孤独な境涯を辿る傾向がある。

乙（陰性の木）

三月（卯）の五日前後は啓蟄であり、地中にこもっていた虫は、春の陽気に誘われて地表に這い出る季節である。「卯」の本気は、十幹の「乙」であり、例えば「柳」の字義は、「卯」（乙）に根ざしている。即ち「乙」の字形は、地中にかがまっていた草木の柔らかな若芽が、地上に伸び出ようとして、石などに妨げられてくなくなと屈伸している象である。

即ち「乙」（いつ・いち）の音の表す意味は、「佚」（いつ・いち）の〈逃れる・隠れる・安んじる〉の意である。例えば「佚女（いつじょ）」とは、なまめかしい女。「乙女」「乙姫」などは、これに通ずるものと言えよう。

乙の気性は強靭であり、いわば大木に巻きついて伸び繁るツタやカヅラの象。物事に巧みで、ことに工夫心に富み、輔佐（女房）役に適しているのが特徴。

ちなみに『孟子』（尽心）に「以佚道使民」とある。「佚道」とは、民を安んじ労う道。即ち乙の性質を稟けた人は「慈」（仁）の心が厚く、僧侶に縁が深いのも、特性の一つと言えよう。

丙（陽性の火）

火性は上昇し、水性は下降する。「丙」の字形は、下（内）に在る火が、上（外）へ燃え上がる象。

例えば「昺（へい）」の字形は、〈丙〉は下部に、〈日〉は上部に配されている。上は外、明。下は内、暗。すなわち火炎が燃え上がって、（日のように）空を明るくする象。昺＝炳。「炳」の字形は、右傍に〈丙〉、左傍に〈火〉が配されている。右＝西。即ち西方の軌は「幽隠、沈黙、玄妙」など。左＝東。即ち東方の軌は「顕現、明瞭、音声」など。字義は、（奥深い道理や技芸を究めて）明らかにする意。

十幹の丙は、十二枝に配すれば「午」であり、一日では「午ノ刻」（午前十一時から午後一時までの間）に当たり、四季に配すれば夏。草木が盛んに繁茂するときである。律書に「丙の義は陽道著明なり」とあるように、丙の気性は、潑剌として活動力はすこぶる旺盛。仕事は華麗であり、また資質は鋭敏で、もののあわれを知る。このことから、古来「丙は学問技芸に通達する命」と伝えられている。

そして丙の気性は、あたかも夜空を彩る絢爛たる花火のように、あの美観を永く中天に留めて置くことはできない。即ち丙は、内に熾烈な情熱を秘めており、しかも一時に情炎を燃え尽してしまう。いわば索莫たる「恋冷め」の味気無さを感じるといった、永続性を欠くのは、一つの特徴と言えよう。

丁（陰性の火）

陰性の火「丁」は、いわば行灯や提灯の「灯」（ともしび）であり、ほのかに周囲や足元を照らす。例えば「寧」の字の〈丁〉が示すように、寒い夜の囲炉裏の炭火のように、暗夜の灯のように、人の心を暖め、明るい希望を与えて安らかにする。即ち丁の気性には、丙（陽性の火）のような華やかさ、熾烈さはなく、地味で穏やか、親切、丁寧であり、しかも持続性に強い。

火性を人にとれば、丙の烈しい気性は、いわば信長や秀吉を象徴し、丁の穏やかな気性は、家康を象徴する。また丙の運勢は急速に上昇し盛大となるが、凋落も早い。対照して、丁の運勢は徐々に盛大となり、しかも衰えを示さない。

戊（陽性の土）

「戊」の原始形は「戈（矛）」（ほこ）の一種の象形である。漢音は〈ぼう〉、呉音では〈む〉。これらの音は、「矛」（ぼう・む）から来ており、〈ぼ〉は慣用音である。

中国古代では、片方に枝が出たほこを「戈」（くわ）と呼び、両方に枝が出たほこを「戟」（げき）と称しており、古来、戈は「国土を守る」意を象徴する。例えば「戍」（じゅ）の字は、国境を守備する兵の意味である。

十幹の「戊」を九気の後天盤に配すると、中央（定位・五黄土性）に位する。即ち戊と五黄土性とは軌を一にし、中央にあって国土を支配する。そのために「戊」を基として、「戌、成、威、咸、茂、盛」などの諸文字が起こるのである。例えば「茂（も）」字は、漢書は〈ぼう〉、呉音では〈も〉。これらの音は「戊」（ぼう・む）から来ている。あるいは「成（せい）」の字形は、〈戊〉と〈丁〉との合字であり、漢音の〈せい〉は、「丁（てい）」の転音による。例えば呈（てい）（廷）→聖。

ちなみに「滅」の字形は、王筠（おういん）の説によれば「威」（けつ・べつ）の後にできた累増字であるという。「威」の字の〈戊〉（戈）は、陽性・剛。〈丁〉は陰性・柔。そして丁の気質には持続性がある。だから「成」の義が生ずる。ところが、「威（べつ）」字の〈火〉は〈水〉に対して陽性である。「説文」に「滅に尽きるなり」とあるように、陽性の火は持続性に乏しい。即ち左傍に〈水〉（シ）を付け加えて「滅」の字形としたのは、「消えて無くなる」（尽きる）意味を強調したものといえよう。

戊は、いわば大山の土である。即ち戊の気性は、スケールが大きくボリュームがあり、物事を育成して繁栄に導く力に卓越している。そのことから、この気質を稟けた人の多くは筋骨型であり、気性は剛毅で覇気に富み、積極的に行動する。しかも奥ゆかしく、抱擁する度量があるから、おのずから信望を得るのが特徴と言えよう。

しかし、中には（十二枝その他の配合によって）戊の気性は「蔑、滅」に傾き、尊大であり、かつ情趣がなく、あたかも「空漠砂を噛む」といった人物が形成されている。

己（陰性の土）

「己」（き・こ）の字形は、草木の根が地の中で（蛇がとぐろを巻いているように）屈曲している形を表す象形字である。「己」の字には〈始・自・根〉が含まれ、〈おのれ〉の意に使われるのは「自」（みずから）に根ざすものといえよう。

陽性の「戊」は、戈を持って外に備え、陰性の「己」は、柔をもって内を守る。「己」の義は「屈し而して起こる象」であり、内的、心的に奮起する気力が充実している。例えば、十幹の「甲」は「己」と合すれば土に化す。立春の陽気を稟けている甲は、易の卦に配すれば「震」（万物奮い起つ象）に当たる。「土に化す」とは、土の「生産・育成」の気質に復ることに他ならない。

己は、いわば田園の土である。即ち己の気質は母性型で、柔軟性があり、「甲・己」の合（土化）でもわかるように、柔よく剛を制する。己の気性は地味で、慎ましく、自分から積極的に行動を起こすようなことはないが、情誼に厚く、他人の苦境を見ると、ねばり強く世話するのは、一つの特徴と言えよう。

また、己には静から動に転ずるといった「起」の意があり、運勢の上におのずから変化が起こる傾向が強い。即ち己が胎年にあれば、幼少の頃に大きな境遇の変化が起こり、胎月にあれば、青壮年の頃において、あるいは胎年にあれば、中年から晩年にかけて、住居や職業、または配偶者などとの縁が変化する。

庚（陽性の金）

「庚」の字源は「杵を両手で持って穀物を搗いている象形」とされ、『白虎通』（五行篇）に「庚は更なり」と説かれている。即ち杵で玄米を搗けば、穀皮（糠）がはがれて白米に更わる。

白米は、おいしくて消化がよい。それが「康」（安んずる、からだが丈夫）になるのである（「康」は「庚」と「穀皮」を表す表記との合字）。

「更」の字形は、上部に〈丙〉が二つ重なり、下部には〈攴〉が配されている。〈丙〉の上に〈丙〉が重なることから「更に」という意味が生ずる。

〈火〉の上に〈火〉が重なれば〈炎〉となるが、〈丙〉と〈丙〉が重なれば、別の「辛」の気質に変化する。即ち『釈名』に「辛は新なり」とあるように、「丙」が二つ重なることは、新たに別のものとなるのである。

例えば、易の「火風鼎」の卦（序卦伝）に「物革むる者は鼎に若くは莫し」とあるように、どんな食べ物でも煮れば変わる。堅い物は柔らかになり、生では食べられなかった物でも煮れば変わり、まるで違った物に変化する。鼎の卦は、古い制度組織を改革して、新しい制度組織とすることについての道を説いたものである。即ち『説文』に「更は改なり」と記されているように、「更（かう）・庚（かう）」の音の表す意味は「改」である。

「改」の字形は、〈巳〉（蛇の象形字）と〈攴〉（ちょっと打つ、という意）との合字である。蛇〈巳〉をむちでちょっと打つ（攴）と、静止していた蛇は這い出す。即ち「己」の〈屈しそして起こる〉象と同然であり、「改」の字に、〈直す、よくする、変わる（更）、新しくなる〉といった意味が含まれるゆえんである。

『説文』に「庚は西方秋時に象（かたど）る」とあり、また『律書』に「陰気万物を庚（あらた）む」と記されている。稲などの穀物が熟して、収穫されるのは秋である。即ち秋時に象った「庚」の義は〈開花・結実〉といった一段落の後を受けて、物事が更新される意。

陽性の「庚」は、いわば地金であり、何にでも変化する。「庚は更（かわる）なり」である。即ち庚の気質は変化性・融通性に富んでいる。それ故に、庚の気質を稟けた人は、おのずから諸事物に対して改革に走る傾向があり、またその才能は概ね多角的に働くものである。

そして庚が胎月にあれば、青壮年の時期に、胎年にあれば中年から晩年にかけて、「更始一新」の気運が漲るとともに、財運も旺盛となるのが、特性の一つと言えよう。

また庚の気質を稟けた人には、七赤金性の気質も含まれている。そのことからおのずと商才に恵まれ、かつ社交性に富み弁舌も巧みではあるが、中には（十二枝その他の配合によって）恋愛などにも打算的で、移り気が激しい。夫縁・妻縁が変わりやすいのは、「更」の気質に根ざすものと言えよう。

辛（陰性の金）

古書に「辛は、陰陽更（あらた）まんとして万物凋落し、瀟殺（しょうさつ）の気に会う象」と記され、また『白虎通』（五行篇）には「辛者陰始成なり」と説かれている。瀟殺とは、秋の風が草木を枯らす、物寂しいさまをいう。即ち「愁心」の意に寄せて、十幹の第八位に「辛」字を当てたものといえよう。

もともと「辛」の字形は、「入れ墨をする鍼の形を表す象形字であって、実は『章』と同意の字」であり、入れ墨をする時の痛さから「つらい」の意となったとされる。

ちなみに「章」の字形は、〈音〉と〈十〉との合字であり、字義は、音楽の一段落の意である。即ち首尾が完結した詩歌・文章の一区切り、あるいは音楽の終末も「章」と呼ぶ。

「辛」の字形は、〈立〉と〈十〉との合字である。「立」の字形は、人が正面を向いて地上に立っている形を表す象形字であるが、「辛」の原始形は、実は金文の「立」字を逆さにした形、即ち「人が逆さに吊るされている形」である。そこに「つらい」意が生ずる。

「立」の下部に配されている「十」の字形は〈針〉の象形である。

本来、十幹の「辛」は、九気盤に配すれば正西の方位に当たる。即ち十二枝の「酉」の本気であるが、九気の中で、西（酉）の方位に遁甲して双殺をもつものは九紫火性だけである。九紫の体用は「光、先端、針、二、重合、忤（さか）らう、転倒、疑惑、離」など。そして九紫火性は、十幹の「丙」（陽性の火）と相通じ、「辛」が二つ重なれば「丙」の気質に変化する。かつ「丙」と「辛」とが合すれば、両者は共に水性に転変する。即ち「丙」と「辛」が合すれば、西・（先天）一白水性の「智の源泉」に赴くのである。

「辛」の気質、あるいは「丙・辛」干合の気質を稟けた人は、しばしば世の流れに逆らうような、もしくは奇抜な事柄を着想するものであるが、本来の「辛」の気質は、いわば確固とした製品であり、地金（庚）のように、何にでも変化するようなことはできない。

つまり「辛」の気質を稟けた人は、一旦自分がこうと信じ込んだら、誰が何を言おうとも、少しも動揺することはない。いかなる困苦にも耐えて（辛抱）、初一念を貫き通す鉄石心を持っている。かつ「辛」の字体が示しているように、針のような繊細な鋭さがあり、万事に手堅く、危な気がない。また、辛（からし）の舌を刺すようなピリっとした味が含まれている。しばしば辛辣な言葉を発することもあるが、およそ誘惑のつけ入る隙もないのが、一つの特徴と言えよう。

しかし中には、刑・冲や十二枝などとの配合から、頑固で融通性に乏しく、あるいは「酉」特有の洒落っ気もない、いわゆる「朴念仁（ぼくねんじん）」と呼ばれている人も少なくない。また自説を堅持することは美徳とされるが、その自説に、常に（九紫火性の）懐疑する心が伴わなければ、巷の「わしの信念だ」を振り回す頑固な老人と同様に、必然的に悪徳に転落する。即ち、「辛」の気質は、その命式によっては、「丙」によって制されること（火剋金）が必要な場合もある。「良き相性」には、このような〈剋〉の関係も含まれている。

壬（陽性の水）

「壬」の字形は、「人が孕んでいる形、妊の古字」と言われるが、その字源は、縦糸を巻きつける軸であるという。その軸に糸を巻きつきてゆくと、次第に軸は脹らむ。その脹らみを象ったものであり、それが多様な織物を生産する意から、女が孕んだ形に見なして「妊」の古字としたものであろうか。また「壬」の字に〈ねじくれる（ひねくれる）〉の意があるのは、軸に糸を巻き付けるところから来たものであろう。

「壬は径を持するものなり」というのは、例えば「径伝(けいでん)」とは、聖人の著である「経」と、賢人の著である「伝」とをいう。また「径紀(けいき)」（＝道紀）とは、筋道（物の道理）。あるいは「経綸(けいりん)」の経は縦糸、綸は横糸。即ち天下を治め斉えることをいう。「壬」（じん・にん）の音の表す意味は「仁」（じん・にん）であり、かつ「壬」（にん）は「妊」の原字で、〈孕む〉意味を含んでいることから、十幹の第九位に配し、九気盤の北（子）・一白水性の方位に配したものといえよう。

「壬」が合するのは、十幹の中では「丁」だけであり、両者が合すれば、それぞれ木性に変化する。五行の「木」は、五常に配ずれば「仁」に当たる。〈二〉は、音と同時に意味を表している。即ち「二」の字には〈並ぶ〉意が含まれており、二人の間におのずから起こる〈親しむ、慈しむ〉心が、即ち「仁」なのであり、〈二〉の表す意味は「慈」である。

「壬」の気質は、一言でいえば澤(さわ)である。「壬（澤）は経（節）を持つ」。これは、澤が水を容れるには、おのずから一定の限度があり、度を越して水を容れるようなことはしない。また水を求めて寄り集まる諸動物も、それぞれに〈自らの分〉を守っている。澤には「慈」の徳が充満しており、万物を育む「生命の源泉」である。即ち「壬」の気質を稟けた人の周囲には、自然に諸々の人が寄り集まって来るものであり、我も潤い、他人（ひと）も潤す。水が方円の器に順応して、そこに何の矛盾、何の摩擦も生ずることなく対応し、しかも水の水たる本性を保っているように、「為して争う」ことがない。故におのずから信望を得て、さまざまな人たちから頼られ、任せられるのであろう。

胎年または胎月に「壬」の気質を稟けた人は、水が活動して已むことなく、変化を生んで万物を滋潤するように、活気があり、情愛も濃く、また思慮も深く、忍耐力があり、時には泰然として難に赴く。それは、あたかも水が、時としては峨峨たる岩の間を紆余曲折して流れるようなもので、青少年の頃はおおむね苦境の中に育ち、他郷に出て活路を定めるのが、一つの特性と言えよう。中年以後は必ず頭角を顕し、事業は雲のように拡大するが、〈自らの分〉を越えたり、義理や情愛に捉われたりすると、澤の水が氾濫するように、大きな混乱を起こすのも、壬の特徴と言えよう。

癸（陰性の水）

「癸」の字源は、先端が三つに分かれた矛の形を表す象形字である。即ち「癸」（三鋒矛）は、「戊」（ぼう）（戈の一種）と同義であり、そして十幹の「戊」（陽性の土）と「癸」（陰性の水）が合すれば、それぞれ火性に変化する。矛の尖端が三つに分かれた形（三鋒）は、九気に配すれば三碧木性の体（かたち）〈三、尖鋭〉であり、東・三碧の先天は九紫火性である。九紫の体は〈先端、日光〉など。

例えば「葵」を〈あおい〉と読む。「葵花向日」とは、ひまわり（向日葵）の花が常に日光に向くように、忠誠の心をもって君主を仰ぎ慕う意味。

「癸」字の「癶」（はつ）の字源は、両足を反対に開いた形を表す象形字であり、〈両足をばたばたさせる、行く、背く〉などの意味が含まれる。例えば「騤」とは、馬の強壮な様子。走るさま（騤瞿(きく)）。また「百姓一揆」とは、代官などに対して百姓が団結して要求・反対のために立ち上がること。

「癸」（揆）の音の表す意味は「企」である。例えば「揆然萌芽す」とは、草木が厳冬にもめげず、一陽来復の発芽の時をはかっている意味。「癸・揆」の字に「はかる」意が含まれているのは、「企」に根ざしている。

水（冬）は、火（夏）に対して陰性である。「癸」は「壬」よりさらに陰性の水であり、即ち「厳冬・極寒」の意味を含んでいる。例えば徳川の家紋は「三つ葉葵」であるが、家康の幼少の頃から青壮年期に至るまでの間は、あたかも草木が厳冬の最中にあって極寒にもめげず、ひたすら力を養い、一陽来復の発芽の時期をはかっている。それと同然で、その困苦悲惨は名状し難いものであった。

「癸」の気質は、いわば深山幽谷から湧き出る水、渓流の水で、清く冷たい。胎年・胎月における幹枝の配合によっては、奔流のように、滝のように、気性が激しい。そのことから清潔を尊ぶあまり、他人と和合し難く、しばしば孤独単行の境涯を辿るのも、癸の一つの特性と言えよう。一般に、「癸」の気質を稟けた人は独立自営に富み、気性は細心大胆、一事に向かって徹底して突き進む傾向があり、しばしば稀有の研究、大事業を成し遂げるものである。古来

「癸が三つ重なれば、大冒険を敢行することがある」と言われている。また稀代の「軍師・参謀」、あるいは「黒幕」と称される人には、この「癸」の気質を稟けた人が多く、臨機応変、機略に富んでいるのも、特性の一つと言えよう。

(『象学・運命の構造』長武寛著　平河出版社より抜萃)

十二枝における特徴〜三合と対冲、支合

天性十幹に、それぞれの性質や特徴があるように、その天性十幹を支える地性十二枝における特徴は、その運動法則にある。気粒波(九気)の線路法則を円運動とすれば、それと対照して三合法則は、いわば三角運動である。

『三合』の作用は、午(火性)・卯(木性)・子(水性)・酉(金性)の四種の軌道に分かれる。

子三合は、子・辰・申。

卯三合は、卯・未・亥。

午三合は、午・戌・寅。

図24　三合の図

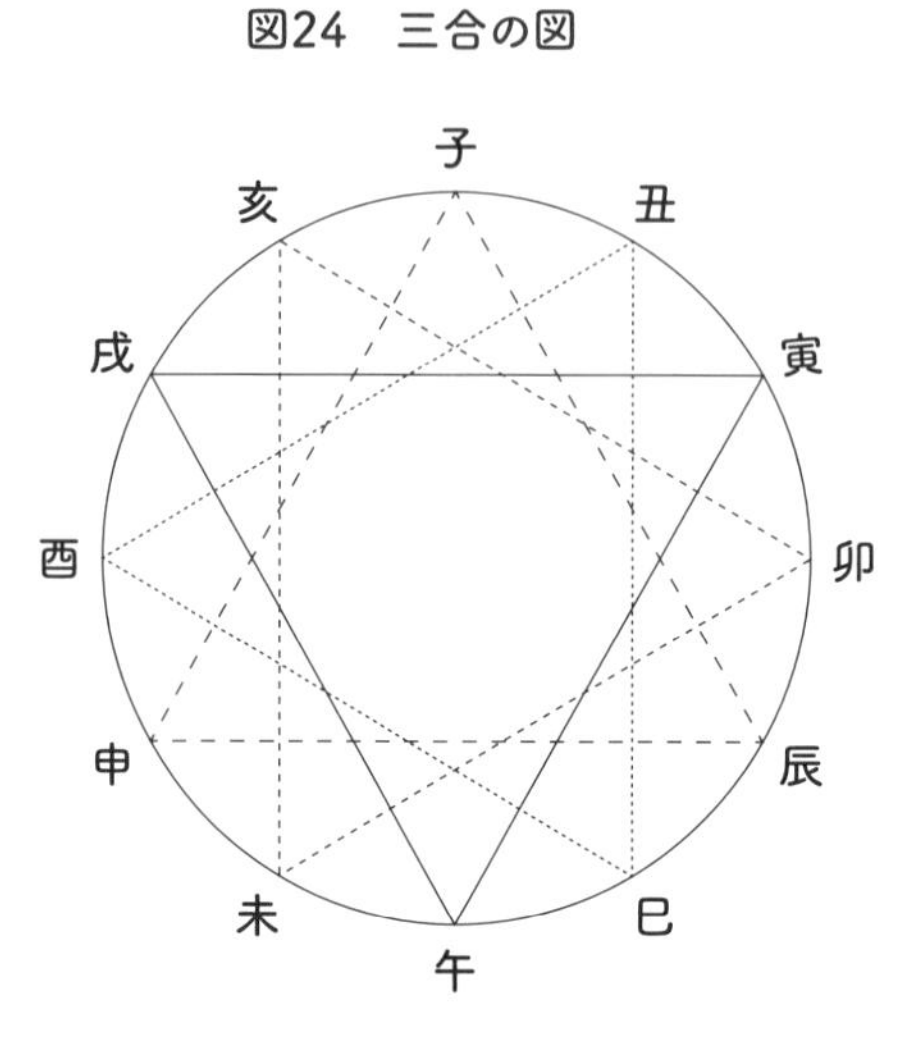

図25　対冲の図

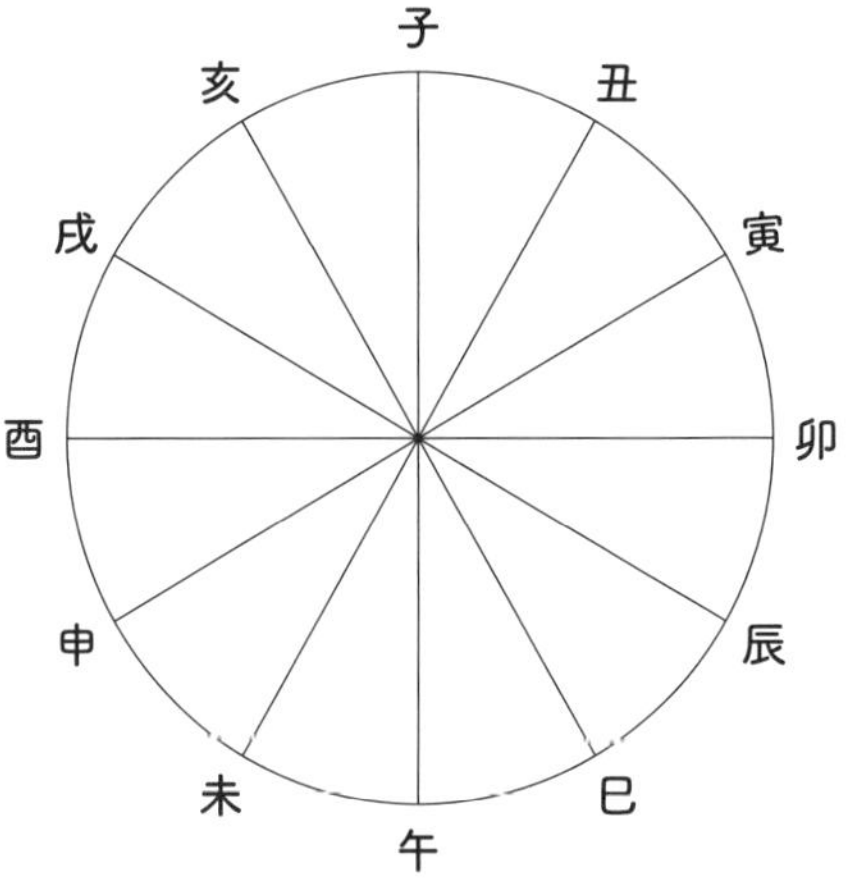

子
丑
寅
卯
辰
巳
午
未
申
酉
戌
亥

図26　支合の図

子
丑
寅
卯
辰
巳
午
未
申
酉
戌
亥

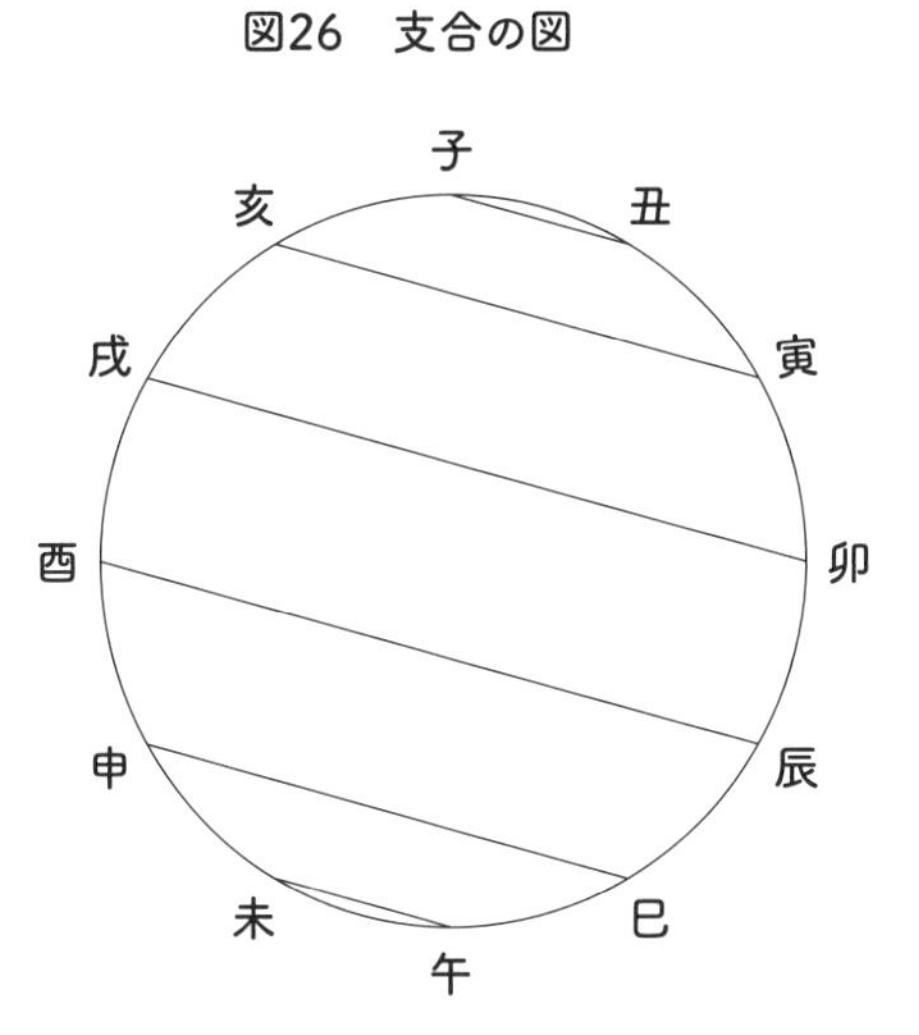

酉三合は、酉・丑・巳。

また、十二枝それぞれの対角を『対冲』と呼称する。冲とは対称。例えば、東（卯）と西（酉）、南（午）と北（子）とは、それぞれ対称関係にあり、そこにおのずから〈摩擦、刺激、衝撃、障害〉などの作用が発生する。それを『冲』（支冲・六冲）と呼ぶ。ちなみに男と男、女と女のように、同性（陽性と陽性、陰性と陰性）の闘い（冲）は、激しくかつ深刻である。

これに対して、互いに支え合い、生成するものを『支合』と呼称する。

空間のあらゆる事物事象は、三合の各軌道において、『生・旺・終（墓）』という気粒波の三態、即ち三合の循行に伴って生滅流転するものである。ここで、三合の概要について、いくつかの事例を以て説明しよう。これは、「何故、戦争が起こるのか」という人類の命題を解き明かすものでもある。

(1) 午(火)の三合『寅・午・戌』

第一次世界大戦は一九一四年(大正三年『寅』)に始まり、一九一八年(大正七年『午』)に終わった。しかし、世界大戦が本当に終結したのではなかった。ベルサイユ条約によって戦争責任のすべてを負わされたドイツは、すでに一九二二年(戌)にはソ連に接近してラッパロ条約を結ぶなど、着々と報復の準備を進めていた。

ヒトラーがナチス政権の総統に就任したのは一九三四年(戌)で、次いで一九三八年(寅)には懸案のオーストリア併合となる。それが翌年の一九三九年(卯)に第二次世界大戦が起こる発端となったのである。

いったい、第一次世界大戦はどのような原因によって起こったものだろうか。オーストリアの皇太子夫妻は、セルビアの排墺的秘密結社に属する一青年によって狙撃された。それが戦争勃発の動機となったと伝えられている。しかし、そこに世界大戦がどうしても起こらねばならぬという理由があっただろうか。

第一次世界大戦は午(火性)の三合軌道に沿って起伏したのであるが、午(火性)、即ち九紫火性気流波には、宇宙空間のあらゆる事物事象に対して離反・分裂の作用を起こす性質がある。よって、第一次世界大戦は火性気流波に誘導され推進されて発生したわけであるが、「世界大戦の起因は何にあったのか」、という問題は、『午（火性）の軌道は何によって誘導され方向づけられたか』という問題に置き換えられるのである。

そう考えると、午（火）の軌道は、五行の『木は火を生ず（木生火）』という理法に基づき、卯（木）の軌道によって誘発されたものであることが、はっきりと理解されるのである。

表1　寅午戌の三合　亥卯未の三合　午未の支合

1906年	丙午	帝国主義の台頭
1907年	丁未	英仏露 対 独墺伊
1911年	辛亥	第二次モロッコ事件
1914年	甲寅	第一次世界大戦 開戦
1918年	戊午	第一次世界大戦 終決
1919年	己未	ヒトラー 国粋社会党入党、ムッソリーニ ファシスト党を組織
1922年	壬戌	ラッパロ条約（独・露）、ムッソリーニ 政権把握
1923年	癸亥	ヒトラー 国民革命失敗
1934年	甲戌	ヒトラー ナチス総裁就任
1935年	乙亥	ムッソリーニ エチオピア攻略
1938年	戊寅	オーストリア併合
1939年	己卯	第二次世界大戦 開戦

寅 午 戌　三合

亥 卯 未　三合

午 未　支合

(2) 卯(木)の三合『亥・卯・未』

一九〇六年(明治三九年『丙午』)には、丙午という強烈な火性が空間に律動していた。午と未とは支合法則によって結合するもので、即ち一九〇七年(未)以降、英・独の帝国主義的対立は主導的なものとなり、英・仏・露の三国同盟と独・墺・伊の三国同盟の対立激化という形となって現れ、一九一一年(亥)には、遂に第二次モロッコ事件が起こっている。

一九一九年(未)、ヒトラーは国粋社会党に入党し、間もなく首領となり、一九二三年(亥)、ミュンヘンにおいて国民革命を企てたが、失敗して投獄された。ヒトラーの思想、行動は最初、卯(木)の三合軌道に沿い、木性気流波に誘導され推進されていたのであるが、彼がナチス政権の総統に就任した頃は、すでにドイツ自体の国運がたどる午(火)の三合軌道を生じていたわけである。

一方、イタリアのムッソリーニが、ファシスト党を組織したのも、一九一九年(未)であった。それから四年目(四線幾)の一九二二年(戌)にローマに進軍して政権を握り、一九三五年(亥)にエチオピア攻略を始めたが、それを契機としてムッソリーニは同じ卯の軌道に沿うヒトラーと結び、一九三九年(卯)、第二次大戦に参加したのである。

また、わが国では一九三一年(昭和六年『未』)に満州事変が起こっている。それから七年後(七線象)に起こった日中戦争(日華事変)、さらに発展した大東亜戦争と、いずれも歴史が証明するように『満州事変が根本原因』となっている。

昭和六年（未）、即ち未（南南西）の対角（対冲）は、丑（北北東）の方角であるが、丑方を鬼門と呼び、未方を裏鬼門と称しているように、未と丑の対角（対冲）関係は、相互的に牽引し合って表裏の関係を形成しているもので、それを『未・丑の対冲』という。

昭和六年における未の対冲は、昭和一二年の丑であり、この年に、卯の軌道に沿う日・独・伊三国は画期的な同盟を結んだのが、かくて『木（卯）は火（午）を生ず』の理法に基づき、午（九紫）の離・争の作用、即ち世界大戦は丑・巳の三合軌道に沿って起こったのである。

(3) 酉（金）の三合『巳・酉・丑』

昭和六年（未）に起こった満州事変を根因として、日中戦争は対冲法則に基づいて一二年（丑）に発生した。即ち一二年（丑）は生で、さらに一六年（巳）は旺となって大東亜戦争に発展し、二〇年（酉）に戦争は終わった（墓）。つまり、『日中戦争と大東亜戦争は酉の三合軌道に沿って起伏した』ものである。

表2
巳酉丑の三合
未丑の対冲

西暦	和暦	干支	出来事
1931年	昭和6年	辛未	満州事変
1937年	昭和12年	丁丑	日中戦争　日独伊三国同盟
1941年	昭和16年	辛巳	大東亜戦争
1945年	昭和20年	乙酉	敗戦

巳 酉 丑　三合
未 丑　対冲

(4)子(水)の三合『申・子・辰』

米・英・仏三国の歴史を繙けば、それぞれ各軌道において「生・旺・墓(終)」の三合法則に沿って参戦していることが容易に理解され、真に興味深いものがあるが、ここでは割愛して、フランスのナポレオンに焦点を当ててみよう。

ナポレオンがフランスの皇帝に即位したのは一八〇四年(文化元年『子』)であった。即ち一八〇四年(子)は生である。ナポレオンのヨーロッパ征服の歴史を辿ると、翌年の一八〇五年は対イギリス戦、対オーストリア戦、一八〇六年は対プロイセン戦、一八〇七年はポルトガル占領という破竹の勢いで西に向かって進軍している。一八〇八年(文化五年『辰』)は旺で、まさに連戦連勝であった。一八一二年(文化九年『申』)に対ロシア戦、対ライプチヒの諸国民戦闘において大敗し、戦争は終わった。即ち一八一二年(申)は終(墓)である。

ナポレオンがヨーロッパを征服せんとする思想、行動というものは、主として『子の三合軌道において誘導され、方向づけられていた』ことが理解できよう。

またフランスの七月革命は一八三〇年(天保元年『寅』)に起き、その年から一九年目の一八四八年(嘉永元年『申』)に二月革命が起こっている。寅(東東北)の対角(対冲)は申(西西南)であるが、寅の方角を鬼門と呼び、申の方角を裏鬼門という。即ち『七月革命と二月革命は対冲法則に基づいて起こった』ものである。

表3　申子辰の三合
寅申の対冲（鬼門・裏鬼門）
十九線帰

1804年	子	ナポレオン皇帝即位
1805年	丑	対イギリス戦、対オーストリア戦
1806年	寅	対プロイセン戦
1807年	卯	ポルトガル占領
1808年	辰	ローマ占領
1812年	申	対ロシア戦、対ライプチヒ、敗戦
1830年	寅	七月革命
1848年	申	二月革命

申 子 辰　三合
寅 申　対冲

国の性格と「とき」の生剋〜国運の盛衰

大は国際関係、一国家の盛衰から、小は一企業、一家族、一個人の思想・行動に至るまで、また一個人の身体領域においても、例えば発病は生、さらに旺と発展し、次いで終（墓）となり、回復する場合と死亡する場合との生・滅の二面に分かれるものであるが、一切の事物事象は、このような三合や線路などの諸法則によって運行されている。

また、空間に律動する「とき」の性質と、各個人の素質との相性相剋の関係から、人間の運命は千差万別であり、国の場合もそれと同様で、わが国にはわが国の性格があり、他の諸国には、その国自体の性格がある。

したがって、「とき」の性質は世界の諸国に対して一様に働いても、「とき」との生尅の関係から、国運の盛衰は種々様々である。

また、個々の人間が、その思想や思惑から取る行動から、組織や派閥などの方向性、そして時代の潮流においてまで、時間性のエネルギーによって方向づけられている。

日支事変が起こった頃、天理を究めた当時の象学者たちは、すでに敗戦を予見して門人の軽挙を戒めていたという。大東亜戦争は、いわば小乗の兵学を学んで、天理に基づく大乗の兵法を知らない指導者たちによって起こされ、遂に惨敗したものだが、わが国の敗戦は、単に表面から観察すれば、いかにも敵国の物量に敗れたかのように思われる。ところが、大局の立場から観れば、近代文明に陶酔して天の理を忘却したいわゆる「小人」が、慢心の末に愚かにも天理に歯向かって自滅したもので、敵国は単に天理を遂行したにすぎないのである。

国運の消長を洞察する、いわゆる先見に立つ政治は、即ち「生きた政治」で、遠大な計を立てて国家を安泰にし、繁栄に導くものだが、天理に背いて目先の利害に走る政治からは常に混乱が起こり、国を滅亡に導くだけなのである。

平和を願い続ける宗教や道徳運動によって戦争が防止されたという例は、古今を通じて世界史のどこにも見当たらない。『戦争の防止』は治山治水の工法と同様に、『生命界の潮流の性質を理解して押し流されない』ことにあろう。

　このように、我々一個人の運勢の盛衰から国家間の盛衰においてまで、「とき」の及ぼすエネルギーによって影響されているわけである。太古の昔から争い続ける人類が、二一世紀を迎えれば、世界から戦争が無くなるであろうと抱いていた淡い希望は、その幕開けである9・11（二〇〇一年）のテロによって打ち砕かれてしまった。その七年後（七線象）にはリーマンショックが起き、世界経済の大不況により格差の広がりが加速する。一〇年後（十線形）においては、わが国において東日本大震災が発生。日本国内の現象のため、その原因は我々日本国民にあろうと考えられる節もあるため、この震災の起因を9・11と断定することはできないが、ビンラディンはこの年に殺害されている。それにしても、一九年後（十九線帰）に発生した新型コロナウイルスの発生の起因は、もしかしたら9・11であるのかもしれない。何にしろ、あらゆる厄災の原因自体は、我々人類がつくり出しており、その原因に対して「とき」のはたらきが作用しているにすぎないのである。

　次の時代の変換まで残すところもあとわずかとなってきている我々人類は、これまでの過去をどのように克服し、その過去の結果を未来において変化させればよいのだろうか。

天の岩戸開き

　わが国の神話である『古事記』の有名な一篇に「天の岩戸開き」がある。これは、太陽の女神である天照大神（九紫）が、弟である素戔嗚尊（五黄）の暴挙に見畏みて、高天原の岩窟に隠れてしまう。太陽の神格化である天照大神が岩窟の扉を閉めてしまうと、世界は常闇に包まれてしまった。そこで困った八百万の神々は、天の岩戸の前で歌舞を行う。騒々しさを不審に思った天照大神が隙間から覗いてみると、そこに用意された鑑を見た天照大神は、自身以外の別の日の神がいると奇しみ、さらに戸を開けたところを引き出され、世界は再び照り明かりを取り戻した、という話である。これはいったい、何を物語っているのであろうか。

この三次元界における上空の風は、東から西へ向かって吹いている。三次元の現象界は、この風に沿って西（陰）の軌道へ向かい、人類は自然必然に知覚される七赤（西）の現象を追う。例えば、七赤の不足感は異性を求め（七赤の色情）、また金貨財宝（七赤）の獲得へと発展し、一方で西方の景色は詩情、信仰、音楽、芸術などを誘発し、かくして物質・精神の二文明が築かれていく。

これと対照して、天道（六白）から出る力は陰性（二黒及び先天四緑）。故に、高次元界の先天の風は、地球が自転する方向に沿って西（陰）から東（陽）に向かって吹き、地球の自転を推進している。東方の先天である九紫は、元素の水素に該当し、後天である三碧は酸素に該当する。両者を結合するヘリウムは六白に該当する。

六白の体用は「生む力」であり、六白の金性は一白水性の「生命の源泉」（金生水）である。而して一白水性は東方・三碧木性の感覚（人間の五感である視・聴・臭・味・触）の営みを推進する始源となっている。

東方・先天九紫、後天三碧の軌道は、いわゆる日出るところであり、六白の天道に従い、自然必然に先天の風に乗って東方の軌道に到達する。この軌道の九紫（水素）と三碧（酸素）とが結合してできた水は、やがて西方へ吹く上空の風に沿って西方・先天一白の泉に流れる。東方・先天九紫、後天三碧に沿う人物は、この軌道において司る着想・発見・開発・創造などの事物・事象を推進し、人間の智慧を一段高い枝へ、さらに高い枝へと誘導する（三碧の晋〈進・昇〉）。かくして高次元の九紫の文明の光が顕現するわけで、これが記紀神話にある「天の岩戸開き」の由来であると言えよう。

山、岩戸は、二黒の微細な土砂が集合し、累積し、凝固して六白の岩石（西北・後天六白）となり、山（西北・先天八白）となったものであり、また六白は天。故に、天の岩戸は六白の体であり、光は九紫、即ち孤、中年の女、天照大神であり、音楽、騒音、開く、光が顕現するなどの諸現象は三碧の用（働き）である。

このように「天の岩戸開き」とは、単なる神話の一節ではなく、人類において新しい文明や文化、理法に沿ったテクノロジーの進歩によって幕開ける新世界があることを示している。

第10章
無為自然

道徳とは

智は道への通路であり、道の体得は智を通過しない限り不可能である。しかし、道は思慮の及ぶところではない。現・象・霊三界を貫く道を捉えるには智を越えなければならない。

世界人類の危機を解消するには、オリンピックの五輪の旗がいみじくも象徴しているように、人間は三次元の壁を乗り越えて、五次元の域に成長しなければならない。五次元の智の所産、学の発現としての文化こそ、道に従って無限に発展し、繁栄するものである。道は自然存在の理法であると同時に、人間規範の理法であるが故に、信仰はもとより、学問の方向も、自然の理法に沿って五次元の域に向かって進まねばならないのである。

インターネットが世界をつなぎ、スマートフォン一つで世界のすべてが手に取ってわかるかのような錯覚の中で人々が生きるような時代になってしまった。この新しいテクノロジーを享受した人々の精神は、革新もし、また頽廃もしているかのようにも感じる。また、上流と下流の格差は広がる一方でありながら、人種や民族、性別においてまで差別をなくそうという流れもあれば、いまだに有色人種というだけで不当な差別を受けている人々も存在する。法の下では及ばない出来事があれば、その人間性における道徳が叫ばれ、それでいて匿名において誰かを非難する。道徳がもてはやされる時というものは、大道が廃れ、国や社会、人心が混乱し、それを調整し解決するものとして道徳の出現が必要となるのである。

仁・義・忠・孝は、儒家における重要徳目であるが、元来、儒家の道徳というものは、物・心の二界を対象として作為され、現実的かつ合理的にまとめられてあるが故に規定され、限定されている。よって、現・象・霊の三界を貫く理法に準拠したものではない。

言いかえれば、「何故、物が落ちるのか」の究明ではなく、「物がいかに落ちるか」を究明して、道徳を説いているわけで、道徳の出現を必要とするような事態が起こる根本原因を解決しようとするものではない。それ故に、道徳を中外に宣伝する中国では、世界に類のないほど、古代から内戦の絶え間がないのである。

今日、朝野において道徳の昂揚が叫ばれてはいるが、しかし、道徳の出現が必要となったのは、我々人類が物・心の二文明に眩惑されて大道に従わず、唯物的・唯心的に偏向したからであり、その結果、何でも手軽に手に入れ、いとも簡単に消費する安易な生活が、頽廃的な精神を生み、自ら考えることをやめ、偏向した意識が軽薄な文化を蔓延させている。すべての物事が転倒し、医者が人を殺め、教育者が生徒を淫行し、警察官が法を犯すのが当たり前の時代となってしまった。これが「智慧出でて大偽あり」であり、仏教ではこれを『五濁悪世』と呼ぶ。

これを解決するには、人類が太古の始源（古始）に復帰して、理法に準拠する倫理に従うほか妙案はないであろう。

無為自然へのプロセス

『一次元は本能』――象学的に説明すれば、本能は土性の作用（はたらき）によって起こる現象で、本能的に生活する生物は一次元である。

『二次元は感』――火性の作用によって現象するもので、『火は土を生ず』――二次元の下等動物は本能、直感、感情によって行動する。

『三次元は知性、理性』――水性の作用によって現象するもので、一次元の土性、二次元の火性を包含する三次元の人類は、本能、直感、感情、知性、理性によって行動する。

即ち土性軌道の本能欲に従い、火性軌道においては信仰、美術、芸能の方面に発展し、水性軌道においては自然哲学や詩などの文学の方面に発展したものであり、つまり一（本能欲）は二（火・水）を生ず、である。

三次元の水性の作用は、やがて三次元の壁を乗り越えようとして木性の作用を誘発し（水生木）、木性の作用によって四次元の感（火）が発生する（木生火）。

『四次元の感（火）』は、三次元の水を包含する木性の作用によって起こったものであり、象・霊二界とそれぞれ連繫する。

四次元の火は土を生ず――即ち本能（土）は『自覚（水）と理想（火）』の二つの高級な能力

によって醇化されて、はじめて文化人の本能となるもので、本能は生産における適応性である。即ち高度の本能欲（土）が、自然環境に適応して宇宙原理（金）を追求するところから、五次元の智（水）が生まれる（土生金　金生水）。

『五次元の無智（水）』は智の究極であって、三次元の知性、理性を内包し、超越したものであり、もはや唯心的、唯物的、唯神（霊）的、唯象的に偏向した片々たる小智ではない。無為は行の究極であり、智・行の究極は遂に素朴に復るもので、一切を包越して無形の道に従い、無象の神に仕える智である。

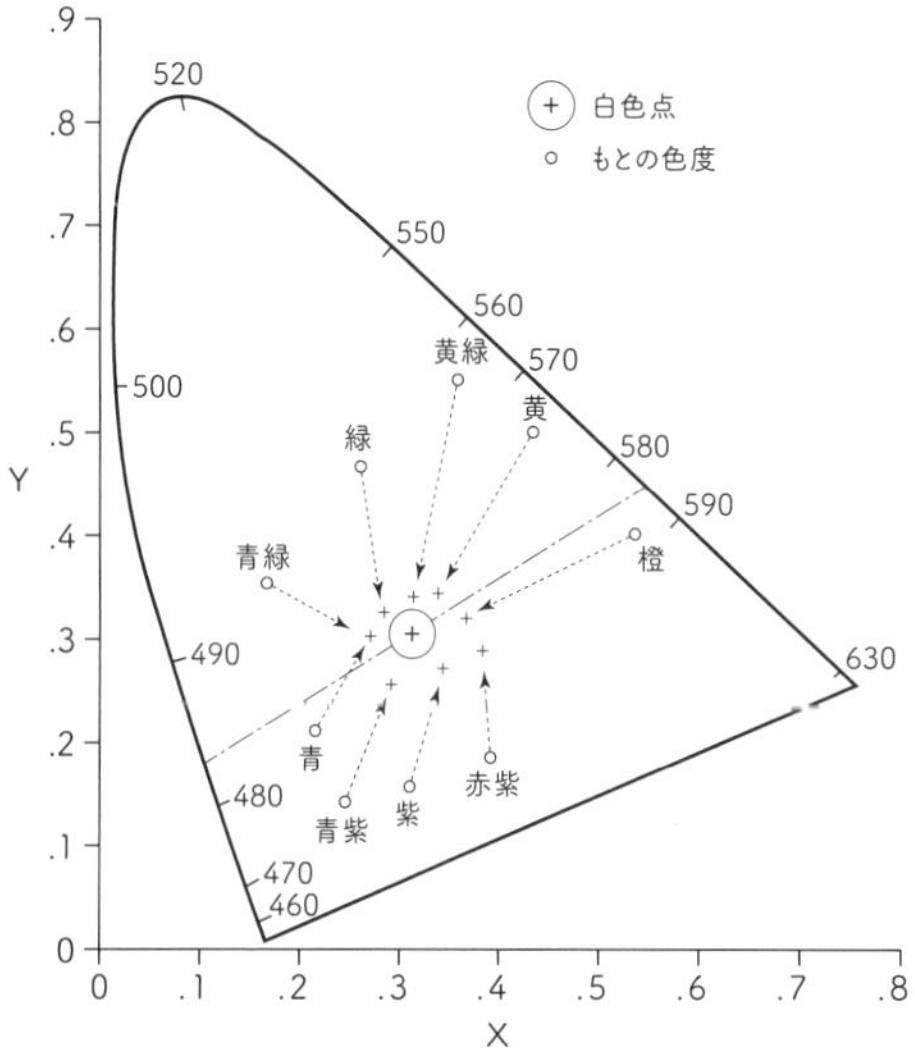

目に見えるすべての色は、その面積を小さくし、さらに視界を絞ると、すべての色度は中央にある白色点に集中し、無色となる。智もそれと同じで、増せば増すほど精錬され、集約されて、いよいよ減損し、さらに深化され、根源化され、浄化されて、遂に脱皮昇華して素朴に復る。それは色度パターン

図27　色度パターン

視角一分で微少の色片を見た場合の色度変化

中央の無色に該当するもので、無色は即ち無智である。

六白（金）は球・円で、七赤（金）は融・通、即ち『金は水を生ず』――無智は円融無碍の智であり、月に配すれば、満月と言えよう。四次元の火、五次元の水――即ち仏教の南（火）無（水）の根本理となり、易経では「水火既済（きさい）」という。既済とは完成という意味で、五次元は即ち既済である。

無色

六白の体（かたち）は即ち天道である。天道の用（はたらき）は即ち理法。故に無為自然であり、色にとれば白（無色）である。無とは、何も存在しないという、非存在の無ではない。同じように、六白の無色とは、色と色との相対を超え、あらゆる色を内包し超越した無色なのである。天道の用は無為、無色。即ち空虚なるが故に、偉大な力なのである。

赤い色は、赤という色に偏っている。対照して乳白色は、乳白という色に偏っている。多くの宗教がそうであるように、それぞれの宗派があり、一派という色がついているもので、それはすでに一方に偏っている。思考が一方的に偏れば、世の中の実相をまともに見ることはできず、物事は自然必然に歪んで、心に映ずるものである。

仏教の大乗一辺倒といい、あるいは自力本願といい、他力本願といい、いずれも陰陽相持の理法に外れたもので、それ故に、民衆の現実の苦悩の中にあって『生きた力』を発揮することができないのである。

第11章 開運

「開運」を願う人々

誰もが幸せを願い、健康を願い、成功を願い、人生を意義あるものとして、常にいい事に囲まれて過ごせるように、神社に行けばお願いをし、おみくじを引いて近い将来の展望に一喜一憂をしながら帰りに御守を買う。そこには「開運」の文字が印刷されている。また、宗教に足を突っ込んだきっかけは、「必ず幸せになれる」からであり、不幸とまではいかなくとも、自身の思う未来像と現実とがいつまで経っても一致しないが故に、信じれば「必ず成功する」話を聞いて、お題目を挙げる日々が今日も続いているわけである。

宗教的にさまざまだが、お参りをしたり、念仏を唱えたり、秘仏を拝んだり、善行を積んだりすれば、それによって「運が開ける」ことを謳い文句にしている場合が多い。しかし、いくらそれを行ったところで、毎日の日常は変わることなく、良き出会いもなければ出世することもなく、ただただ月日だけが過ぎていく。いつになったら世界が変わるのだろうという淡い期待は薄氷のように、薄く、薄くなって融けていく。本当に、あなたの世界は輝くように変わることがあるのだろうか。うだつの上がらない道から一歩を踏み出し、扉を開ければ運命も変わる、そんなことがあるのだろうか。

開運の第一歩

生気・二黒の軌道を「開運の道」という。『運命』というのは、個性（生命）が人生行路を運行することを称したもので、たとえ、大学教育を受けた秀才でも、人生の岐路に立って、右に曲がるべきところを、感覚できない暗示に誘導されて左に曲がれば、いかに才能を振るい尽力しても、すべて徒労に終わるだろう。それを「宿命だ」とか、「前世からの因縁だ」などと言ってもはじまらない。

道とは、自然存在の法則（時間を枢軸として現・象・霊三界を貫く理法）であると同時に、人間規範としての法則（倫理）である。それ故に、人間が生気の道に従えば、思想や行動は「正・善」の理法に誘導され方向づけられるもので、滅気の道に従えば、気持ちの上では「正・善」を念願しても、無意識的に「邪・悪」の人生行路に誘導されて、波乱、相剋を現象する。「元来、人間の性は善なり」というのは、世俗の理想論であって現実的なものではない。即ち人間の性は道に従うことによって、現に善にもなれば、また悪にもなるもので、決して固定したものではないのである。

この道理を知って、神がかり的な運命観や宿命論などの、即ち世俗の智から脱皮することが開運への第一歩で、それが二黒の生気現象なのである。

二黒の軌道は基礎を司る。国家にせよ、企業にせよ、物事が安定するのは、すべて有形、無形の二黒の礎によって支えられているからである。故に、生気・西南方位、または生気・二黒土性気粒波が遁甲した方位に従えば、禅門でいう「脚下照覧」――自分の足場（基礎）を固めてから前進しようとする意識が強くなり、それと同時に浮ついた気分――空想は次第に消え失せて、ものごとに対する考え方は堅実となり、行動は慎重になる。学芸の基礎、人生の基礎、または家屋の土台――あらゆる物事の基礎的なことは、すべて生気・二黒の誘導によってはじめて確立されるのである。

生気・二黒に誘導されると、自然のかたちで道に同化し、自分というものを捨てるからして、旺盛なる実行力が養われる。ここに至って、はじめて人生の基礎を堅実に築こうとするわけで、これが「開運の第一歩」なのである。

生気軌道における「開運」

二黒を含め、各軌道において生気の状態、つまり、各方位、各九気の軌道において生気となる方位や九気に赴き（引越し）、生気性の生活を営むことは即ち「開運」となる。例えば、筆者の場合においては、九気における生気は一白水性しかない。故に、九気が一巡する九年間においていて各方位一方向しか赴くことができない。そこで、一白が東南に遁甲した年に引越しをすると、生気・一白及び東南・四緑の作用を享けることとなる。この組合せの場合、五行においては、一白の水性から四緑の木性を生じる「水生木」となり、そこに気の流通が生じる。やがて生気の用は「木生火」を生じ、「火生土」となって生気の土性の用を生じることとなる。このように、気の流通を生じることもまた「運が開ける」道理であり、たとえどの軌道であったとしても、やがて気の流通は生じるものである。巷では、例えば九紫が北へ遁甲した時や、一白が南に遁甲した場合での引越しは「水尅火」であるとして凶と判断することが多いが、『南北の理』において述べたように『一白即九紫、九紫即一白』であるが故に、尅の作用が生じることはない。その他、木尅土や金尅木のように、互いに尅する組合せであっても、生気である以上、現象するのは各軌道における生気の作用に他ならない。それは青と赤を混ぜたら紫色になるのと同様である。

宿命の解放における「開運」

人はどうしても同じ過ちを犯すものである。それは自身の経験にしてもそうであるし、また先祖の行動における過ちを知らずしらずのうちに繰り返しているのも同様である。どうしても、父母を含め、先祖の誰かが離婚をしていれば、子孫の誰かも離婚を経験してしまうものである。そのことをよく理解し、自己を知り、先祖の業を知れば、訪れるであろう不幸を回避することができる。

先祖から流れ来る業（行、即ち行動）は、人間よりも次元の高い霊界から来るもので、感覚できない暗示の誘導に対して、人間の意識はそれに抵抗することができない。それは、二次元である紙に、三次元以上の人間が紙に字を書こうと、絵を描こうと、紙は抵抗することができないのと同様である。それ故に、人間は高次元界の神霊を祀り、先祖の霊を供養し、神意に感応して行動することによって、おのずから人間の意識、才能は道の『中の理』に沿い、はじめて運勢が開けて事業は発展し、家は子孫代々に繁栄するものである。

個人としての開運が先祖から続く宿命を解放し、やがて善業を呼び、それは自身の息子や娘、その子孫にまで影響を及ぼすことを考えれば、自身が生きている間に、生気性の軌道において生活を営み、先祖の霊を供養し続けることの重要性が、おわかりいただけるであろう。

釈尊は『個人の自覚と反省とを主眼として正理の道に沿い、各自の立場において浄土を築き、以て生活を向上させる』と説いているが、これは先祖から伝わる悪業の輪廻から脱出し、浄土へ赴くということである。浄土とは亡くなった後の「彼の世」ではなく、生きている間に生気・西方七赤金性（及び先天・一白水性）軌道である悦楽、清浄、安らぎ、慈愛などの状態に身を置き、生活をするということである。これこそが、人が人として生きる上で辿り着く、究極の状態ではなかろうか。

「自由」

　誰もが、自分の思いどおりに、自由に生きたいと思うものである。人生とは、自身に与えられたもので、命は自己のものであり、それをどうしようが自分の好きなように生きるのが当然であると感じている人は多いであろう。仕事にしろ、家族や恋人、結婚においてまで、自己の選択が優先される自由さを求めて、あらゆる束縛の外へ出ようと試みる。自分の思いどおりになった時に、人は大きな満足を味わい、生きる醍醐味を感じるものであろう。

　しかし、人間は元から自由ではなかったのである。社会に法律がある以上、自由は法の内側に存在する。これと同じように、そこにはどの国の法律よりも厳しい自然理法や、先祖から続く強力な業が人を拘束しているのである。それを知らないから、自由を勘違いしてしまうだけのことであって、それを知ってしまえば、その世界に沿った生き方をしていくのが正しいわけであるが、やはり人間は自己が中心であり、自身の思ったとおりに生きたい生物なのである。

　自由というものが、まるで子どものように自由に振る舞えるものではないことを大人はわかっているはずである。法律や規則、ルールがあって、その範囲内ではじめて自己の自由が約束されている。何もかもが思いどおりになるような自由は存在しないのである。

　自然理法の厳しさというものは、並大抵ではない。理法に沿っているか、反しているか、重要なのはそれだけであり、自分が何を思おうが考えようが、まったく関係ないのである。

そもそもが、自己の思考が気流電磁波や先祖霊に誘導され、その行動自体が、先祖から続く業が主体のものであるならば、一体自己なるものは何処に存在しているのであろう。

それでも、自己は自分を意識して自身を認識している以上、その自我という殻からは抜け出せない。思いどおりに生きられない、というもどかしさはあるかもしれない。自由でないことに不満を感じるかもしれない。しかし、それが何だというのだろう。一度、自己を棄てたならば、もう関係がないことではなかろうか。自己という存在が、決して自分だけのものではなく、亡くなった先祖のために「いま」存在しているわけであり、これから生まれてくる、またはもう生まれている子孫のために自己が存在していることを考えると、与えられた命と、その人生というものは、自分のためだけにあるものではないことがよく理解できるであろう。

あなたや、あなたの愛する家族が、それなりの生活ができて、病気も事故もなく健康であるならば、それ以上を求めることもないはずであろう。とはいえ、周りを見渡すと、何事もない家なんて無いらしい。どこの家庭でも、何かしらの問題や、悲しいことがあり、それらを伴って生活をしているようである。これを思うと、真の幸せとは何かを痛感する。

それでも自由に生きたいと思うものだろうか。それはエゴではなかろうか。そう、「エゴ」とは「自我」という意味である。ここでもうおわかりであろう。自己が自身であると認識しているその思考である自我は、在るようで無いものだったのである。

もう何かに無理をして生きる必要はないのである。人間は、自然理法の内において生活を営むのが自然であり、そもそも人間は白然の一部でしかない。この事実が、何よりも重要であり、そう思えた時に、はじめて人間は自由を得るものであろう。そして、無為自然に生きる姿こそが、最も人間らしい生き方なのではあるまいか。

あとがき

さて、長武寛氏について述べよう。本書において度々登場する「長武寛著より抜萃」であるが、本書は長武寛氏の遺稿をもとに編集、加筆して作成されている。

本書を一読されたならばもうおわかりであろうが、長氏は霊能者であり、神道及び仏門、老子、易学、陰陽五行・幹枝学・九気学・四柱推命等を総合し、『象学』としてこの世界の真相を「智」を以て明らかにした「智行一致」の人物である。それは思う処、弘法大師以来の存在ではないかと感じずにはいられないほどである。

私にとって長氏は、名付け親であり、祖父のようであり、師であると言ってもよいのかも知れない。よって作中においては「先生」と呼称している。

私は母の胎内にある頃から先生の許に通い、名をつけていただき、自身の身体に顕れた先祖霊の供養や憑依した霊の除霊をしていただいた。先生に出会うことがなければ、祖母も、父も兄も短命にて亡くなっており、我が家はまず全滅していたであろう。

私は幼児の頃、ベビーベッドから布団に同地点において移動をしていた。直上直下の作用である。この頃の母は直上直下の作用を知らない。私がこの事実を知ったのは、三十七歳の時である。母はこの時まで、この話を以前、私にしたと思い込んでいた。完全な思い込みである。

こんな重要な話を、私は一度も聞いていていない。

このため、私は幼少の頃から肌が弱く、いまで言うところのアトピーであった。先生は霊的障害かと考え、施法を行ってくださったがあまり良くならない。当然である。肌の疾患は霊障ではなく、方位現象だったのであり、霊的施法では治らないわけである。どうやら母は、ベビーベッドの件を先生に伝えることはなかったらしい。いま思えば、先生は私のことになると「おかしい」とか「祐三はこんなはずではない」と仰っていたのを思い出す。知らぬが仏とは言ったものだが、これはあまりにもナンセンスである。知らなければわからない、対処の仕様も異なってしまうことは現実に多々あるのだ。直上直下、五黄殺の作用は私の副命である四緑に影響を及ぼし、身体的には肌に障害が出ていた（四緑は皮膚）。精神的には、子どもの頃から悪さばかりをしていた。後になって考えると、何故あんな風になってしまったのかがよく理解できた。すでに精神（人格）は汚濁されていたのである。

十八歳（数え年で十九歳）になった時、寝ていたベッドが壊れた。直上直下の作用を恐れた私は母に「同じ高さのベッドを買ってほしい」と懇願すると、「直上直下の作用は、布団二、三枚くらいは平気だと聞いた」という。この頃の母と私は直上直下の作用を知ってはいたのであるが、いくら頼んでも返ってくる答えは同じなので、「それなら大丈夫なのかな」と間に合わせで眠ることにした。十センチくらいの高低差であったが、これが再び直上直下の作用を引き起こす。ベビーベッドの件から十九線帰であった。同時に、これが六親相剋である。母の甘い判断から、私の人生は更に転落を深める。

二十三歳の時、夢を追いかけて仕事に就くために、生気の方位（東南）をとって引越しを行った。しかし、何をどうしたのか今ひとつ軌道に乗らない。良き出会いに恵まれることは幾度とあったが、ここぞというところで、滅気・五黄から生じられる反転齟齬の作用が現象してしまう。よって、いつまで経ってもうだつの上がらない状態が続く。身体的にはアトピーが重症化し、精神的には道を踏み外すようなことばかりをしていた。ものづくりをしていたため、どうしても自身の人間性が作品に表れてしまうことに気づき、ろくでなしの自分を律しようと思ったのと、象学を学び始めたのもこの頃であった。生気・一白と四緑の良い面も現象していたが、それ以上に二度に及ぶ直上直下の影響が強いようであった。

十年後、再び生気を取るために、西北に引越しを行った。それから二年後の、壊れたベッドから十九年後にあたる年。とある事情から私にとっては凶方である、滅気・三碧の方位へ赴くこととなる。この時、これが十九線帰であることに私は気が付いていなかった。滅気の方位ではあるが致し方なく、気を付けていれば大丈夫かと思いきや、十九ヵ月後、精神（三碧）に異常をきたしていた。知らず知らずのうちに心を病み、その限界に達した時、私はそれが「方位現象」であることに気づき、認識した。その瞬間に、私の精神は正常に戻ったのである。ベビーベッドの話を聞いたのもこの頃であり、この事実を知ることによって自身の辿って来た人生と、自身の精神と身体において負荷となっていた要素をようやく理解することができた。

ベビーベッドの件さえなければ、どれだけ人生が変わって（もとに戻って）いたのだろうか。こんなにも悲惨な思いをしなくてもよかったのだろうし、本来、自分のやりたかったことが出来たであろうし、こんなに遠回りをする必要もなかったのであろう。時間にして、四十年を無駄にしてしまった。気づくのが遅かった。それでも人生はまだ続く。そこで私は、これまでの負荷となっていた二度の直上直下の作用と、滅気・三碧の作用を軽減させるべく新たに引越しを行い、生気の方位を取り直すことにした。東南へ百キロ移動し、西北へと戻るルートである。当然、引越しをする日時は決まっているし、戻って来る日時も決まっている。年・月・日の同根である。

東野家は業の深い家系で、短命にて亡くなられている方が多い。各々の忌日や年忌を見ていても、同じ祥月命日の関係や回忌との合致が見受けられ、親が子を連れて行ってしまったり、姉が妹を連れて行ったりしている。私の父親は主命八白であり、次男であるが相続縁を持つ。よって、東野家の悪業の濁流は父に流れ込んでいる。幼少の頃から悪童であり、殺生が好きで、動いているものは何でも殺した（本人談）という。先生の許に通うようになって、父の背後には沢山の動物霊が憑いていたという。ある経緯から、先生が神様に「殺生を続けた彼（父）を許してあげて欲しい」旨を伝えると、神様の返答は『問答無用』とのことだった。神にも見離された男である。この家系の異常さが見て取れるであろう。父は自我があまりにも強く、「俺が世界の中心だ」と当然のように言葉にするくらいである。それでもこの四十年、毎朝、毎夕、自宅の水神様には欠かすことなくお参りをし、感謝の言葉を述べている。結果的に、先生のお陰で父は許しを得られるのであるが、先生曰く、父は「有事の時にその能力を発揮する人物」であり、平和な時は水を得ない魚と同様であるらしい。生まれてくる時代を間違えた人ではあるが、先生との邂逅によって本人が救われたのであれば、これ以上のことはないであろう。とはいえ、人間としての根本はあまり変わってはいないようである。

私にとって一番近い、まだ生きている御先祖様である父に流れる濁流は、私にも流れ込んで来ている。業に翻弄され、生きながら更に業をつくり続ける父に「生き方を変えてほしい」と言ったところで、「行＝業」であり、自身の行動が子や孫にすでに輪廻していることをまったく理解していない父は「俺の人生だ」と、自身の思うように、今日も好き勝手に生きている。確かに本人にとってはそれでよいのだが、ただでさえ東野家という家系に流れる濁流の激しさに、私自身は抵抗することも受け入れることも難しい状態（未熟）であるのに、目の前で生きている父が追い打ちをかけているのである。しかし、これを乗り越えられるようでなくては御先祖様に合わせる顔が無い。多分、乗り越えられるから、この家に生まれて来たのであろう。そう思いながら「清濁合わせ容れるは水」の境地を目指している。

こう見ると、私は親に恵まれていないかも知れないが、決して不幸ではない。私は両親から精神的に愛されている。愛しつつ尅害する、六親相尅は確かに不幸の始まりではあるが、今の私はそれに気が付いている。親子の関係にて、避けて通る道を選ぶようにしているから、まだ被害は最小限に抑えられている。

考えてみると、やはりどうしても私は両親の間に生まれてくる必要があったと思わざるを得ない。環境のせいもあるかも知れないが、私は「真理」を求めていた。自身が生まれてきたからには、この一生をまぼろしのようにしたくはなかった。真理を知ることで、人間として、生きるべくして生きたい。そのためには、この世界の実相を正しく理解する必要があった。運よく、と言ってしまえばそれまでだが、身近に象学があった。先生に名前をつけていただいた。そんな環境が自身を構築したとも言えるが、それ以前に私自身が、私自身の魂が願っていたことなのではないか、とも思える。いつ（時代）、どこ（家）に生まれてきたのかを考えると、両親のもとに、この東野家に生まれてくることが、自身が望んだ宇宙の真理を解明する『象学』を手にすることができる唯一の場所であったのではないかと確信するに至るのである。私には、我が父と母が必要だったのである。そう、私は生まれるべきところに、生まれるべきして生まれてきたのである。

これらを考えると、随分と遠回りをしたとはいえ、もしかしたら遠回りをしたが故に、五十年も前に書かれた先生の遺稿をもとに、いま、この時代において本書を世に出すことが自身の行うべきことであると思わずにはいられないのである。本書を作成するにあたって、できる限りの時間を与えてくださった両親には心から感謝をしている。息子である私が、何を以て、何のためにこの原稿を書いているのかを理解できぬまま、それでも黙って協力をしてくれた。

母は、「先生の原稿を世に出すために書いているんでしょ」と言った。それも一理ある。しかし、それは手段であって目的ではない。私の思うところは、また違う。

「師を求めるのではなく、師の求めたるところを求めよ」

先生は何を思って執筆されていたのか。この原稿をどうしたかったのか。世に出すことはなく、遺稿となって二十数年、私の手元に残り続けていた。

そして時代は変わった。情報はネットを介して世界中に発信されるようになった。ひとつの情報が、より多くの人の目に届く。先生が存命だった頃とは環境が格段に異なる。また、人間も変わりつつある。ひと昔前なら迷信であった物事も、現代においては信用に足る情報と成り得るのである。本書の内容はご覧のとおりである。

私は執筆中、幾度か「あ、いま書かされていた」と感じることがあった。象学を学び始めた頃、霊感の強い友人に「祐三君の後ろで着物姿のおじいさんがいろいろと指導をしながら助けているよ」と言われたことがある。その時、自身が象学の勉強を続けることを悟り、そして今日に至っている。

ちょうど一年前、この原稿を書き終えた日は先生の祥月命日であった。「奇しくも」と言いたいところではあるが、私の感想としては「そりゃそうだよな」である。こうなるとは思ってもいなかったが、やはり偶然はないらしい。

それから一年。幾度かの修正作業を経て校了を迎えた今日、再び先生の祥月命日である。これから先生の好きだった蕎麦を食べて、コーヒー豆を買って、淹れて、煙草に火をつける。

いま、私が何より嬉しいことは、こうして先生のお手伝いができたことである。

先生、お陰様をもちまして本書はここに完成致します。御指導、ありがとうございました。

本書は長武寛氏の遺稿をもとに、編集、加筆して作成されています。

【著者紹介】

東野 祐三（とうの・ゆうぞう）

象学研究者。長武寛氏は名付け親。
長氏の亡き後、著書や遺稿をもとに研究を続ける。
引越し六回。

ひとノ間

運命を知り、宿命を解放し、行く末を変える、象学の世界

2022年8月23日 初版発行

著　者…………東野祐三
編　集…………初鹿野剛
本文DTP…………Office DIMMI
装　幀…………長澤　均[papier collé]

発行者…………今井博揮
発行所…………株式会社太玄社
電話：03-6427-9268　FAX：03-6450-5978
E-mail：info@taigensha.com　HP：https://www.taigensha.com/
発売所…………株式会社ナチュラルスピリット
〒101-0051　東京都千代田区神田神保町3-2　高橋ビル2階
電話：03-6450-5938　FAX：03-6450-5978
印刷所…………創栄図書印刷株式会社

ISBN 978-4-906724-77-2 C0011
Printed in Japan